让孩子受益一生的大脑开发课

杨滢——著

海南出版社
·海口·

图书在版编目（CIP）数据

让孩子受益一生的大脑开发课 / 杨滢著 . -- 海口：海南出版社，2021.7（2023.5 重印）

ISBN 978-7-5730-0032-3

Ⅰ . ①让… Ⅱ . ①杨… Ⅲ . ①智力开发－儿童教育－家庭教育 Ⅳ . ① G782

中国版本图书馆 CIP 数据核字 (2021) 第 109355 号

让孩子受益一生的大脑开发课

RANG HAIZI SHOUYI YISHENG DE DANAO KAIFA KE

作　　者：杨　滢
出 品 人：王景霞
策划编辑：车　璐
责任编辑：张　雪
封面设计：MM末末美书 QQ:3218619296
责任印制：杨　程
印刷装订：北京兰星球彩色印刷有限公司
读者服务：唐雪飞
出版发行：海南出版社
总社地址：海口市金盘开发区建设三横路 2 号 邮编：570216
北京地址：北京市朝阳区黄厂路 3 号院 7 号楼 101 室
电　　话：0898-66812392　010-87336670
电子邮箱：hnbook@263.net
经　　销：全国新华书店
版　　次：2021 年 7 月第 1 版
印　　次：2023 年 5 月第 3 次印刷
开　　本：880 mm × 1230 mm　1/32
印　　张：11.625
字　　数：250 千字
书　　号：ISBN 978-7-5730-0032-3
定　　价：69.90 元

推荐序
教育必须符合儿童大脑的发育规律

“每个孩子的脑里都住着一位学霸。”读完杨滢博士的书稿，我首先想到的就是这句话。

人类之所以是万物之灵，其根本在于人类拥有不同于一般动物的大脑。经过漫长的发育过程，强大的可塑性和开放性使大脑具有了超凡的学习能力。传统的教育学研究对大脑的规律认识不足，基本上停留在行为和心理层面。随着脑科学的兴起，人们逐渐认识到教育就是为脑的发展提供丰富而适宜的外部环境刺激，并试图激发最佳的内部动机，从而在最大程度上促进脑结构与功能的成熟，充分挖掘脑的潜能。越来越多的教育者已达成这样一个共识，那就是教育必须符合儿童大脑的发育规律。基于脑的教育即神经教育学正在为中国教育研究者所接受并不断得到推广。

神经教育学已成为当前教育学研究的前沿热点，正在不断取得新的进展，相当多的新成果在教育实践中得到转化和应用。但该学科内容和研究成果大多以专著或学术论文的形式发表，非专业人士不容易理解，缺乏一本全面介绍神经教育学知识的科普书籍。杨滢博士的著作深入浅出，通俗易懂，为教师和家长提供了一本难度适中的入门级读物。该书为认识和理解儿童大脑的发育规律，并利用这些规律实践基于脑的教育提供了非常有用的知识和技能。如果你身边常备此书，时时翻阅，你将会不断发掘并体会其价值所在。

杨滢博士就职于一家国际著名教育机构并创建了脑科学实验室，担任首席科学家领导实验室的脑科学研究，并致力于将最新研究成果应用于教育实践。作为一位学有所成的脑科学专家，她还是一位全面发展的学霸。她本科就读于清华大学，其间留学澳大利亚，后在美国匹兹堡大学获博士学位，曾在匹兹堡大学和卡内基梅隆大学等世界名校从事博士后研究。她担任过匹兹堡中国留学生会主席，而且是一位运动健将。我在匹兹堡大学任访问学者期间，有幸和她在同一实验室一起研究脑机接口等科学前沿问题。她的研究工作非常扎实，在脑机接口、神经语言学等方面有不少创新性成果。深厚的学术背景和全方位的学习工作经历，足以使她在神经教育学的研究和实践方面傲视群雄。我深信她在教育方面拥有足够的发言权，因为她自己就是一个学业和事业成功的典范。

学霸就住在每个孩子的脑里，让我们来激活他们吧。

陈卫东

2021 年 3 月 5 日于杭州

作者序

了解大脑发育规律，才能开发孩子的无限潜能

这是一本酝酿 3 年、充满波折的书。从我还没结婚就开始写，如今儿子已经快 2 岁，才终于面世。

它是一本真正意义上从脑科学角度指导中国家庭教育实践的书。诚然，市场上有很多著名科学家写的优秀脑科学科普书籍，但多数是国外的实践经验，无法完全解释国人的情况和现象；市场上也有很多育儿专家写的家庭教育类书籍，但大多仅停留在个人经验总结。因此，当前的家庭教育科普图书市场一边是国外的“象牙塔”，一边是国内的“经验主义”，本书则是将这两边连接起来的一个尝试。

比如，本书从脑科学角度出发，讲了如何写作文，如何解析“阅读的大脑”，写出读者喜欢的作文；讲了男女的数学学习的差异究竟在哪里，真实的情况并不是简单的“女生到了高中就不如男生”了；破除了大众的一些误解——神经元和神经的连接不是越多越好，专注力也不是保持得越久越好；还让家长和老师转换视角，更好地理解儿童的大脑发育规律，明白双语孩子要处理的信息不是 2 倍而是 4 倍、8 岁以前和 8 岁之后的大脑信息处理方式有重大的不同；等等。翻看本书，您会读到更系统的知识、更

详细的介绍和更丰富的例子。

作为一个在脑科学行业摸爬滚打了十几年的专业科学家，我也在教育公司任职了3年，其间接触了很多老师和家长。在这个过程中，我越来越体会到把自己对儿童大脑的理解、多年研究的知识成果和在教育公司探索的经验精炼成文字，进而传播给更多家庭的重要性。一个名师是昂贵的，而一本图书是物美价廉的，它能带着这些年我从世界级科学家、思想家那里汲取来的知识飞入大山，飞入海边，飞入山村与县城的小书店，飞入寻常百姓家。一本书如一块石子，虽然教育差距的鸿沟犹如大海，但它却是精卫填海的点滴之力。

本书适合所有家长和老师阅读学习，并不需要您有任何前置知识，我们为了填补认知差距，已经把脑科学和儿童教育的每个部分都进行了系统和深入的阐述。

杨滢

于“脑科学的史前文明期”

目　录

第 3 章
开发孩子大脑的基本素养训练

第 4 章
孩子学龄前到小学阶段的学科培训

第5章

孩子从小学就要开始做的学习习惯与自我管理培训

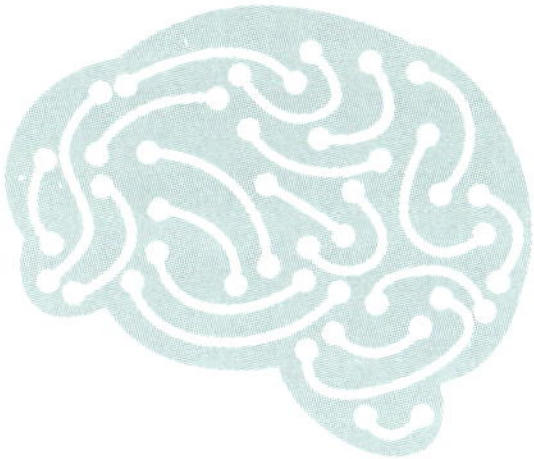

第 6 章
孩子从小学高年级就要开始做的高级思维能力训练

第 7 章
不过分在意智商，但要了解智商对孩子的意义

第 8 章
大脑的“缺陷”与自我控制

第 1 章

儿童大脑发育的规律

- 儿童大脑发育的真相
  - 大脑发育的核心规律
    - 大脑发育需要很长时间
    - 大脑发育是自下而上的
    - 毒性压力会造成大脑架构性损伤
    - 年龄越小，大脑可塑性越强
  - 智力增长的重要因素
    - 神经元连接减少的过程才是智力增长的过程
    - 丰富的环境对细致雕刻大脑有帮助
    - 情绪正常对智力发育非常重要
- 了解婴幼儿生长发育的里程碑有助于及时排查大脑疾病
  - 运动发育的里程碑
    - 4 个月可以控制头部和翻身
    - 5~9 个月可以坐着
    - 12~18 个月可以行走
    - 18~24 个月可以跑跑跳跳
  - 语言发育的里程碑
    - 0~4 个月会笑
    - 5~9 个月会对自己的名字作出响应
    - 9~12 个月明白社交行为的意思
    - 18~24 个月开始对语言有所掌握
  - 了解发育里程碑对监控婴幼儿成长的意义
    - 运动方面
    - 语言方面

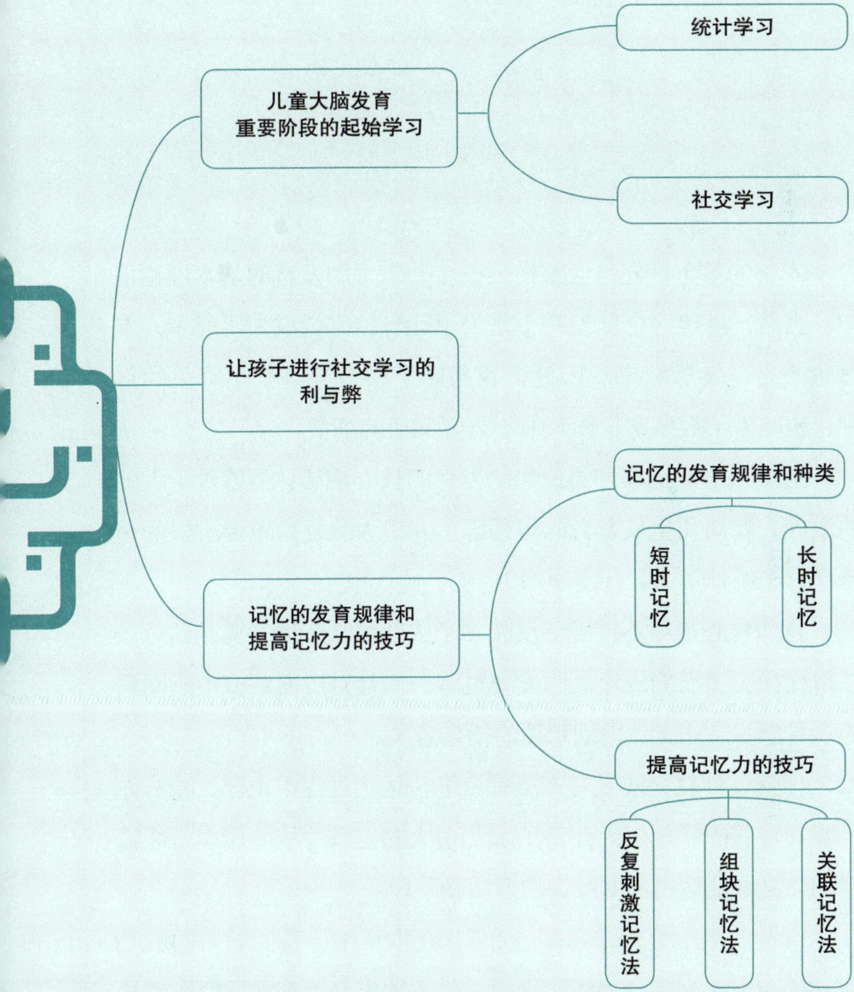
儿童大脑发育重要阶段的起始学习
统计学习
社交学习
让孩子进行社交学习的利与弊
记忆的发育规律和提高记忆力的技巧
记忆的发育规律和种类
短时记忆
长时记忆
提高记忆力的技巧
反复刺激记忆法
组块记忆法
关联记忆法

本书的第 1 章先给大家搭建一个儿童大脑发育的基本理论框架。当然，搭建这个框架并不是为了让各位家长成为研究者，本书也不是一本教科书。因此，我省略了所有与解剖学有关的部分，也略去了很多家长和老师不需要知道的细节。

这里只重点梳理和讨论大脑发育的核心规律：情感对于大脑的滋养、婴幼儿生长发育的里程碑、儿童大脑发育重要阶段的起始学习（统计学习、社交学习）。

这些核心规律不仅能够反映一个人从呱呱坠地的婴儿到可以在现代社会生活的成年人的发育过程，而且对后面章节中所阐释的各种学习方法有着提纲挈领的指导意义。

任何一种教学或学习方法都可能在运用过程中走样，除非你了解其背后的原理。因此，了解儿童大脑发育的核心规律，能够帮助你更好地运用本书所讲的方法和手段。

所谓“运用之妙，存乎一心”，在本章中，我们学习的就是“心法”。了解这些“心法”之后，你才能更好地施展后面所学的“外功”。

01 儿童大脑发育的真相

儿童大脑的正常发育过程是家长和老师都非常关心的：只有了解这个过程，才能更好地理解儿童大脑发育期间的疾病是怎么产生的，及时发现、及时干预，同时也能更好地创造对儿童大脑发育最有利的环境。

大众对儿童发育有很多未知之处：命运啊，基因啊，环境啊……这些神秘而不可控的因素被放入一个未知的黑匣子中，摇晃一下，砰的一下：要么得到一个健康的、成功的孩子，要么得到一个有缺陷的、不成功的孩子。儿童发育似乎是一个“牛娃”或“普娃”的薛定谔过程。甚至市面上还存在对儿童发育的“误导性”说法，如果您想考察一下自己是不是被忽悠过，那么请看看下面这道测试题，判断其中哪些说法是对的，可以用手捂住答案，先思考一下。

A. 儿童的大脑像海绵，可以自己吸收很多知识。

B. 80% 的人在 3 岁之前就完成了大脑发育。

C. 人生中总有磕磕绊绊，孩子要学会坚强。

D. 学习只包括认知方面的学习和智力方面的学习。

好了，我来揭晓一下答案。实际上，上面的说法没有一个是完全正确的。

A 选项：儿童的大脑并不像海绵，而是需要很多被动刺激，还需要很多主动指导，甚至是情感抚养和社交，才可能具备很强的知识吸收能力。

B 选项：人在接近 30 岁时大脑才会完全发育成熟，因此，孩子成长的过程中有很多促进大脑发育的机会，家长切不可过早放弃。

C 选项：毒性压力和人际交往中的焦虑会严重阻碍大脑的发育和认知能力的发展。很多时候，孩子遇到了问题，需要家长的有力支持，并不是靠他们自己硬扛就能扛过去的。

D 选项：情感学习、社交学习与智力方面的学习是相辅相成，交织在一起的。所谓“智商和情商是脱离的”其实并不准确。

（1）大脑发育的核心规律

大脑的发育需要很长时间，而且是自下而上的，也就是说，下层技能的成熟能保证上层技能的获得。

大脑需要近 30 年的时间才能发育成熟，而且发育的总体规律是先学习基础技能——吃饭、喝水、走路、说话等，再学习更高级的技能——数学、金融、工程技术等。

每一种下层技能的成熟都为上层技能的获得提供了坚实的基础，比如走路能力为未来的运动协调能力提供了基础，幼儿时期的语言能力为未来的写作能力提供了基础。

基因和经历共同筑造大脑——基因是服务者，经历是反馈者。

大脑的发育既依靠基因，也依靠人的经历。优秀的发育历程离不开基因的调控，也离不开丰富的个人经历给基因带来的表观遗传学（epigenetics）的反馈。

大脑的发育会被正向的、积极的早期经历深刻影响。但是，负向的、消极的因素也会对大脑产生重大影响。基因提供了硬件，但是早期经历是整个系统的软件。

认知能力（智力）、社交能力和情感发育是相互交织、密不可分的。实际上，社交和情感为大脑的发育提供了最好的滋养和最坚实的基础。

毒性压力会造成大脑架构性损伤。过度的压力会对大脑造成损害，压力会损害记忆功能，甚至会损害高级的认知功能。

想让孩子具有坚韧的人格，就要悉心地、科学地培养他，这是一个长期的过程，并不是简单地把孩子置于困难境地就可以的。家长要知道的是，并不是生活越困难的人，韧性就越强。实际上，坚韧的人格是基因和经历共同塑造的，一部分与基因有关（不得不承认，有些人就是天生韧性强），另一部分与刻意培养有关。

大脑的可塑性，也就是能够改变的程度是随着年龄的增长而逐渐下降的。也就是说，**年龄越小的孩子，大脑的可塑性越强。**但这并不意味着成年人的大脑就不可改变，只是能改变的程度变小了。

（2）智力增长的重要因素

那么，为什么情感支撑能对儿童大脑发育起到不可替代的作用呢？这就要从神经元的突触修剪开始说起。

神经元（大脑的基本信息单位，也就是我们常说的“脑细胞”）在人0～2岁时建立突触（神经元之间的连接），这期间大脑的神经元数量基本没有变化（也就是说，人在出生时，大脑就基本具有了所有神经元），只是建立了很多突触（连接）。在这2年中，大脑每秒钟能建立700个突触。

但这不是大脑发育的全部故事，突触也不是越多越好。实际上，2岁以后，大脑要开始进行突触修剪。刚出生的婴儿，大脑没有突触；6岁时，突触数量达到高峰；到了青春期（14岁），40%的突触要被修剪掉。

神经元突触修剪严重地为幼儿的经历所影响，会保留幼儿经历中有用的、利于生存的部分，而修剪掉其他部分。

很多家长认为孩子的智力发育靠的是大脑神经元数量的增加，或者神经元之间连接的增加，有的保健品生产企业也会宣传“我们的产品能促进脑细胞生长”。但其实这种说法是不准确的。儿童的智力发育不是靠脑细胞的增长，也不是靠神经元连接的增加，而是靠把神经元连接修剪得越来越少。

神经元连接减少的过程，才是智力增长的过程。就像雕塑一样，把一块石头雕成大卫，靠的不是增加材料，而是去掉没用的材料。因此，这个“雕刻”的过程是重要的。细致雕刻才能使大脑具有优秀的功能，而情感和丰富的经历是最好的“雕刻刀”。

有一个著名的实验，研究人员将16天大的小鼠分成两组，一组小鼠和母鼠正常生活，听正常环境下的声音，另一组小鼠只听一个频率的声音。

这些小鼠到了50天大的时候，正常发育的小鼠（能听到所有频率的声音）的听力皮层产生了清晰的频率图谱，而被放到单一频率环境中的小鼠，其听力皮层只能对一个频率的声音产生反应。

也就是说，如果不让小鼠听世界上的所有声音，小鼠的大脑就会认为那些声音是不必听到的，就会把分辨这些频率的突触修剪掉。

可见，丰富的环境对细致雕刻大脑有帮助，而单一的环境则会对大脑的雕刻产生负面作用。

人类大脑发育的规律也是这样的，幼年经历能起到很强的“塑造大脑”的作用。长期被打骂和虐待的幼儿，只对恐惧、悲伤之类的情绪敏感，对快乐等情绪不再敏感。这是因为，在被虐待的环境中，只有懂得恐惧才能生存下去，而快乐是不利于生存的（表现得高兴，可能会遭到打骂）。长此以往，快乐的大脑反应在突触修剪的过程中就被修剪掉了。

同时，情绪正常对智力发育是非常重要的。大脑中调节恐惧和焦虑等情绪的区域——前额皮层（prefrontal cortex）、杏仁核（amygdala）、海马体（hippocampus）等，和学习新事物的区域高度重合。也就是说，掌管恐惧的区域和掌管学习的区域是完全一致的，一旦这些区域被恐惧占据，就只能处理恐惧信息，从而严重影响孩子学习。

实际上，根据美国疾病控制与预防中心（Centers for Disease Control and Prevention, CDC）的统计，儿童被虐待和被忽视所产生的焦虑，导致了美国 80% 的儿童大脑发育伤害疾病。这是因为幼儿一旦被虐待或被忽视，就会产生被遗弃的焦虑情绪，进而使身体产生大量压力激素，导致心跳加快，而长期的压力反应会严重影响大脑突触的建立和修剪。

更重要的是，儿童的各种技能是自下而上具备的，只有打下了坚实的初级技能基础，才能掌握灵巧的高级技能。儿童技能的发展中，最先具备的是感觉能力——视觉、听觉、触觉，然后是运动能力和语言能力，最后是高级认知能力。

也就是说，在孩子年幼的时候，给予他们综合的、丰富的感觉刺激（抱、抚摸、讲故事、看图片、听音乐等），可以帮助孩子形成良好的运动能力和语言能力。而具备了良好的运动能力和语言能力，又为孩子获得良好的高级认知能力（高级智力、解决问题的能力）打下了基础。

所以，儿童的大脑并不是一张白纸，也不是海绵，不能自己吸收知识，他们需要成年人的悉心照顾，也需要安全、健康、丰富的环境，先获得一些基础技能（视觉、听觉、触觉），再发展运动能力和语言能力，之后才能产生高级认知能力。儿童的情感发育是极其重要的，对塑造大脑有巨大帮助。**只有情感发育正常的儿童，才能具有面对困难的韧性，因为韧性是需要培养的。**

此外，家长还要注意的是，儿童的大脑并不是在他们 3 岁前就停止发育了：大脑发育是长期的经历形成的一种“雕刻”行为。

02 了解婴幼儿生长发育的里程碑有助于及时排查大脑疾病

在讲了大脑发育的核心规律，并澄清了一些大众的常见误解后，本节我来深入讲解一下婴幼儿生长发育的里程碑。了解这些，对监控孩子的健康，及早发现大脑疾病很有帮助。

这些里程碑，可以理解为新生儿成长的“预设定”，就像电脑的出厂设置一样，一旦这些预设定出现大的偏差，家长就要有所警觉。

新生儿来到这个世界，就被预设定为可以生长、运动、发声、学习和社交。婴幼儿的生长发育遵循以下规律：

①生长发育的里程碑是按顺序逐一出现的。

②生长发育的里程碑是按前进的顺序出现的（不能出现倒退，一旦倒退，很可能是出现了脑神经疾病）。

③生长发育与幼年经历高度相关。

④运动能力发育是左右肢体对称的。

⑤交流能力发育和社交觉醒有关。

下面我从运动和语言两个方面逐一阐述这些重要的生长发育的里程碑。

（1）运动发育的里程碑

人一出生就会踢腿，也会无规则地动胳膊。这些早期的运动，完全是靠原始的神经反射做出的，比如非对称性紧张性颈反射（asymmetric tonic neck reflex），俗称“击剑反射”（fencing reflex）。2 ~ 3 个月大的婴儿会出现这种原始反射，也就是当婴儿的头扭向身体一侧的时候，同一侧的胳膊和腿会伸开，另一侧的胳膊和腿会弯曲，呈现击剑一样的姿势，因此叫击剑反射。

除了击剑反射，婴儿还会出现一些其他的原始反射，比如当你抓婴儿的脚时，他会使劲踩，这叫踩踏反射；当你给婴儿一件东西时，他会试图抓握，这叫抓握反射。这些反射都是非自主性的，不能被控制。

当孩子大一些以后，就会出现自主运动，也就是会做出自己能控制的肌肉动作。4 个月大的婴儿可以控制自己的头部，当他被拉起来的时候，头部不会下垂，而会跟着身体一起动，也就是我们常说的脖子硬挺了。这是一个重要的发育里程碑。

4 个月大的婴儿还会出现一个重要的发育里程碑，那就是翻身。

从这个时期开始，幼儿的运动发育就从脖子逐渐向下面的肢体发展。

5 ~ 9 个月的时候，婴儿开始学会坐着——一开始还不能坐直，这是因为他们的脊柱还没有发育完全。

此时还有一个重要的里程碑，是婴儿开始试图站立。

爬行是一个选择性里程碑，85% 的婴儿在 5 ~ 9 个月时会学会爬行，但也有少部分（15%）的婴儿会跳过这个里程碑。因此，婴儿不会爬行，不能说明他一定有大脑疾病。

12 ~ 18 个月的时候，幼儿开始学会行走。幼儿早期的行走姿态是双腿分得很开，两只胳膊也张开，这样才能保持平衡。这是一个正常的、必经的阶段。等孩子再大一些，再成熟一些，双腿就会开始并拢，手臂也会收回来，或者被解放出来干其他事情。

18～24 个月的时候，孩子就可以跑跑跳跳、追逐打闹了，还可以扔球、上下台阶，这个时候他们就可以去儿童游乐场玩了。

屠龙老师的课堂小结

婴幼儿的运动发育有三个重要的里程碑，4 个月大的时候可以控制头部和翻身，9 个月大的时候可以坐着，18 个月大的时候可以行走。

（2）语言发育的里程碑

关于运动发育的里程碑，很多家长都能直观地观察到，因为运动发育是一步一步来的，孩子学会走之前不可能学会跑，这是大家都知道的常识。

但是，很多人不知道语言发育也有里程碑，也是一步一步来的。在孩子会说话之前，一些重要的与交流有关的发育里程碑被很多家长忽视了，他们认为孩子终究有一天会突然开口说话，之前不需要做任何准备。这样的认知是错误的。

学习语言的目的是进行社交，正常的婴儿天生具有社交的能力和渴望，表现在以下三个方面：

① 婴儿喜欢看人的脸（胜过其他东西）。

② 婴儿喜欢听人的声音（胜过其他声音）。

③ 当你做一个表情时，婴儿会试图模仿你的表情。

一个正常的2个月大的婴儿会对你微笑，会追踪人和物体的运动，并且会跟着你发出声音。比如，你对着他叫“啊”，他就会回应你，也叫“啊”。

5～9个月的婴儿开始对周遭的人产生关注，并且开始对有趣的事物产生注意力，还会模仿人的动作。他们会对自己的名字作出响应（比如你叫“毛毛”“宝贝”的时候，他会看你，会回头，会笑，等等），并且会按照大人的指示行动（比如你说“毛毛回来”，他就会往回看）。他们还会通过眼神、动作和咿咿呀呀的声音来和人交流。

9～12个月的时候，婴儿就会开始进行社交，比如你和他说“拜拜”，他会明白这是告别的意思，就会和你挥手。这个时期的婴儿还会通过指着一样东西来表示自己想要什么或想干什么（比如指着零食，表示想吃），这是一个非常有效的交流信号。

18～24个月的时候，幼儿就开始对语言有所掌握了，可以说200个左右单词，可以表达很多意思，并且开始“八卦”，对大人说的各种事情有好奇心，甚至开始打探别人的事情。

综上所述，我们学习语言是为了进行社交，而语言的学习基于社交觉醒和社交能力的出现。语言能力产生之前的这些社交发育的里程碑，是学习语言的基础。也就是说，**孩子张嘴说话之前的行为，是他张嘴说话的基础。**

表 1–1　0～2 岁幼儿的重要发育里程碑

年龄	运动	语言
0～4 个月	学会控制头部和翻身	会笑，会追踪人和物体
5～9 个月	学会坐	会对自己的名字作出响应， 会听指示，开始和人交流
9～12 个月		明白社交行为的意思， 会指着想要的东西
12～18 个月	学会行走	
18～24 个月	学会跑、跳跃、 下蹲和上下台阶	可以说 200 个左右单词，可以表达 很多意思，开始打探别人的事情

（3）了解发育里程碑对监控婴幼儿成长的意义

了解了上述重要的发育里程碑，我们就能尽早发现并诊断一些儿童大脑发育疾病。下面我们看两个例子。

一个 2 岁的孩子，会下楼，不会上楼。其实下楼比上楼难，这个孩子会下楼却不会上楼，可以看出并不是他的大脑发育出了问题。事实上，上楼需要肌肉力量，这个孩子后来被诊断为肌肉萎缩。

一个 21 个月大的孩子对自己的名字毫无响应，后来被诊断为自闭症，因为他缺乏社交行为。

总的来说，婴幼儿在成长过程中没有出现或是晚出现上述发育里程碑时，我们就要从下面两个大方向来排查问题：

① 运动方面没有出现关键的里程碑：神经或肌肉萎缩、遗传性大脑疾病、身体健康问题、认知性障碍。

② 语言方面没有出现关键的里程碑：听力障碍、发育迟缓、自闭症、功能性语言障碍。

03 儿童大脑发育重要阶段的起始学习

在婴幼儿到学龄前这个阶段的学习中，大脑发育一直贯穿着两个主题：统计学习和社交学习。

（1）统计学习

“统计学习”这个名词听起来非常深奥，实际上它的意思很简单，就是从外界事物出现的频率中寻找规律。

0～4 岁婴幼儿的生长发育始终需要依赖统计学习。为了帮助您理解统计学习，请先思考这样一系列问题：

一个婴儿降生在这个星球上，刚出生的时候，这个婴儿就像一张白纸，什么都不会，什么都不知道。那么，在短短的两三年之内，他是怎么掌握语言这个庞大复杂又精细的逻辑符号系统的？

具体来说，他怎么知道他的母语里有哪些音节？这些音节怎么串成一个词？每个词是什么意思，指向哪个概念？而这些词又是怎么组成短语或句子的？句子中的每个词应该用什么样的语气说？哪个词应该发重音？

以汉藏语系里的一些语言（比如普通话、上海话、广东话等）为例，他是怎么掌握复杂的音调结构、把握语感的？

对双亲中一个说英文、一个说中文的幼儿来说，他是怎么知道“apple”和“苹果”这两个词指向同一个概念的？他又是怎么知道“apple”是英文，而“苹果”是中文的？他是怎么进行语言转换的？

更广义地说，一个婴儿是怎么知道这个星球上的物理规律的？他怎么知道物体会下坠？他怎么知道上、下、左、右有什么区别？

回答这一系列有意思的问题，要从 1996 年《科学》（*Science*）杂志上的一篇具有划时代意义的论文讲起。扎弗兰（Saffran）、阿斯林（Aslin）和纽波特（Newport）三位科学家发现，婴儿切分语言词汇，用的是概率统计的方法，也就是从外界寻找声音的规律。

这个伟大的科学发现是怎么得来的呢？

1996 年，心理学家刚刚掌握了一个让婴儿“回答”问题的实验方法。在这之前，进行婴儿的行为学实验是很难的，因为婴儿不会说话，不能告诉你他究竟是怎么学习的。心理学家掌握的这个方法可以称作“扭头实验法”。实验人员让 6 ~ 8 个月大的宝宝坐在家长的腿上，然后用一个玩具（蓝色企鹅）吸引他的注意力，同时在背景中播放让宝宝学习的各种声音。当宝宝听到他感兴趣或者他已经学会的声音时，就会看向另一边（没有蓝色企鹅的一边），这时一个大熊猫敲鼓的玩具就会发光，大熊猫就会开始敲鼓，给宝宝鼓励，告诉宝宝他做对了。

利用这种方法，扎弗兰等人开始研究 8 个月大的婴儿是怎么学习语言的。对婴儿来说，大人所说的语句就是一段音节。面对这些从大人口中发出的连续音节，婴儿要学习语言，第一步就是要进行词切分（word segmentation）。那么，一个母语是英语的婴儿听到妈妈说“pretty baby”这段音节的时候，是怎么知道“pretty”是一个词，而“baby”是另外一个词的呢？

扎弗兰等人的假设是，婴儿切分词语用的是条件概率的方法。所谓“条件概率”，是指事件 A 在另外一个事件 B 已经发生条件下的发生概率，用数学公式表示：

$$P(A|B)$$

婴儿在长期接触语言的过程中，会逐渐熟悉音节出现的概率分布。他发现，“pre”音和“tty”音一起出现的概率，远远高于“tty”音和“ba”音一起出现的概率，也就是：

$$P(tty|pre) >> P(ba|tty)$$

也就是说，“pre”音和“tty”音常常一起出现，而“tty”音和“ba”音不常一起出现。因此，“pre”和“tty”这两个音应该属于一个词，而“tty”和“ba”这两个音应该不属于一个词。

根据这种概率分布的不同，婴儿就可以切分词语。这就是我们所说的统计学习。

为了验证自己的假设，扎弗兰等人发明了几种不同的人造语言（artificial languages），然后让婴儿听这些人造语言。人造语言的单词和单词之间没有停顿，只是同一个单词内的两个音一起出现的概率大于单词边界上属于不同单词的两个音一起出现的概率。

利用扭头实验法，他们让 8 个月大的婴儿“回答”哪里是单词的边界。实验结果是惊人的，8 个月大的婴儿可以根据条件概率毫不费力地切分“外星语言”的所有词语。

这篇论文彻底颠覆了人类在脑认知科学领域的很多认识。人们渐渐发现，很多情况下，婴幼儿学习语言是利用统计规律的。

比如，一些语音只在某些语言里有所区分，而在其他语言里并不区分，如“r”和“l”这两个音在英语里是区分的，在日语里却不区分。

刚出生的婴儿能听出所有音的区别，他们是“世界公民”，只不过他们的大脑会把那些母语中不存在的音去掉。怎么去掉呢？就是利用统计规律。

研究人员进行过一项实验，让一位美国妈妈和一位日本妈妈分别读同样的音，以此研究她们声音频谱的异同。结果显示，美国妈妈的发音中，“r”和“l”这两个音都呈现出波峰（美国妈妈把这两个音区分得非常清楚），而日本妈妈的发音只有在“r”和“l”中间呈现出波峰（日本妈妈不区分这两个音）。由此可以推断，日本的婴儿根据这个统计规律，就知道“r”和“l”这两个音的区分在日语中不重要，就会在自己的语言系统中自动去除这个。

我国的婴幼儿学习汉语，也是靠统计规律来区分四个声调（比如 mā、má、mǎ、mà）的。

婴幼儿利用的统计规律，可以是一个事件出现的频率（frequency，比如你每天吃一根香蕉，你吃香蕉的 frequency 就是每天一次），也可以是两个事件同时出现的频率（occurrence frequency，比如你只有周三吃香蕉的时候才喝茶，那么吃香蕉加喝茶的 occurrence frequency 就是每周一次），还可以是上面提到的条件概率（conditional probability）。

除了学习语音，婴幼儿还可以利用统计规律来学习每个词的意思。词语被切分之后，婴幼儿就会把切分好的词语当作新的符号单元来做更深入的理解。

比如，当孩子面前有一个苹果和一根香蕉，他的妈妈说“香蕉”，那么“香蕉”这个词到底是指黄色的条形水果，还是红色的圆形水果，对孩子来说是不明确的。但是下一次，当他面前有一根香蕉和一个橘子，他的妈妈仍然说“香蕉”的时候，他就懂了，“香蕉”是指黄色的条形水果。

孩子的视野里有很多不同的事物，很多时候，妈妈没办法用手指着每个事物去告诉他这叫什么（实际上也不需要这么做），孩子能够通过一个事物和一个词同时出现的统计规律（香蕉这个东西和“香蕉”这个词同时出现的概率是100%，而其他事物和“香蕉”这个词同时出现的概率不是100%）来认知事物。

利用统计规律，孩子甚至可以学习语法和语言结构。

比如，孩子掌握了一些基本的语言规律之后，当他听到“the apple and the jabberish”这个短语时，虽然他没见过“jabberish”这个词，但他会知道“jabberish”是个名词；当他听到“I qacked you”的时候，他会知道“qacked”是个动词。（当然，“jabberish”和“qacked”这两个怪词都是我自造的。）母语是英语的孩子，在知道名词之间用连词连接或动词后面跟宾语的语法之前，是通过不断从大人的话里提取统计规律来学习这些语言模式的。

可见，**所谓“语感”，其实是从常常听见的某种语言的很多样本中总结出来的这种语言的规律。**

进而言之，孩子认识各种规律，比如物理规律，就是靠统计学习的方法。孩子常常把手上的东西扔到地上，每次扔东西，东西都下落，他们就渐渐知道了这个世界是有重力的。但他们并不知道“重力”这个概念，只知道枯黄的树叶最终会落下来。

从这个角度讲，很多时候，我们的学校教育体系是不符合人脑学习规律的，因为孩子是靠总结统计规律的直觉来学习的。A 和 B 总在一起，所以 A 和 B 应该有关联——这种思维模式是人类在进化过程中形成的。但学校教育常常抹杀这种直觉式的统计学习，让孩子用代数式的逻辑符号系统（algebraic symbolic system）来学习。孩子用统计学习的方法总结出一些规律，却往往会被老师打击。

所以，如何平衡其中的矛盾，让儿童的统计学习系统和逻辑符号系统都得到健康的发展，是脑科学和教育心理学研究者要共同解决的难题。

（2）社交学习

与人交流也是婴幼儿学习中的一大主题，因为婴幼儿学习语言、理解事物的运动变化规律，都依赖于大人。伴随着这个过程，孩子长到 5 岁时，脑容量就达到了成年人脑容量的 92%。在这段时间里，大脑相当于经历了一次“宇宙大爆炸”：突触的数量迅速增加，并且疯狂地进行突触修剪（建立有效的连接）。

在这 5 年里，孩子将基本完成语言学习，具备基本的认知能力。而这一系列高效的学习过程，离不开社交。可以说，**0 ~ 5 岁的婴幼儿主要是靠和大人交流来学习的。**认知科学家把这种学习方式叫作“社交学习”。

西雅图华盛顿大学的认知与脑科学教授帕特里夏 · 库尔

（Patricia Kuhl）做过一个实验，她让一个研究生用中文给一些美国家庭的 9 个月大的宝宝（母语为英语）讲故事，在 1 个月的时间里讲了 12 次故事，每次 1 个小时。这个研究生就像这些宝宝的亲戚一样，常常见到他们，每次见面都给他们读书，陪他们玩玩具（实验组）。

为了控制其他可能影响实验结果的因素，帕特里夏·库尔教授设置了三个对照组：一组宝宝看同一个研究生讲完全一样的故事的视频（对照组 1），一组宝宝听同一个研究生讲完全一样的故事的音频（对照组 2），还有一组宝宝听另一个研究生用英语讲完全一样的故事（对照组 3）。

实验结果显示，只有和中文老师互动的宝宝学会了中文，并且听力水平达到了母语是中文的同龄宝宝的水平，其他对照组的宝宝则一点儿中文也没学会。这个实验表明，只有一个办法能帮助这个年龄段的孩子学会语言：与人互动。

表 1–2　帕特里夏·库尔教授的语言学习实验

组别	实验内容	实验结果
实验组	和中文老师互动 12 个小时（主要活动：讲故事）	学会了中文，并且听力水平与母语是中文的同龄宝宝一样
对照组 1	看中文老师讲故事的录像 12 个小时	没有学会中文
对照组 2	听中文老师讲故事的录音 12 个小时	没有学会中文
对照组 3	和英文老师互动 12 个小时（主要活动：讲故事）	没有学会中文

从这个实验中，我们知道了社交对学习的重要性：**社交驱动**

了学习。

婴幼儿就是通过与大人互动来学习的，这个过程从孩子降生到这个世界上的那一刻就开始了。一个孩子降生到这个世界上，盯着父母看、对父母微笑，让人觉得他真能明白大人的意思。

以前很多儿科医生认为父母所说的“我的宝宝会跟我‘调情’”是没有道理的，他们认为婴儿的视觉没有发育完全，看不见什么东西，他对父母微笑，不代表他理解父母的意思，这只是一种面部动作的条件反射。但父母却不理解，他们觉得孩子明明很懂自己的意思，怎么可能是条件反射？

西雅图华盛顿大学的学习与脑科学专家安德鲁·梅尔佐夫（Andrew Meltzoff）做了一个经典实验，他发现新生儿可以准确地模仿大人的动作。比如，你冲新生儿吐舌头，他就会冲你吐舌头；你冲新生儿张嘴，他就会冲你张嘴。为了证明人天生就能模仿别人的表情，他甚至把实验室建在了医院产房的外面，去测试出生不到一天的新生儿。实验表明，出生不到一天的新生儿确实能够模仿大人的表情。

这个简单的实验结果引出了很多非常有意思的问题，其中最让人难以理解的就是，子宫里没有镜子，出生不到一天的新生儿从没见过自己的脸，他怎么知道自己脸上有和大人一样的五官？他看见大人吐舌头，又怎么知道自己的舌头在哪里，怎么吐？

对于这一系列问题，目前科学上的假说是，人在出生的时候，就“装配”了社交功能。婴儿可以和人交流，可以逗人笑，甚至可以和人调情（flirt）。

假设你抱着一个 3 个月大的婴儿，当你说“啊”的时候，他也会发出“啊”的声音；当你对着他“哈哈哈”的时候，他也会模仿你发出“哈哈哈”的声音。这种有节奏的互动，和大人之间的调笑（或者说调情）毫无区别。

当成年男女调情的时候，女孩甩一下头发，男孩就会笑一下；女孩身体前倾和男孩说话，男孩就凑近倾听……这些动作都是有节奏的。心理学家发现，**动作越同步的人，相互之间的好感越深**。

婴儿和父母也是如此，他们之间的互动是有节奏的，甚至是同步的。帕特里夏·库尔实验室的人员让父母和孩子进行互动，并记录下他们的脑电和脑磁信息，结果发现父母和孩子的脑电波是同步的。正是这种同步使孩子可以和父母产生亲密关系。

等孩子再大一点儿，这种和父母之间的亲密关系就可以帮助他们通过与大人交流来理解世界。

比如，1 岁左右的婴幼儿已经会“指示”了，他会通过指着某个东西来告诉你，他对什么事物好奇，他想吃什么，等等。

同时，他还会通过追踪你的眼神来认识各种事物、学习各种物品的使用方法，比如勺子怎么用、牙刷怎么用、剪刀很危险……这些都是他通过追踪你的眼神学会的。

1 岁的婴幼儿也开始理解感情了，“快乐”“悲伤”“想要”这些词语，都是他们最早理解的词语。这个时候，他们可以根据父母的感情来判断一个事物的好坏。

安德鲁·梅尔佐夫曾做过一个实验，他让成年人当着婴儿的面看两个完全封闭的纸盒，看到一个纸盒后，做出开心的表情；看到另一个纸盒后，做出恶心的表情。婴儿看完这个“表演”，就会急着去开第一个纸盒，而避开第二个纸盒。

对于 1 岁左右的孩子，你给他一个眼神，他就能理解你的意思，特别可爱，像天使一样。

但是，到了 2 岁，“小天使”突然就变成了“小怪物”，开始故意惹你生气。他把墙涂脏、把台灯砸坏，而且干坏事的时候还会故意看着你，好像在表示这些坏事就是做给你看的。也就是说，他并不是对干坏事本身感兴趣，而是对你看到他干坏事的反应感兴趣。这就是所谓的“可怕的 2 岁”（terrible two）阶段。

其实，这个阶段是一个重要的发育阶段，婴幼儿开始迈出学习与他人相处的重要一步。1 岁婴幼儿的感情和态度，与家人的感情和态度是密切相关的：爸爸妈妈对事物的感情和态度，就是我对事物的感情和态度；我喜欢的东西，就是爸爸妈妈喜欢的东西。而到了 2 岁，孩子就开始理解人们对事物的感情和态度可能是不一样的。

儿童学习与发展研究专家艾莉森·戈普尼克（Alison Gopnik）做过一个实验，她在 1 岁和 2 岁的孩子面前放两盘食物，一盘是孩子最爱吃的甜饼干，另一盘是孩子最讨厌的西蓝花。艾莉森面朝孩子吃甜饼干的时候，表现出“好难吃”的样子，而面朝孩子吃西蓝花的时候，表现出“太好吃了”的样子。然后，她伸手向孩子要吃的。尽管她表现出喜欢吃西蓝花，1 岁的孩子会给她甜饼干，因为孩子认为“我喜欢甜饼干，那么大家都应该喜欢甜饼干”；而 2 岁的孩子会给她西蓝花，这说明他开始明白“我喜欢的，并不一定是别人喜欢的”。

艾莉森还讲过一个故事，作为一名职业女性，就像很多职业女性一样，她承受了不少压力。有一天，她的论文被期刊拒稿了，实验室的博士生还跟她吵架了，回到家，她想做饭，发现忘了解冻冰箱里的肉……她觉得自己的人生很失败，她是一个失败的科研人员、一个失败的导师，还是一个失败的妈妈。于是，她坐在沙发上哭了。

这个时候，艾莉森处在“可怕的 2 岁”阶段的儿子走了过来，拍了拍她。发现无效之后，儿子又去急救箱里拿了很多创可贴往她身上贴。显然，他认识到“妈妈受到了伤害，需要很多创可贴才可以解决问题”。

这就是 2 岁孩子身上发生的“奇迹”。孩子开始明白：即便我不知道别人为什么悲伤，即便我没有感到悲伤，我也可以去安慰他们。这就是所谓的“同理心”，即便我和你的感受不同，即便我感受不到你的感受，我也可以通过理解你的感情去安慰你，去爱你。

所以，**家长不必害怕处在“可怕的 2 岁”阶段的“小怪物”，他只是在不断地测试，以便理解别人的感情。**“我觉得砸了这个台灯很好玩，你却觉得很愤怒，这太有意思了”——这就是孩子学习理解他人的过程，只有经历了这个阶段，他们才能成长为真正的“天使”。

孩子到了 3 岁，这个过程就变得更有意思了，他们不仅能够理解别人的感受，还能够分析别人得到了什么信息，别人的信息是否和自己的不对称。比如，你和 3 岁以下的孩子玩捉迷藏，会发现他们经常把头藏起来，屁股还露在外面，因为他们还不能理解“别人会看见我的屁股露在外面”，而 3 岁以上的孩子就学会了分析别人知道什么信息。

这就是所谓的“心理理论”（theory of mind）。儿童在成长过程中，会逐渐产生对他人心理状态的理解能力。简单来说，就是孩子学会了分析别人知道什么、不知道什么。对孩子进行心理理论测试的方法很简单，可以给孩子讲下面的故事：

小熊和小兔子在吃早餐。小熊吃了半个三明治，把剩下的半个放在餐桌上，就出门去玩了。小兔子怕小熊的三明治坏了，就把三明治放进了冰箱。请问，小熊回来之后，它会去哪里找自己的三明治？

2 岁的孩子会告诉你，小熊会去冰箱里找三明治，而 3 岁的孩子会告诉你，小熊会去餐桌上找，但是它找不到。这说明 3 岁的孩子已经能够开始分析别人知道什么信息，不知道什么信息（他们已经能够分析出小熊并不知道小兔子把它的三明治放到冰箱里了）。

所以，3 岁以下的孩子和他人发生矛盾后向家长告状，家长在分析问题的时候，要考虑到孩子还没有产生“心理理论”，他们还不明白别人会有不知道的信息。

比如，你的 2 岁的孩子把一个玩具放在桌子上，另外一个 2 岁的孩子拿起来玩。这时候，你的孩子哭了，找你告状。你不能从成年人的角度去想，认为那个孩子是故意欺负你的孩子，因为他并不知道玩具是你孩子的，而你的孩子也不知道他不知道这件事，孩子要到 3 岁才能发展出这种揣摩对方知道多少信息的能力。

到了5岁，孩子的能力又有了大发展，他们开始把自己的社交圈里的人进行分级，分成“自己人”和“他人”。

安德鲁·梅尔佐夫做过一个有趣的实验，他随机给5岁的小朋友发不同颜色的上衣，有的是绿色的，有的是橙色的。他发现小朋友会根据上衣的颜色来划分他人：穿同样颜色上衣的是自己人，穿不同颜色上衣的是其他人——自己人我喜欢，其他人我不喜欢。进而言之，小朋友会对社交圈子里的人产生各种偏见，他们会对自己人过分宽容，对自己人的缺点、错误视而不见，而对其他人却过分严厉，处处挑毛病。孩子的这种行为和大人的歧视行为毫无区别。

5岁的孩子不仅学会了根据衣服的颜色来划分他人，还会像成年人一样对人产生歧视。肤色、种族、性别、头发颜色，甚至口音等，都会被孩子当作歧视他人的依据。有一些公益宣传标语说“孩子不会歧视人，孩子所有的歧视行为都是大人教的”，其实是错误的。

曾有报道说，有的小朋友家里有豪车，他们看见别的小朋友家里没有豪车，就不跟他们一起玩，这种势利眼的坏毛病是家长教的。这种说法其实不对。

实际上，根据各种特征划分自己人和其他人是人的本性，是5岁左右的孩子大脑发育的重要特点。这种划分人的行为能够最大限度地保护自己，使自己不进入危险的社交圈子。

因此，孩子这种幼稚的对他人产生偏见甚至歧视的行为往往是他们自己学会的，而不是家长教的。家长要做的并不是制止孩子的这种行为，而是帮助孩子扩大社交圈，告诉他们：除了穿橙色衣服的小朋友，穿绿色衣服的小朋友也可以是你的朋友；除了小女孩，小男孩也可以是你的朋友；说话口音和你不同的小朋友也可以是你的朋友……让孩子逐渐扩大他们所认为的“自己人”的圈子，才是正确的教育方法。

5 岁的孩子已经完全发展出对其他人心理状态的理解能力，他们可以和自己喜欢的人交流感情，他们能通过与他人互动来理解事物，他们能明白别人的感受可能和自己不一样，他们能知道别人掌握了不同的信息，最后，他们会开始产生偏见。这些社会能力将伴随他们一生，让他们作为社会型动物，在社会中生存。

当我博士后出站的时候，曾问我的导师马塞尔·贾斯特（Marcel Just）博士，在他近 40 年的研究生涯里，有没有什么研究结果是让他感到惊讶的。他说：“我在漫长的研究生涯里认识到一件事情，那就是大脑是为社交而准备的。在这之前，我从没想过大脑有那么多功能是用来社交的。”

所有学习，一开始都是被社交驱动的。孩子努力学习，很多时候是为了取悦家长，为了胜过同伴，为了获得老师的表扬，这些内心的社交需求是学习的一大驱动力。

04 让孩子进行社交学习的利与弊

前文讲了，大脑的很多功能都是用来处理人际关系的，也就是用来社交的，孩子的学习动力最早也来源于社交。但是，社交也是一把双刃剑：一个孩子既可以从宽容、温和的社交环境中学到很多知识，也可以完全毁于贫乏、严酷的社交环境。

被刻薄、严苛的父母教育出来的孩子，创新能力和探索能力都会受到损害。因为大脑是一个“适应生存”的器官，当生存环境里充斥着恶毒和刻薄时，孩子就会停止发问和思考，停止探索。

不问为什么、不思考、不探索、不质疑，这是在严苛的环境中生存的最佳策略。面对孩子的发问和探索，少数家长往往一个巴掌就打上去，这样孩子就会开始恐惧，遇到事情就会畏缩不前。

为什么在恶劣的家庭环境中成长的孩子往往很怯懦保守？因为他们时时生活在惊恐中。

这种不良的人际关系会给孩子带来很大影响，如果再加上营养不良、缺乏健康管理，或者缺乏睡眠，孩子就会产生严重的学习障碍。这样的孩子在课堂上往往是“铁板一块”，很多老师都认为他们不可教，甚至还有老师会骂他们浪费教育资源。

从本质上讲，这些老师面对的是在恶劣的生长环境中关闭大脑的孩子，因此会有一种无处施力的感觉。

尽管如此，孩子天生就具有好奇心，被关闭的大脑还是有可能被唤醒，被重塑成渴望知识、渴望学习的大脑的。有些孩子需要的只是允许他们问问题，有些孩子却需要更多的关注，他们的学习能力需要被重新开发。

那么，大脑到底是怎样被关闭的呢？作为家长，我们能做什么呢？

这就要从表观遗传学谈起。上高中的时候，我们都学过遗传学，知道基因，也就是能够被一代代传下去的遗传因子，其本质是带有遗传信息的双螺旋脱氧核糖核酸（DNA）链。DNA 中，98% 的片段是不表达的，不负责编码蛋白质和核糖核酸（RNA），也就是无用 DNA（junk DNA），剩下的 2% 可能会参与基因表达，合成蛋白质。

在表达过程中，DNA 会首先转录成信使 RNA（mRNA）。转录的过程始于解开紧密的 DNA 双螺旋结构，并且进行 DNA 去甲基化。从去甲基化到合成蛋白，这个过程是受环境影响的。

也就是说，家庭环境会影响孩子的基因表达，好的家庭环境能使孩子的基因潜能得到最大程度的开发，而坏的家庭环境会抑制孩子的基因潜能。这就是表观遗传学的机制。

从这个角度来说，所有家长和老师都可以是脑科学家，能够通过表观遗传学的机制来重塑孩子的大脑，而这些孩子成年后，也会重塑别人的大脑。因此，我们常说“当你在教育你孩子的时候，你也在教育你孩子的孩子”。

遗传学有两个改变大脑的机制：一个是缓慢的“自然选择”机制，需要经过千万年的进化，逐渐改变人的大脑；另一个是通过物理和社会环境改变基因表达，迅速改变人的大脑。

父母养育和老师教育都是通过后一种机制来塑造孩子的大脑的。

那么，这就回到了“nature vs nurture”（遗传还是培养）的问题上。人的智力到底是取决于先天遗传，还是后天培养呢？

为了深入阐释后天培养对基因表达的影响，科学家做了大量的动物实验，他们最常选择的实验动物就是小鼠。

母鼠对幼鼠有三种哺育行为：舔舐、喂奶、把翻出窝的幼鼠叼回来。科学家可以根据这三种行为来量化母鼠对幼鼠的母爱。通过量化，科学家发现，母鼠的母爱和关注会影响幼鼠大脑的发育和神经的可塑性，并且使得下一代小鼠更具有母性（也就是说，被母鼠哺育大的小鼠更容易关爱下一代）。我把目前已得到的证据总结如下：

① 神经可塑性方面

神经突触的密度增加，长树突的分支增加，神经元存活率提高。

保存海马体神经元，Fos 蛋白（一类核蛋白转录因子，在调控细胞生长、分裂、增殖、分化乃至程序性死亡方面具有重要作用）的基因表达增强。

脑源性神经营养因子（BDNF）的表达增强。

② 调节情绪和应激性方面

前额叶的多巴胺分泌增加，对惊恐反应的抑制更有效，压力下的恐惧反应降低。

糖皮质激素受体基因在海马体区域的表达增强。

杏仁核、前额叶和海马体的 mRNA 表达增强。

③ 增强母性方面

前额叶、前扣带皮层（anterior cingulate cortex）和下丘脑（hypothalamus）的活动增加。

雌激素 mRNA 表达增强，能够使下一代有更强的母爱行为。

催产素和雌激素的受体数量增加，幼鼠长大后，会对自己的下一代有更强的母爱行为。

减少雌鼠性行为，使得雌鼠在哺乳期再次怀孕的概率降低，给哺育小鼠带来更多时间。

总的来说，得到母鼠关注的小鼠学习能力更强，对压力的反应更小，而且在高强度下也可以继续学习。最重要的是，它们更容易抵抗压力激素带来的损害。

和母鼠分开的小鼠却有截然不同的表现。这证明，把幼鼠和母鼠分开，会抑制幼鼠的基因表达，损害幼鼠的学习能力，甚至造成幼鼠的神经细胞和神经胶质细胞死亡。

更神奇的是，研究人员进一步实验发现，人类的抚摸也可以对幼鼠产生促进大脑发育的类似作用。

也就是说，婴幼儿需要被爱抚，其基因潜能才能最大限度地被开发出来，但这个爱抚不必须来自母亲，跨域物种的爱抚也能起到作用（比如，有孩子的家庭可以养猫、养狗）。

各种实验表明，人类对鼠幼崽、猪幼崽、鹦鹉雏鸟的爱抚，都可以使它们变得更聪明。比如，抚摸鼠幼崽，可以使鼠幼崽大脑糖皮质激素受体增加，降低鼠幼崽的压力；爱抚猪幼崽，可以使猪幼崽的压力激素水平降低；爱抚亚马逊鹦鹉雏鸟，可以使其血液中的可的松（一种压力激素）水平降低。

总而言之，不安全的人际关系、危险的环境和长期的压力，容易造成表观遗传学风暴，使孩子的大脑关闭学习通路。相反，温馨安全的家庭环境对孩子的学习有促进作用。

当然，压力也不是越低越好。精神分析学家唐纳德·温尼科特（Donald. W. Winnicott）研究了母亲对孩子的回应度对孩子智力的影响。回应度是指母亲能够猜出孩子想要什么，并对孩子的需求给予瞬时的、积极的回应的程度。温尼科特发现，母亲对孩子完全不回应和总是回应，对他的智力发育都不好。

母亲完全不回应孩子的需求，会导致孩子缺乏安全感；而总是回应孩子的需求，会使孩子非常黏人，总要缠住父母，而且长大后可能还会很黏其他人。**父母对孩子的需求逐渐减少回应，让孩子有一点儿压力，才能更好地刺激孩子大脑的发育。**

心理学家玛丽·安斯沃思（Mary Ainsworth）进一步做了这方面的研究。她设计了陌生情境测试（strange situation test）。这个测试很简单，就是让婴儿和妈妈进入一个房间，然后一个陌生人（实验人员）也进入房间和他们共处，但不干涉他们的活动。接下来，妈妈离开房间，让婴儿和陌生人单独相处。片刻后，妈妈回到房间。实验者会记录下婴儿在这个过程中的反应。

如果妈妈对孩子的关注和回应是适度的，孩子的反应是看见妈妈会很高兴，但并不会黏住妈妈，和妈妈玩一会儿之后，又开始自己玩。如果妈妈平时很冷漠，不关心孩子，孩子的反应也会很冷漠，不会走向妈妈。如果妈妈平时对孩子过度关注，孩子就会不停地打转，或者有一些其他强迫行为。

所以，**孩子需要在正常的人际关系环境中得到抚育，其大脑的潜能才能被激发出来**。这就要求父母对孩子给予适当的关注。**父母对孩子太刻薄、太冷漠，或者太关注，都会影响孩子基因潜能的开发**。当然，这些因素有可能被一个好老师或猫、狗等宠物改变。

05 记忆的发育规律和提高记忆力的技巧

前文介绍了早期大脑学习的一些规律，但是，知识光进入大脑还不够，还要能被记住。

（1）记忆的发育规律和种类

相信很多人都有这样的困惑：为什么我完全不记得自己 3 岁以前的事情，而对四五岁时的事情只能记得一些片段？如果说婴儿时期的我学会了很多事情（比如抓握、说话、上厕所），为什么我不记得自己是怎么学会的呢？

这种完全不记得婴儿时期发生过什么的现象叫“婴儿期遗忘”（infantile amnesia）。也就是说，3岁以下的幼儿会几乎完全忘记生活的经历。

显然，婴儿是有记忆的，否则他们不能学会说话，学会走路。但是，为什么我们长大之后，会记住说话、走路这些技能，却忘记了幼年时发生的事情？

有心理学家认为，之所以存在婴儿期遗忘这种现象，是因为婴儿在认知上还没有“我”的概念。也就是说，婴儿虽然已经有记忆，但是他们还没有“我”的概念，所以无法把发生在自己身上的事情放入自传体记忆（autobiographical memory）中。

那么，事实是这样吗？

此外，还有很多人和我一样，想让自己拥有更好的记性：用什么方法才能记住回家路上要买酱油，不再被老婆骂呢？用什么技巧才能牢牢记住英文单词，保证在2个月以后的考试中不会忘呢？为什么明明努力学习了，却总是记了忘，忘了又记呢？

这些问题就与很多关于记忆的科学问题有关：记忆的机理是什么？它是怎么获得的？人脑的记忆和计算机的记忆有什么不同？人为什么会遗忘？遗忘一定是一件坏事吗？

要回答这些问题，我们首先要搞清楚记忆的种类。实际上，记忆在大脑里不是一个系统，而是多个动态系统。

从最高层级上讲，人的记忆分为短时记忆（short-term memory）和长时记忆（long-term memory）。1949年，唐纳德·奥尔丁·赫布（Donald Olding Hebb，他提出了赫布学习律，为后来的深度学习模型打下坚实基础）指出：长时记忆和短时记忆的大脑生理结构有着本质的不同。

人的短时记忆就像计算机的内存一样，让人在很短的时间内记住一些解决问题的必要条件，以解决当前的问题。比如，你要解一道数学题，那么你必须在短时间内记住几个解题条件，以及要解的问题是什么，如果你连这些都记不住，就无法解题。

赫布认为，短时记忆不会在大脑中留下任何痕迹。也就是说，短时记忆只是能让我们记住这次要去超市买什么菜，或者这次要从冰箱里拿出什么东西，一旦这些任务完成了，我们就不再需要这些记忆了。这个时候，忘记是必要的。我们不可能记住这辈子所有的买菜清单，或者所有的冰箱取物清单。如果是这样，大脑里就存储了大量无效信息。

长时记忆就不一样了。赫布认为，长时记忆会在大脑中留下永久的痕迹，能让人永久记住某些事情。他认为，大脑中，在同一时间被激活的神经元之间的联系会被强化。反复激活，这些神经元就会联合在一起，形成一个细胞集合，这就是长时记忆单元。

举个简单的例子。你的前女友非常喜欢吃糖葫芦，你和她约会的时候，总给她买糖葫芦吃。你的大脑就把处理“买糖葫芦”和“女朋友”的神经元组织在了一起，形成了细胞集合。后来你们分手了，你走过卖糖葫芦的地方，心中会生出一丝伤感。即便后来你结婚生子了，对前女友不再有任何感情，当你路过那个卖糖葫芦的地方，给女儿买糖葫芦的时候，还是会想起以往的事情。当然，这不过是一闪念，在你心里激起不了什么涟漪，但这个闪念始终是存在的。这就是长时记忆。

人的长时记忆可以分为很多种类。

第一大类长时记忆是内隐记忆（implicit memory），包括以下两个种类：

程序性学习（procedure learning）。比如你学会了走路、骑自行车、写字、游泳、包饺子等技能后，就永远也不会忘记。

条件反射（conditioned reflex）。比如你能记住下课铃声响起，就表示下课了；做眼保健操的音乐响起，就表示要做眼保健操了。

第二大类长时记忆是外显记忆（explicit memory），包括以下几个种类：

前外显记忆（pre-explicit memory）。指婴儿时期的早期记忆，这个时候，记忆系统还没有发育成熟。

语义记忆（semantic memory）。指对词语语义、数学公式、科学概念等，即关于世界的通用知识（generic knowledge）的永久性记忆。

情景记忆（episodic memory）和自传体记忆。指对有关事件和自身经历的记忆。

这些记忆系统有不同的大脑结构，研究人员通过研究同一个位置的大脑核磁共振成像截面图发现：

第一，不同的记忆系统位于不同的大脑区域。比如，如何骑自行车的记忆和第一次接吻的记忆是存储在大脑不同区域的。

第二，记忆在大脑中是分布式存储的，即有多个大脑区域参与记忆信息处理，而不是很多科普书所说的记忆仅仅由海马体负责。

明白了这些，我们就可以回答本节最初的问题：婴儿到底有没有记忆？如果有记忆，我们为什么记不住自己的早期经历呢？

婴儿是有记忆的，有无数实验可以证明这一点。比如，当你给婴儿看一个他从没见过的东西时，他的脑波和眼动规律都会发生变化，仿佛在说："这个东西我没见过！"婴儿有发现新奇事物的能力，证明婴儿是有记忆的，他能知道什么东西他从没有见过，就说明他记住了以前见过的事物。

这个研究结果也是非常符合逻辑的，正因为婴儿有记忆，才能学习语言、学习走路——没有记忆的人，怎么能学习呢？

那么，为什么我们记不住 3 岁以前发生的事情呢？那是因为虽然我们在婴儿时期有记忆，但是大脑的前额叶还没有发育完全。在大脑中，前额叶相当于一个"高级策略指挥中心"，掌管大脑的各种高级策略，其中也包括记忆提取（memory retrieval）。

也就是说，婴儿虽然有记忆，但是由于他的前额叶尚未发育完全，所以他们不知道如何提取记忆。到了一定年龄，人才能学会编码和记忆提取。

首先，我们要逐渐学会组块分析（chunk parsing），才能把一个长长的序列记住。比如我告诉你一个电话号码——7325915821（请不要拨打，这是一个假电话号码），你会对它进行组块记忆：732, 591, 5821，就会发现无论是将这个电话号码存入大脑中，还是从大脑中提取，都容易多了。只有先学会切分，才能更有效地对信息进行编码，而编码也有助于对信息进行有效提取。

然后，我们逐渐学会关联（association），就是把有关联的事物放在一起记忆，这样就可以更好地进行记忆提取。比如，我们往往把巴黎和法国、伦敦和英国、东京和日本关联在一起记忆。

随着大脑前额叶的发育成熟，我们才能逐渐认识到自我，逐渐把发生在自己身上的事情记住。

了解了这些记忆的发育规律，我们就可以利用这些规律来对抗遗忘。

（2）提高记忆力的技巧

① 反复刺激记忆法

有一个记英文单词的技巧，叫“鞋盒技巧”。具体方法是用硬纸板把鞋盒分成七个小格子，把写有英文单词的卡片放入第一个格子。第一次测试时，如果记住某些单词了，就把写有这些单词的卡片放进第二个格子中；如果没记住（或者记错了），就把卡片留在第一个格子中。持续复习，直到把所有单词卡片都放入第二个格子。几天后进行第二次测试，如果还能记住这些单词，就把第二个格子中的卡片放入第三个格子。

如此进行反复测试，直到把所有单词卡片都放入第七个格子，这样每个单词都被从记忆中提取了七遍。如此反复刺激大脑，单词就会被永久记住。

② 组块记忆法

前文提到了电话号码的组块记忆法，实际上，我们在生活中常常用到的歌谣记忆法（简称记忆法），也是组块记忆法的一种。

比如，出门要记得带身份证、手机、钥匙、钱包，我们就会总结成四个字——“伸手要钱”。这就是利用谐音，把四样重要东西名称的第一个字提取出来放在一起，然后一次性记住这四样东西。

③ 关联记忆法

关联记忆法就是把一个事物和另一个事物关联起来记忆。比如你出门总是忘记带午饭，就可以把门和午饭关联起来记忆，每次走到门口，都想一想带没带午饭。

从上面的阐释中可以看出，人类的记忆与计算机的存储有很大不同，人脑的记忆系统是一个非常灵活、非常动态、非常容易把信息抹去的存储系统。

人脑的信息存储模式并不是为了让人精确记忆每一件事情，而是要帮助人更好地生存。不常出现在大脑中的事物、无法关联的事物，就会被人迅速遗忘，以保证人能迅速处理其他更重要的事情。

这就是为什么你也许会在情人节买糖葫芦的时候想起十年前的女友，但并不会时时刻刻都记得你和她的生活点滴。**有时候，遗忘是让生活更好地继续的必要手段。**

第 2 章

影响孩子学习效果的核心因素

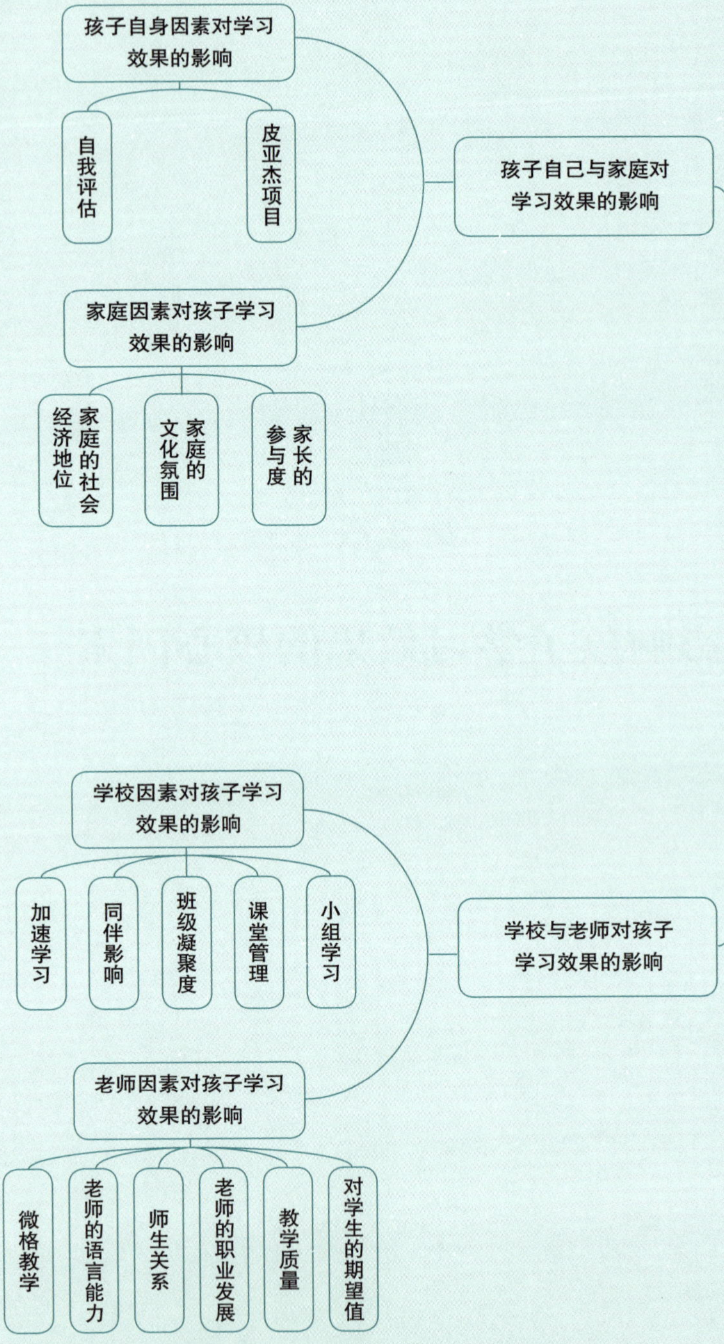
孩子自己与家庭对学习效果的影响
孩子自身因素对学习效果的影响
自我评估
皮亚杰项目
家庭因素对孩子学习效果的影响
家庭的社会经济地位
家庭的文化氛围
家长的参与度
学校与老师对孩子学习效果的影响
学校因素对孩子学习效果的影响
加速学习
同伴影响
班级凝聚度
课堂管理
小组学习
老师因素对孩子学习效果的影响
微格教学
老师的语言能力
师生关系
老师的职业发展
教学质量
对学生的期望值

- 与课程有关的因素对孩子学习效果的影响
- 与教学方法有关的因素对孩子学习效果的影响
  - 与目标有关的教学方法
    - 明确目标
    - 概念地图
    - 引导性材料
  - 与成功标准有关的教学方法
    - 掌握学习教学法
    - 给予样例
    - 个性化教学
  - 与反馈有关的教学方法
    - 及时反馈
    - 课堂提问
  - 与孩子的参与度有关的教学方法
    - 分散学习
    - 互相讲题
  - 与元认知有关的教学方法
    - 元认知策略
    - 让孩子自问自答
    - 学习技能干预
  - 与教学策略有关的教学方法
    - 交互式教学
    - 老师学习并应用各种教学策略
    - 问题解决式教学
    - 直接教学法
  - 与科技有关的教学方法

上一章讲述了早期大脑发育的核心规律以及婴幼儿生长发育的里程碑，那么你肯定急切地想知道作为家长能为孩子做些什么；家长和老师为孩子做了那么多，到底哪些是有用功，哪些是无用功。在本章，我就来讲讲对学习有用的核心因素到底有哪些。

这一部分的很多内容来自澳大利亚墨尔本大学的约翰·哈蒂（John Hattie）团队的研究，他们用了 15 年的时间，收集了 20 世纪 70 年代以后的 5 万多项关于教与学的研究，覆盖了 2.4 亿名学生。可以说，这是一项“巨无霸”式的研究。

进行这项“巨无霸”式的研究，就像垒长城一样费劲儿。那么，为什么要垒这个长城呢？

因为他们要从整体上了解，在影响学习的 100 多个因素中，到底哪个因素是起决定性作用的，能起到多大的作用。

他们采用元分析（meta-analysis）的方法，对这 100 多个因素进行了综合研究。什么是元分析？打个比方，我们把每一项关于学习的影响因素的研究比作长城的一块砖，那么元分析就是对长城的一整面墙进行综合分析。可以说，元分析是对众多研究结果进行整合的统计分析方法。

通过这种方法，他们评估出了每个影响学习的因素的效应量，也就是“疗效”。我们可以认为，某个因素的效应量越大，对孩子学习的影响就越大；效应量越小，对孩子学习的影响就越小。

同时，他们将影响学习的因素归为六大类，分别是学生、家庭、学校、教师、课程和教学。

01 孩子自己与家庭对学习效果的影响

首先我们来看看前两个大的因素——孩子自己和所在的家庭——对学习效果的影响。

那么，多大的效应量算大，多大的效应量算小呢？我们认为，0.4 是一个关键点，效应量高于 0.4 的影响因素就可以被认为是有用因素。

而效应量低于 0.15 的因素，则被认为是发展因素。也就是说，让孩子自然长大就可以获得这么大的效应量，不需要特意去对孩子进行干预。

（1）孩子自身因素对学习效果的影响

我们先来看看孩子自身的一些因素对学习效果的影响。

表 2–1　孩子自身因素对学习效果的影响

因素	对因素的解释说明	效应量
曾经的成就	智商，曾经的成绩	0.67
皮亚杰项目	逻辑推理能力，排序能力，数数能力，按顺序和步骤做事的能力	1.28
自我评估	对自己能力的评估	1.44
创造力		0.35
性格	内向或外向，浮躁或踏实	0.19
自我效能感	自我预期	0.43

续表

因素	对因素的解释说明	效应量
驱动力	理解为什么学习	0.48
精神集中度和坚持力	认真上课，专心听讲	0.48
数学焦虑和考试焦虑	对数学和考试的恐惧、厌恶和无助感的降低	0.4
对科目的喜欢程度	是否喜欢所学的科目，是否觉得它们有用	0.36
学前班	全日制幼儿园	0.45

可以发现，对学习效果影响最大的因素是自我评估，也就是自己对自己的看法。第二大因素叫“皮亚杰项目”，也就是孩子的逻辑推理能力、按顺序和步骤做事的能力等。

再往下是曾经的成就（主要和智商有关），然后是驱动力以及精神集中度和坚持力。上学前班对孩子后续的学习也有较大帮助，然后是自我效能感，也就是有多强的抗挫折能力和自信。

我会在后续的章节中逐一介绍如何对孩子的这些素质、能力进行开发和培养。

对学习效果影响不太大的因素是性格。对科目的喜欢程度以及创造力这两项对学习效果的影响程度也不如我们想象的那么大。

（2）家庭因素对孩子学习效果的影响

下面我们来看看家庭因素对孩子学习效果的影响。

表 2-2　家庭因素对学习效果的影响

因素	对因素的解释说明	效应量
家庭的社会经济地位	家庭的社会阶层和可支配资源	0.57
家庭结构	父母是否离婚，是否为单亲家庭，母亲是否工作，父亲是否住家，孩子是否为独生子女	0.17
家庭的文化氛围	是否对孩子有很多智力刺激，比如有很多藏书、玩具等，家长是否有文化	0.57
看电视的时长		-0.18
家长的参与度	家长对孩子是否有殷切期待	0.51
家访	老师去家里访问，了解情况	0.29

可以看到，家庭结构对孩子学习效果的影响是非常小的，这与我们的直觉并不相符。很多人都以为单亲、离异等家庭结构的重大变化会对孩子的学习造成实质性影响，但数据并不支持这种观点。家庭结构的变化有可能对孩子造成一定的心理影响，但从调研数据来看，家庭结构的变化对孩子学习成绩的影响是微乎其微的。

真正对孩子的学习效果有较大影响的因素有三个：

①家庭的社会经济地位，即家庭的社会阶层和可支配资源。

②家庭的文化氛围，包括家长的文化水平，家里是否有很多藏书或玩具等能够刺激孩子智力发育的资源。

③家长的参与度，即家长对孩子是否有殷切期待。

总体来说，家庭越富有，家长的文化水平越高，家长的参与度越高，越会对孩子的学习效果产生有利的影响。

家庭结构对孩子学习效果的影响并不是很大。

看电视的效应量是负的，看太多电视会让孩子的学习能力退化。

02 学校与老师对孩子学习效果的影响

下面我们来看看哪些与学校和老师相关的因素会对孩子的学习效果有较大影响。了解这些，可以帮助家长为孩子选择合适的学校和老师。

首先我们来看看学校的因素。前文讲了，因素的效应量越大，对孩子学习的影响效果就越大；而效应量越小，影响效果就越小。效应量低于 0.15，就没有什么影响；效应量为负，就说明对孩子的学习有负面影响。

（1）学校因素对孩子学习效果的影响

所有与学校有关的因素都被总结在下表中。

表 2–3　学校的有关因素对学习的影响

因素	对因素的解释说明	效应量
学校的财政状况	学校是否有钱	0.23
学校大小	年级人数	0.06
暑假	是否放暑假，暑假的长短	-0.09
转学	学生是否频繁转学	-0.34
课外活动	学校组织的各种课外活动	0.09
校长	校长的领导力	0.36
班级大小	每个班有多少学生	0.21
开放式教学	以学生为主体的教学方式	0.01

续表

因素	对因素的解释说明	效应量
分班	根据能力分班	0.12
小组学习	孩子们互相帮助	0.49
加速学习	让聪明的孩子提前学	0.88
素质教育	是否有各种素养课和思维课	0.39
课堂管理	课堂纪律等	0.52
班级凝聚度	孩子之间的和谐程度	0.53
同伴影响	是否有优秀的伙伴	0.53

从表中可以看到，学校里对孩子的学习效果有较大影响的一些因素包括：

① 加速学习：允许聪明的孩子提前学，对孩子未来的成长非常有帮助。

② 同伴影响：孩子有优秀的伙伴，学习会事半功倍。前文提到过，学习是一种社交行为，经常和优秀的伙伴在一起，孩子就会受到潜移默化的影响。

③ 班级凝聚度：整个班级的孩子相处越和谐，学风越好，对孩子的学习越有帮助。

④ 课堂管理：老师能够进行有效的课堂管理，维持良好的课堂纪律，让教学井然有序地进行，能对孩子的学习起到促进作用。

⑤ 小组学习：让孩子互相帮助，比如互相讲题，也会对孩子的学习有很大帮助。

此外，学校是否开设丰富的素质教育课程以及校长的领导力，都对孩子的学习有一定影响。而学校是否组织课外活动（春游、秋游、参观等)，对孩子学习的影响不大。

家长一般认为，学校是否有钱、每个班有多少人或每个年级有多少人，都会对孩子的学习效果产生较大影响。实际上，学校的财政状况、班级人数、年级人数对学校的教学质量影响不大。

有两个因素对孩子的学习有负面影响：一是暑假过长，二是让孩子频繁转学。

(2)老师因素对孩子学习效果的影响

下面我们来看看与老师有关的因素对孩子学习效果的影响。

表 2-4　老师因素对孩子学习效果的影响

因素	对因素的解释说明	效应量
微格教学	将老师的教学过程录制下来， 然后由一组老师讨论和分析优劣	0.88
老师自身的学科知识水平		0.09
教学质量	给学生足够的挑战，鼓励他们解决问题； 对学生有很大力度的监控，比如认真看孩子做题， 认真批改试卷；多用故事生动讲解深层原理	0.44
师生关系	老师的倾听水平、同理心、是否关心孩子 以及对孩子的正向勉励	0.72
老师的职业发展	老师认为自己职业发展情况如何， 老师自我学习的动力， 老师能否通过职业培训改变自己的行为	0.62
对学生的期望值	老师是否真心期望孩子能够成功	0.43
老师的语言能力	老师的语言表达能力和解释能力	0.75

可以看到，对孩子的学习效果产生较大效应量的因素都与老师有关。因此，一个好老师真的会对孩子有很大的帮助。

下面我解释一下每个因素是什么意思。

最大的影响因素是微格教学（micro teaching）。微格教学是让老师面向少数学生进行短时间的教学，并且将老师的教学过程摄制成录像，然后观摩教学录像，由教研组的老师一起讨论分析优点与不足。

因此，微格教学能有效地帮助老师反思自己的教学行为，提高教学技能。

这种课后的反思是非常重要的。我国的教师资格考试会考关于微格教学的知识点，但很少有公立学校实行这种教学方法，这也是非常让人遗憾的事情。

如果家长遇到了能够对自己的教学行为进行反思的老师，一定要坚持让孩子跟着这个老师学习，孩子会受益匪浅的。

第二大影响因素是老师的语言表达能力和解释能力。很多老师都认为自己的语言表达能力很强，其实真正具有较强表达能力的老师并不多。

表达能力强不强，得从孩子的角度来说，也就是说，要看孩子能不能听明白老师所讲的意思，能不能理解老师的话。

第三大影响因素是师生关系。包括老师的倾听水平、同理心、是否关心孩子以及对孩子的正向勉励。师生关系好，才有利于孩子的学习，因为学习是一种社交行为，人际关系良好对学习有促进作用。

第四大影响因素是老师的职业发展。老师是否觉得自己有前途，是否想学习、想提升自己。这也可能和学校提供的待遇有关。当老师认为自己的职业发展前景非常明朗的时候，就会一门心思扑在教学上，就会非常注重对自己教学的反思。

反之，如果学校对老师的职业发展不重视，老师就不会有太大的动力提升自己的教学水平。这也是家长需要对学校进行考察的一个方面。

第五大影响因素是教学质量。包括老师会不会用故事、例子来讲课，是否认真批改试卷，是否认真监控每个孩子的学习。

最后一个影响因素是老师对学生的期望值。这就是罗森塔尔效应，当老师真心期望孩子能够成功的时候，孩子就会有很大的成长。

反之，老师对孩子没有热情和期望，就会对孩子造成负面影响，孩子就不会对自己产生更多的期待，学习的动力就会大大减小。

另外，老师自身有多深厚的文化功底和多丰富的学科知识，对孩子学习的影响其实并不太大。老师的学历和知识水平对孩子的学习所产生的正向效应量不足 0.1。

因此，一个老师真正能对孩子的学习产生影响的因素是他对教学的热爱、对孩子的期待、与孩子的良好关系、对教学的反思能力等，并不是他的学历等表面的东西。

03 课程和教学对孩子学习效果的影响

前面我们讨论了孩子自己、家庭、学校和老师对孩子学习效果的影响。可以说，这些都是“硬件”因素，下面我讲讲影响学习的“软件”因素，也就是课程设置和教学。

（1）与课程有关的因素对孩子学习效果的影响

我们先来看看与课程有关的因素对孩子学习效果的影响。

表 2–5　课程因素对孩子学习效果的影响

因素	对因素的解释说明	效应量
视觉感知阅读	认字、写字、拼写等	0.55
词汇项目	积累词汇量	0.67
语音项目	朗读、认识音标等	0.6
句子组合	把句子组合成段落	0.15
重读项目	反复阅读一个段落，直到非常熟练	0.67
阅读理解		0.58
广泛阅读	大量阅读各种课外书	0.36
写作训练		0.44
戏剧与艺术课程		0.35
数学项目	数学课程	0.45
科学课程和科学实验		0.4
社交教育	如何建立人际关系，如何解决社会问题等	0.24
综合项目	理综等跨学科课程	0.39

续表

因素	对因素的解释说明	效应量
创造力课程	训练元认知、抽象思维等	0.65
户外活动	户外探索、夏令营等	0.52
双语项目	用双语教学	0.37

可以看出，对孩子的学习有更明显帮助的因素是积累词汇量、反复阅读、朗读和阅读理解。这是比较好理解的，这些因素都与阅读能力有关，孩子的阅读能力强，自然吸收什么知识都快。创造力课程和户外活动也有一定帮助，然后是写作训练和数学等传统课程。

想让孩子学习好，家长就要重视孩子这四个方面能力的培养：阅读能力、数学能力、写作能力和创造力。

（2）与教学方法有关的因素对孩子学习效果的影响

下面我们来看看与教学方法有关的因素。

表 2–6　教学因素对孩子学习效果的影响

因素	对因素的解释说明	效应量
明确目标	向学生说明每节课、每项练习的目标	0.56
提供引导性材料	给学生提供引导性材料， 帮助学生建立新知识与旧知识之间的联系	0.41
概念地图	用层级结构的方式把概念之间的关系表示出来	0.57
分层教学	根据学生的知识、能力水平， 把学生分成不同水平的班组进行教学	0.19
掌握学习教学法	将学习内容分解为小的学习单元， 掌握一个单元后，再进行下一个单元的学习	0.58
个性化教学	让学生根据自己的进度来学习	0.53

续表

因素	对因素的解释说明	效应量
给予样例	给学生提供有效的样例， 包括优秀的范文、解决问题的正确方法等	0.57
反馈	及时给予学生反馈	0.73
反复测验		0.34
考试策略辅导	教学生怎么考试等	0.22
提供形成性评价	对学生的学习表现、考试成绩等做出评价， 帮助学生确定下一阶段的目标	0.9
提问	在课堂上问学生问题	0.46
即时反馈	即时回应学生，表示老师正在倾听	0.16
延长学习时间	加课、加练习等	0.38
分散学习	让学生进行分散学习，而不是集中突击学习	0.71
同伴指导	让学生互相当老师	0.55
导师制度	让大孩子或成人当小孩子的导师	0.15
元认知策略	让学生对自己的学习过程进行监控、评估	0.69
学习技能干预	对学生的学习技能给予指导和训练	0.59
自我提问	让学生进行自我提问	0.64
让学生掌控课堂		0.04
能力倾向教学策略	根据学生能力、性格特质的不同 来调整教学方法，也就是所谓的因材施教	0.19
匹配学习风格	根据学生偏好的学习风格进行教学， 比如学生是喜欢听故事还是看书， 是喜欢用触觉的方法还是视觉的方法学习	0.41
个性化教学	根据每个学生的兴趣和需要进行教学	0.23
教学策略	老师对不同教学策略的研究和应用	0.6
交互式教学	学生教学策略，让学生成为“好老师”	0.74
直接教学法	老师采用直接告知、解释、演示等方法 向学生传授知识技能	0.59

续表

因素	对因素的解释说明	效应量
辅助材料法	使用动画、图片等辅助教学	0.37
启发式教学	老师依据学习的客观规律，采用多种方式，引导学生主动、积极地掌握知识	0.33
问题解决式教学	以解决问题为中心，使学生在解决问题的过程中获得知识	0.61
问题解决式自学	让学生成为解决问题的主体，偶尔给予辅导	0.15
合作学习	让学生以小组为单位，通过分工协作的方式共同掌握学习内容	0.41
竞争学习	让学生在学习中互相竞争，互相比较	0.24

与教学有关的因素非常多，下面我来进行一下分类梳理。

① 与目标有关的教学方法

明确目标对孩子是非常有用的，要向孩子说明每节课、每项练习的目标。

概念地图也是非常有用的，可以在讲每个章节之前，或者复习时候，让孩子画出有关的概念地图。

在开始新的学习之前，给孩子提供引导性材料，帮孩子建立新知识和旧知识之间的联系，让孩子温故而知新。

② 与成功标准有关的教学方法

掌握学习教学法，也就是将学习内容分解为小的学习单元，并且为每个单元编制测验题，只有通过测验，孩子才能进行下一个单元的学习。

给予样例，让孩子看到什么样的作文是优秀的，什么样的解题方法是正确的，让孩子照猫画虎。

进行个性化教学，让孩子根据自己的进度来学习（当然，这是因学校资源和老师水平而异的）。

③ 与反馈有关的教学方法

及时给予孩子反馈是一个效应量非常大的教学方法，不论是表扬还是批评，提出意见或建议，孩子做完一件事情，就要马上给予反馈。

在课堂上问孩子问题，也对孩子的学习非常有帮助。

④ 与孩子的参与度有关的教学方法

最重要的就是让孩子进行分散学习。所谓分散学习，简单来说，就是每天学一点儿，循序渐进，千万不要突击。在后面的章节中，我会详细阐述分散学习，告诉大家为什么分散学习是对抗记忆衰退的最好方法。

让孩子互相当老师，互相给对方讲题，也对促进孩子的学习很有帮助。

⑤ 与元认知有关的教学方法

元认知策略就是让孩子为自己制订学习计划，让他们对自己的学习效果、学习方法等进行监控和评估，这对于锻炼孩子的思维能力是非常有帮助的。后文我会对元认知进行详解。

让孩子自己发问，自己回答，也对他的学习很有帮助。

学习技能干预就是让孩子学习如何学习，比如学习如何做笔记、做总结，学习科学的记忆方法，这能有效提高孩子的学习能力。

⑥ 与教学策略有关的教学方法

交互式教学是一个很有用的方法，简单来说，就是让孩子当老师，告诉他如何教别的孩子。教学活动本身对孩子理解知识非常有帮助，越教别人，他自己就会学得越好。

老师学习并应用各种教学策略，就能够更有效地教导孩子。

问题解决式教学就是以问题贯穿教学过程，引导孩子探究问题、解决问题。这种教学方法对孩子的学习也是非常有帮助的。

直接教学法就是通过解释、示范等方式，直接把孩子需要掌握的新知识和新技能教给孩子，这也是一个效应量比较大的教学方法。

⑦ 与科技有关的教学方法

用科技手段辅助教学，对孩子的学习也会有帮助，比如使用互动视频、动画。

以上对所有影响孩子学习的因素进行了定性分析，阐明了哪些因素对孩子的学习有帮助，哪些因素没有帮助。并且，还对这些因素进行了定量分析，通过效应量的大小，知道了哪些因素对孩子的学习影响大，哪些因素影响小。

在后续的章节中，我会详细阐述如何管理对孩子的学习有较大促进作用的因素。本章的内容为后面的内容提供了一个量化的理论模型，家长和老师可以随时回顾这一章的内容，看看孩子需要在哪些方面进行改善和提高。

第3章

开发孩子大脑的基本素养训练

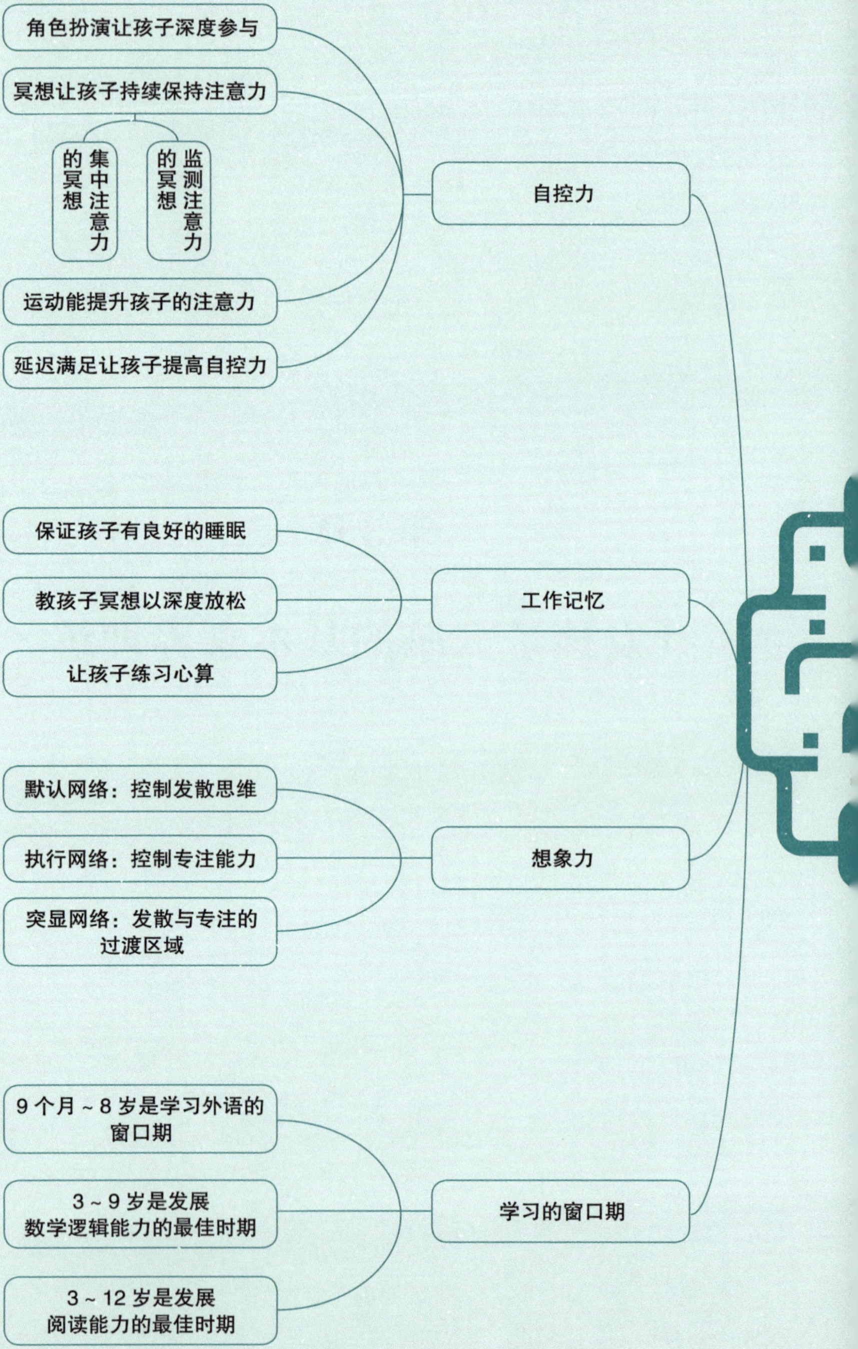

自控力
角色扮演让孩子深度参与
冥想让孩子持续保持注意力
集中注意力的冥想
监测注意力的冥想
运动能提升孩子的注意力
延迟满足让孩子提高自控力
工作记忆
保证孩子有良好的睡眠
教孩子冥想以深度放松
让孩子练习心算
想象力
默认网络：控制发散思维
执行网络：控制专注能力
突显网络：发散与专注的过渡区域
学习的窗口期
9 个月 ~ 8 岁是学习外语的窗口期
3 ~ 9 岁是发展数学逻辑能力的最佳时期
3 ~ 12 岁是发展阅读能力的最佳时期

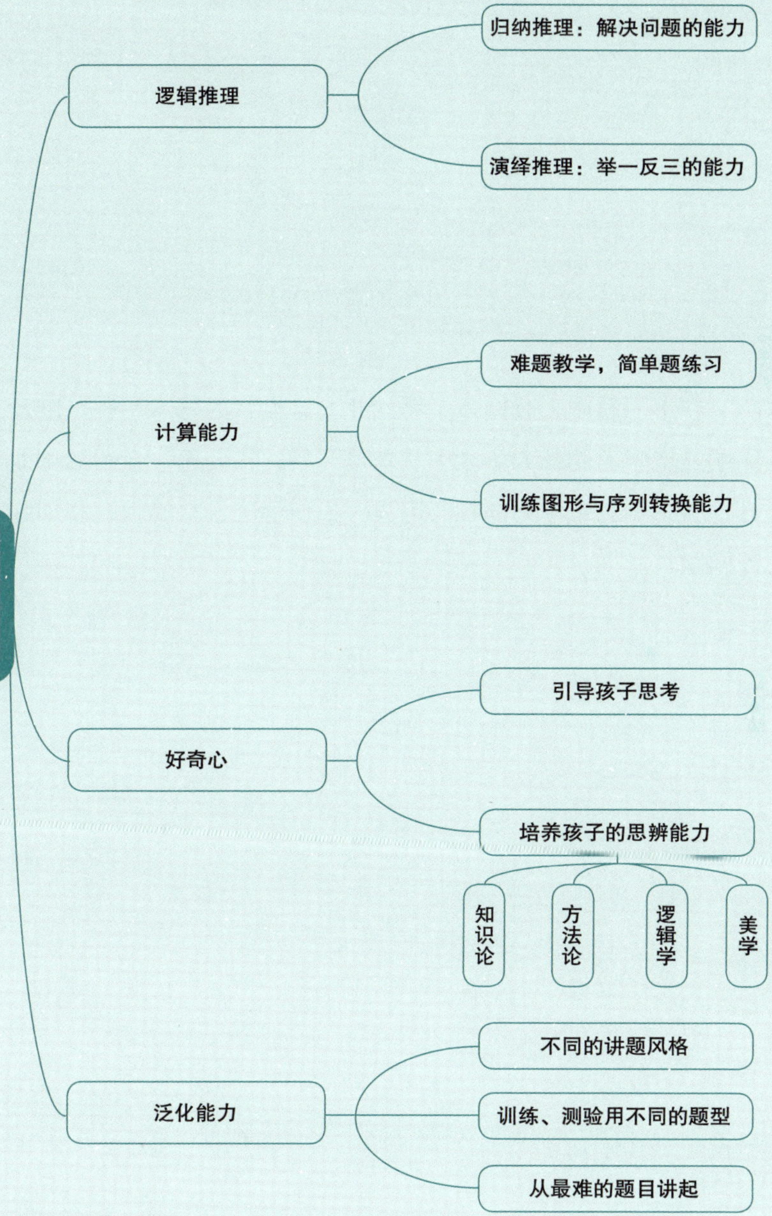
逻辑推理
归纳推理：解决问题的能力
演绎推理：举一反三的能力
计算能力
难题教学，简单题练习
训练图形与序列转换能力
好奇心
引导孩子思考
培养孩子的思辨能力
知识论
方法论
逻辑学
美学
泛化能力
不同的讲题风格
训练、测验用不同的题型
从最难的题目讲起

在上一章中，我阐述了婴幼儿大脑发育的基本历程，以及影响儿童学习的核心因素。从本章开始，我会逐一介绍如何提升这些影响儿童学习的核心因素、如何解决日常的教育和训练的问题。

01 自控力：根据大脑的工作机制，提升孩子的注意力

注意力是影响学习的关键因素，注意力不集中，知识就无法进入大脑，更不可能被理解、记忆和应用。从第 2 章《影响孩子学习效果的核心因素》的表 2-1 中，我们可以看到，精神集中度和坚持力对孩子学习造成的影响的效应量是 0.48，远远大于 0.15（让孩子自然成长所产生的效应量），因此这个因素应该受到大家的重视。

很多家长常说："我家孩子很聪明，就是不用心学习，所以他的成绩总是上不去。"其实，这就是因为孩子在学习时注意力不集中，听课、写作业总是分心，所以知识掌握得不扎实。那么，怎样解决这个问题呢？

从脑科学的角度来说，想让孩子集中注意力学习要从两个方面入手：提升孩子的自控力和增强孩子的工作记忆。前者是让孩子聚焦学习，后者是让孩子吸收和运用记住的知识。本节我先讲讲如何提升孩子的自控力，也就是如何帮他抵抗分心、聚焦学习。

我们首先要知道什么是分心，还有注意力分散时大脑是如何运作的。

所谓分心、走神、开小差，其实都是指注意力不集中，换句话说，就是注意力容易切换和转移，缺乏对一件事持续保持专注的能力，也就是专注力不够。

这种问题不仅会在孩子身上出现，其实我们成年人也常常受

其影响，特别是在使用手机和电脑的时候。

比如，你在网上搜索工作所需的资料，无意中看到一条有趣的新闻，就转发到朋友圈，朋友看到后评论了，你就回复了一下，然后又顺便浏览了一下其他人的朋友圈，看见有个朋友在朋友圈晒的裙子很漂亮，就去淘宝搜了一下，然后又看见淘宝有满减活动，你就又去挑了几条裙子……不知不觉，几个小时过去了。

上述这个大多数人身上常见的现象就是“注意力的切换”。有数据表明，95% 的成年人会把工作中 1/3 以上的时间浪费在这上面。

从脑科学的角度来看，注意力的切换可以分成四种情况：由外界刺激导致的外源性中断（external interruption）和外源性走神（external disruption），以及由内部想法导致的内源性中断（internal interruption）和内源性走神（internal disruption）。

中断是指当你受到刺激（不论是内源性的还是外源性的）时，放下了手上正在做的事情，而去做别的事情；走神则是虽然被刺激吸引了，但你还是继续做手上的事情。

如果你正在学习，突然接到一条微信，内容是朋友约你出去吃饭，你决定放下书去吃饭，这就叫外源性中断；如果你想了想，觉得还是学习重要，给朋友回消息“不去了”，继续学习，这就叫外源性走神。

如果你在图书馆学习时，突然想到家里的门好像没有锁，你决定放下书回家看看，这就叫内源性中断；如果你觉得还是学习重要，决定看完这段内容再回家看看，于是继续学习，这就叫内源性走神。

这样一解释，你就会发现，不论是成年人还是孩子，都可能出现以上四种情况。而且，随着社交媒体的出现，这个问题更加严重了。

可能有些人会说："这样不是挺好吗，一心多用，节省时间。"其实，这只是表象，我们的大脑并不是多线程运作的，只是有些人大脑切换的速度比较快，所以看上去好像可以一心多用。实际上，只要进行注意力切换，就会浪费大脑内部的资源，当大脑的资源不够的时候（比如当你老了，或者生病了），你就会感到力不从心。

因此，如果是很聪明的孩子在学习时分心，并不一定会影响他的成绩；但如果孩子没那么聪明，分心就会使他的学习受到影响。

作为家长，我们先思考一下，这样的情况是不是经常发生在自己身上：虽然你可能也知道做事情的时候总分心不好，但很多时候，你会不由自主地分心，可能你自己根本没有意识到。这是为什么呢？

请想象自己是一只小松鼠，秋天到了，你必须吃很多松果。你最优的策略不是抱着一棵树吃，而是在适当的时候转移阵地，到另一棵树上继续吃。那么，转移的时间怎么计算呢？很简单，松鼠爬上一棵树吃松果，越吃松果越少，松鼠吃到的松果数量与它在这棵树上的觅食时间呈曲线关系（摄食曲线），当松鼠另辟战场（转移到另一棵树上）所需花费的时间与摄食曲线相切的时候，松鼠就该转移了。

这个数学模型在很多动物身上都得到了验证。很多动物迁徙、转移觅食地点的规律，都符合这个模型。

科学证明，人类大脑进行切换的规律也符合这个模型。大脑对新信息的渴求，就像动物对食物的渴求一样，当你的大脑感觉到当前的信息源已经没有更多新信息的时候，就会进行切换。随着社交媒体的出现，在大量信息的冲击下，人类大脑切换的速度就会越来越快。

既然我们弄清了什么是注意力分散以及大脑在接收信息时进行切换的工作机制，那么，我们应该用怎样的方法来训练孩子的自控力，进而提升他的注意力呢？

（1）角色扮演让孩子深度参与

和强调让孩子“记住内容”而不是“学会能力”的课程不一样，美国的两位教育心理学家埃琳娜·博德罗夫（Elena Bodrova）和德博拉·莱昂（Deborah Leong）研发了一套新的学前教育课程——心智工具（Tools of the Mind）。目前美国的很多幼儿园都在实施这套教育课程，详细信息可登录网站 https://toolsofthemind.org 进行了解。

这套教育课程的主要内容就是装扮游戏（make-believe play）。老师给孩子们设置各种跨越时间、空间且极富想象力的场景，比如冰河时代、撒哈拉沙漠等，让四五岁的孩子组成小组进行角色扮演。比如让孩子们想象自己在埃及的市场上，要进行货品买卖该怎样做。那么，孩子们必须想到自己在埃及可以买到什么、大概价格是多少、怎么和客人交流、怎么结算、怎么记账等。

现有证据表明，孩子们为了完成情景表演，必须集中注意力，学习如何记住各种杂事，并反思自己学习中出现的问题。这样的深度体验式学习，对孩子控制自己的意志力是非常有帮助的。而且，一旦养成了这样的学习习惯，孩子大脑的稳定性也会增强，学习任何东西都能考虑得更加周全。

（2）冥想让孩子持续保持注意力

除了学校教育，目前有越来越多的证据证明，冥想对增强大脑的控制力也有一定作用，因为冥想的核心就是注意力训练。

训练注意力的冥想包括集中注意力的冥想和监测注意力的冥想。

集中注意力的冥想，就是把全部注意力放在一个点上，比如把全部注意力都放在呼吸上。

监测注意力的冥想，就是监测自己在想什么、为什么这样想。

（3）运动能有效提升孩子的注意力

2007 年，38 位密歇根大学的学生放弃所有的电子设备，带着地图在密林里进行探索行走，他们分别做了工作记忆和注意力的测试，结果显示，密林行走对增强工作记忆和提升注意力有显著作用。

就像古希腊格言所说，你想变得聪明吗？那就跑步吧。目前来说，一个具有治疗级别价值的提高注意力的方法就是体育运动。实验表明，高体能的孩子对电话和音乐等分散注意力的事物的抵抗能力很强，而低体能的孩子对电话和音乐等的抵抗力比较弱。

有意思的是，那些更需要智力的体育活动（比如集体球类项目）对提升注意力有更大帮助。

我们常常觉得职业运动员具有非常坚毅的性格，认为正因为这些人的性格非常坚毅，才能成为职业运动员。实际上，这里的因果关系可能正相反，是运动塑造了这些人的大脑，使他们变得坚毅。

（4）延迟满足让孩子提高自控力

有很多家长试图把孩子和影响他学习的电子产品隔离开，比如把手机放在离孩子最远的房间。这种做法经常会导致逆反，孩子很快就会受不了。

想让孩子不沉迷于玩手机、平板电脑，最关键的不是把手机、平板电脑放得离他有多远，而是要帮助他进行延迟满足训练。

比如，你可以和孩子做一个约定：每次学习时，要坚持学 40 分钟，然后休息 10 分钟，休息的时候才可以玩手机或平板电脑。

以上这些方法，可以用两句话来总结：**角色扮演和冥想，持续学习不走神；多做运动远电脑，延迟满足静心学。**

正如美国著名哲学家和心理学家威廉·詹姆斯（William James）所说，用自主意识把分散的注意力一次又一次地拉回来的能力，是决断力、性格和意志力的根基。

在我看来，**培养孩子的意志力就是帮助孩子塑造一个“坚强”的大脑，让他能够在困境下冷静应对，在压力下寻找解决问题的办法，在诱惑下坚持自己的目标。训练孩子的这种脑能力才是教育的核心。**

屠龙老师的课堂小结

注意力是影响学习的关键因素，从脑科学的角度来说，想让孩子集中注意力学习要从两个方面入手：提升孩子的自控力和增强孩子的工作记忆。增强孩子的自控力可以试试这四种方法：第一，让孩子通过玩角色扮演来进行深度体验式学习；第二，给孩子做一些日常冥想训练；第三，让孩子多进行体育运动；第四，帮助孩子进行延迟满足训练。

02 工作记忆：注意力的基础和心算训练

前面讲了如何通过自控来提升孩子的注意力，本节来讲讲另一种提升注意力的方法：工作记忆。

什么是工作记忆？我们可以把工作记忆简单地理解为大脑对信息进行“在线缓存”。比如，我们听到一串电话号码，能够记住它，然后拨打电话。

测试工作记忆的方法也比较简单。有一种方法叫“数字广度测验”（digital span test），简单地说，就是测验你能记忆多少位数字；另一种方法叫“n-back 测试”，也就是让你回忆前一次（n = 1）出现的数字或词语是什么，或者前两次（n = 2）出现的数字或词语是什么，以此类推。从中我们可以看出，工作记忆是一种对信息进行暂时存储和操作的记忆。

在学习、工作、生活甚至与人交往的过程中，工作记忆都发挥着至关重要的作用。拿幼儿园的孩子来说，他们需要利用工作记忆来学习拼音、识数，学习完成简单的任务，比如刷牙和收拾书包。上学后，孩子需要利用工作记忆来独立学习知识，完成大量的课后作业。而成年人更需要利用工作记忆来处理大量信息，甚至在开车时，也需要利用工作记忆来保证驾驶安全。总而言之，工作记忆对人类完成认知任务有很大帮助。

既然工作记忆这么重要，那么怎样才能增强工作记忆呢？下面我分享几个重要策略。

（1）保证孩子有良好的睡眠

有很多研究表明，缺乏睡眠会使工作记忆严重减弱。睡眠质量好的孩子（也就是深度睡眠时间超过 4 个小时）反应速度快，工作记忆强，解题的速度和准确度，甚至连写字速度都超过睡眠质量不好的孩子。

要获得 4 小时的深度睡眠，需要保证 8 小时的睡眠时间，因为从入睡到进入浅度睡眠，再到真正进入深度睡眠，都是需要时间的。

可以尝试以下几个办法来保证良好的睡眠：

① 保持规律的作息时间，否则会影响睡眠质量。

② 睡觉前 1 小时，把室内的灯光调暗，因为减少光照能促进人体褪黑素的分泌，而褪黑素能够促进睡眠。

③ 多运动，运动能使人放轻松。

④ 焦虑和忧思重的人，多做一些让自己放松的事情，比如做瑜伽、织毛衣，甚至发呆。

当然，妈妈还可以做一些其他事情来保障孩子的良好睡眠，比如经常换床单和枕巾。有研究表明，干爽的、有清新味道的床单有助于入睡。

（2）教孩子通过冥想来进行深度放松

近年来，随着脑科学的发展，越来越多的人认为冥想确实对大脑有好处，冥想就像思维瑜伽。2015 年，《自然评论–神经科学》（*Nature Reviews Neuroscience*）期刊上刊载的一篇论文系统阐述了关于冥想的神经科学及研究进展。这篇论文中详细罗列了关于冥想的各种科学研究成果。文中提出，冥想能够帮助人提升认知能力，使人增强免疫力。

因此，冥想也有助于增强工作记忆。家长可以让孩子在睡前安静下来，进行冥想。冥想有以下三种方式：

① 想象一个场景。比如让孩子想象一朵花开了，想象海风海浪是什么样子，想象森林里有什么。

② 将注意力集中在一个点上。比如让孩子看一幅画，静静地欣赏。

③ 回想今天做了什么。比如可以让孩子回想今天学了什么东西，老师说了什么话，或者把今天在学校的情景再回忆一遍。

这些训练对增强孩子的工作记忆有非常大的帮助。

（3）心算让孩子的大脑拥有“超能力”

心算就是不借助纸笔等工具，只运用大脑进行数学运算的方法。**心算能够减少大脑“翻译”的过程，降低认知负荷。**如果进行笔算，孩子就需要先把数字转成文字，然后再做计算，而心算不需要这个过程，久而久之，孩子的工作记忆就会增强。

要注意的是，家长在给孩子出心算题的时候，也不要用纸笔，而要进行口述。另外，最好也不要出太简单的题目（比如让孩子算 3 加 5 等于多少），要出难一点儿的题目（比如 32 乘以 657 等于多少，165 加 93 等于多少）。

这样的活动可以在孩子上学、放学的路上进行。

有很多家长问我珠心算是不是也能起到这样的作用，很多研究表明，珠心算对增强儿童的工作记忆有很大的帮助，甚至比心算更有用。

屠龙老师的课堂小结

增强孩子的工作记忆，有助于帮孩子抵抗注意力分散，进行高效学习。首先，家长要保证孩子有良好的睡眠，可以通过调整孩子的作息时间、调节室内灯光等方法来提升他的睡眠质量；其次，家长可以让孩子学习冥想，以此来放松身心、提高大脑的活动能力；最后，家长可以让孩子练习心算或珠心算，使大脑越来越有“超能力”。

03 想象力：拓宽认知边界，训练创新思维

除了提升自控力和增强工作记忆，创新思维也对孩子的学习非常有帮助，创造力课程对孩子学习影响的效应量是 0.65。

大学毕业找工作时，我们给自己写简历，可能都喜欢鼓吹自己，给自己贴上“想象力丰富”“创造力强”等标签。但实际上，并不是所有这样写的人都有想象力、创造力。后来在工作岗位上，我们会遇到一些同事，他们有创见，总能发表独到的看法，并且做事不拘一格，会用一些奇妙的方法高效地解决问题，这样的人才是真正有创造力的人。

哈佛大学认知神经科学研究员罗杰·贝蒂（Roger Beaty）做了一个有趣的实验，他组织 163 名参与者完成了一项测试，这项测试可以用来衡量人的发散思维能力。测试要求参与者给生活中的常见物品寻找新的或不寻常的用途。比如，将一张袜子的图片呈现在参与者面前，有人写“它能给脚保暖”，有人写“它可以用来过滤脏水”，前者想到的是袜子的一般用途，后者则有新的想法，就能获得更高的评分。

在做测试的同时，贝蒂的团队还为参与者做了大脑磁共振扫描，看看那些总能提出新想法的参与者和那些没什么新想法的参与者的大脑运行模式有什么不同。或者换种说法，研究人员想知道这些新奇的想法是如何在大脑中产生的，是哪个特定的脑区让一些人有创造性。

贝蒂指出，人在完成创造性任务时，有三个特定的大脑网络会被激活，即默认网络、执行网络和突显网络。这三个网络的同步性和互联性越强，人在创造性任务中的表现就越好。

那么，大脑中的这三个网络是如何被激活的呢？我们来看看。

当你把手上的工作放在一旁，安静下来，任由思维漫游（可能是在做白日梦，也可能是在想象有趣的事情）的时候，默认网络就会被激活。在产生奇思妙想和进行头脑风暴时，默认网络起着关键作用，比如畅想各种解决方案，有些甚至可能是不着边际的。

执行网络做的事情截然相反，它在人需要控制迸发的思维时被激活。这个网络在评估想法、观念时起着关键作用，比如评估在头脑风暴中产生的想法是否真的有效，然后修改、调整这些想法，以适应目标。执行网络会限制思考的广度，控制暂时无用的想象，提高思考效率。

突显网络处在默认网络和执行网络之间，充当一种切换机制。这个网络在产生创意和评估想法之间发挥作用。

有意思的是，这三个网络通常不会被同时激活，比如当执行网络被激活的时候，默认网络通常是关闭的，反之亦然。

总的来说，**默认网络控制发散思维，执行网络控制专注能力，而突显网络是发散和专注之间的过渡区域。**

这时候，我们才意识到，那些真正有创造力的人，真的与常人“不一样”——他们大脑的神经工作机制与众不同。

有创造力的人，能同时激活这三个原本独立工作的大脑网络，让它们协同工作，在产生创意的同时，将那些天马行空的想法去掉，让更多的大脑资源聚焦在那些新鲜又有价值的想法上。换句话说，有创造力的人就是能够平衡自发性思维和受控制思维的人，他们在思考时，既能发散，也能收敛。

了解了与创造力有关的大脑工作机制，我们该如何训练孩子的创新思维呢？

在认知神经科学领域中，很多研究者一直在研究创造力在多大程度上取决于先天条件，创造力是否可以通过后天训练获得，什么样的训练可以有效提升人的创造力等问题。

以前很多创造力训练只注重发散思维（也就是默认网络）的开发，认为越天马行空地发挥想象，越值得鼓励。而贝蒂团队的研究表明，纯粹开发想象力的训练并不能让人具有更强的创造力，在“做加法”的同时，还要学会“做减法”。也就是说，**想要让孩子具有创新思维，除了要给孩子做白日梦的空间，也要让孩子学会控制自己的思维。**

接下来我介绍一下能帮助孩子平衡三个大脑网络，提升创造力的游戏。

第一个是“还能用来做什么”游戏。家长可以引导孩子来思考生活中的任何物品，除了其本身的用途外，还能用来做什么。比如胶条，除了可以用来粘东西，是不是也可以当作一种材料，粘在一起可以当桌布，甚至用来做裙子？比如报纸，除了可以阅读，还可以用来搞卫生，或者做剪纸。比如杯子，除了可以盛水，还可以当调料瓶。比如瓶子，除了可以装调料，还可以用来插花。这样的游戏能开发孩子的想象力。

第二个游戏是创意涂色、创意画图或创意 P 图。给孩子买一些涂色的书，让他不按照大自然的规律，而是根据自己的想象来涂色。比如不把草涂成绿色，而涂成蓝色；不把花涂成红色，而涂成绿色。还可以让孩子展开想象，进行创意画图或创意P图，比如画出或者用绘图软件设计出世界上不存在的怪物、精灵、仙女、机器人等形象。

第三个是组合游戏。生活中的物品有着各种固定的组合或搭配，比如饭碗配筷子、西餐盘配刀叉，做菜也有固定的食材搭配，比如西红柿炒鸡蛋。家长可以让孩子想一想，西红柿除了可以和鸡蛋一起炒，还可以和什么一起炒，可以和黄瓜一起炒吗？或者除了一起炒，还可以一起炖吗？薯条一定要配番茄酱吃吗？还可以配什么，会不会好吃呢？

这些既需要发散思维也需要收敛思维的游戏，可以让孩子在发挥想象力的同时，聚焦有用的想法，给出最终的解决方案，提升创造力。

屠龙老师的课堂小结

创新思维对孩子的学习非常有帮助。人在完成创造性任务时，有三个特定的大脑网络会被激活，默认网络控制发散思维，执行网络控制专注能力，而突显网络是发散和专注之间的过渡区域。这三个网络的同步性和互联性越强，人在创造性任务中的表现就越好。帮助孩子平衡三个大脑网络，提升创造力的游戏：第一，“还能用来做什么”游戏；第二，创意涂色、创意画图或创意P图；第三，组合游戏。

04 学习的窗口期：如何帮孩子制订学习战略计划

当家长带着孩子去看医生的时候，医生总会说孩子的体重是多少，高于平均值多少，身高是多少，低于平均值多少……不论是身高、体重的标准，还是何时会爬、会坐、会走路、会说话等，在儿科医生眼里都是儿童生长发育的里程碑。

我在第 1 章《儿童大脑发育的规律》中也谈到了婴幼儿运动和语言发育的里程碑的重要性：用于疾病的排查。当孩子的某个发育指标远远低于应有水平时，医生就会有所警觉。如果孩子 2 岁了还不会说话，医生就会排查语言障碍或自闭症等问题；孩子快 3 岁了还不会走路，医生就会排查各种与运动机能有关的疾病。

因此，儿童生长发育的里程碑对医生来说是一个非常有用的参考标准，医生可以根据这个标准追踪孩子的身体发育情况。

同样，**窗口期对脑科学家和研究学习科学的教育工作者来说，也是非常重要的参考标准，可以用来指导我们如何进行教育规划。**

所谓“窗口期”，是指大脑的神经元开始建立某种功能连接，但还没有完全建立起来的时期。在这个时期学习某种技能或知识就会特别快，有事半功倍的效果。

比如，学习外语的窗口期是 9 个月到 8 岁，孩子在这个时期学习外语，就可能将外语学到母语水平，而且开始学习的时间越早，接触越多，就越能掌握这种语言。而 8 岁以后，大脑的巨变期就结束了，在这之后再学习某种外语，虽然并不是说就不能学好，但可能就很难达到母语水平了。

拿我自己来说，我 13 岁才开始学习英语，但后来我的英语也说得非常流利，读写能力也非常好，在 GRE 考试（美国研究生入学考试）中，我的作文还考了满分，这在中国学生中是非常难得的。甚至在美国读博期间，系主任还让我去教美国的本科生怎么写医疗文书。

可以说，在晚学英语的人里，我算是比较成功的了。但是，无论是发音、遣词造句，还是对语义的理解，与母语是英语的人相比，我都有相当大的差距。之所以产生这样的差距，并不是因为我接触英语不够多（我在美国生活了 11 年，在澳大利亚生活了 1 年，可以说，我在说英语的国家度过了已过人生 1/3 的时间），而是因为我接触英语的时候，我的大脑对英语这种语言的处理机制已经和母语是英语的人完全不同了。

这就是窗口期的意义。

图 3-1 是我根据目前的文献研究绘制出来的学习各种技能和知识的窗口期。

有一些能力的学习窗口期可以延长到 20 岁以上，比如自控力、建立思维框架能力，而情感控制、习惯训练的窗口期在五六岁之前就结束了。

因此，要想让孩子有很好的情感控制能力和习惯，就要在孩子成长的早期阶段对孩子进行训练，让他和小伙伴多进行一些有

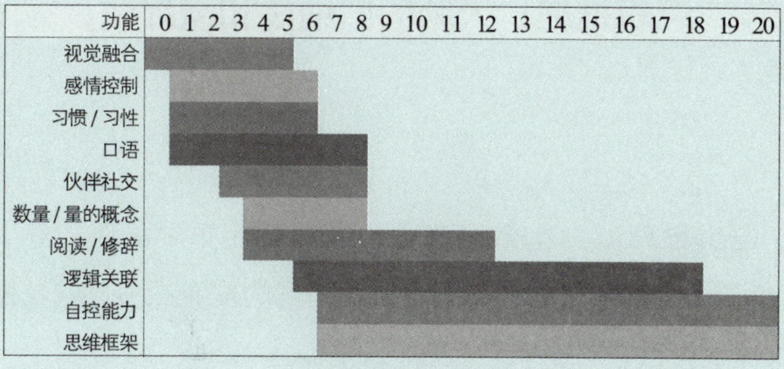

图 3–1　0 ~ 20 岁大脑能力发展的窗口期

意义的社会活动；3 ~ 9 岁是发展数学逻辑能力的最佳时期，因此，对 9 岁以下的孩子多进行数学训练，有助于提升他的数学能力；3 ~ 12 岁是发展孩子阅读能力的最佳时期，此时让孩子多读书，对他很有好处。

总而言之，这个窗口期图表对家长和老师的意义就相当于国民经济统计数据对宏观经济计划的意义，可以指导大家对孩子进行教育规划。

屠龙老师的课堂小结

所谓“窗口期”，是指大脑的神经元开始建立某种功能连接，但还没有完全建立起来的时期。在这个时期学习某种技能或知识就会特别快，有事半功倍的效果。窗口期对脑科学家和研究学习科学的教育工作者来说，是非常重要的参考标准，可以用来指导我们如何进行教育规划。

05 逻辑推理：大脑的归纳法和演绎法

逻辑推理能力也会对孩子的学习产生重要影响，第2章《影响孩子学习效果的核心因素》中提到的皮亚杰项目就是指逻辑推理能力，它对孩子产生的效应量高达1.28。

逻辑推理可以分为归纳推理（inductive reasoning）和演绎推理（deductive reasoning）。

（1）归纳推理让孩子具备解决问题的思维能力

归纳推理是一种比较原始的逻辑推理方式，其核心就是从一些个别的事例中概括、推导出一般的规律或原理。下面这道题就是典型的归纳推理题：

请看这组数列：2, 4, 6, 8, 10。你知道下一个数字是什么吗？

这道题很容易，下一个数字是12，因为我们从这个给出的数列中找到了一个规律：前一个数字加上2就是后一个数字。

归纳推理能力测验一直被广泛应用于各种智商测试量表中，因为这种测验能够比较好地排除家庭教育、文化程度和社会等级等一系列因素对人的影响。非常著名的雷文标准推理测验（Raven’s Standard Progressive Matrices）就是一个例子。图3-2给出的就是一道雷文标准推理测验题：请判断方框中的最后一个图形是哪一个？从方框下面的八个图形中选择。

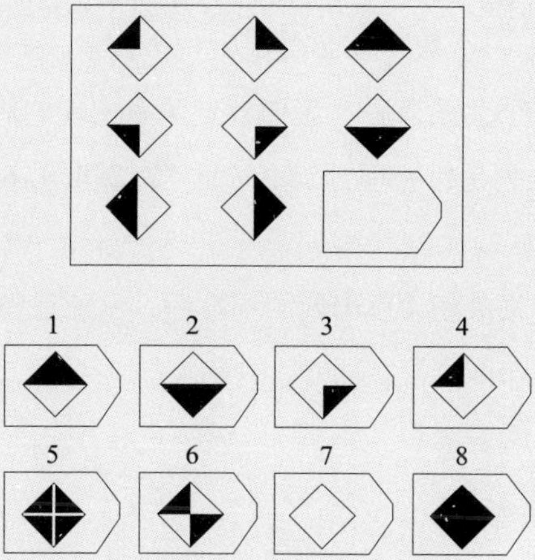

图 3-2　雷文标准推理测验

这道题的答案是第八个图形。解题思路是这样的：方框中第一行第一列的图形中的黑色区域，加上第一行第二列的图形中的黑色区域，等于第一行第三列的图形中的黑色区域。方框中第二行第一列的图形中的黑色区域，加上第二行第二列的图形中的黑色区域，等于第二行第三列的图形中的黑色区域。可以推理出，这个图形矩阵的规律就是左边图形的黑色区域和中间图形的黑色区域相加，等于右边图形的黑色区域。那么，第三行第三列的图形就应该是一个全黑的图形，也就是第八个图形。

托马斯·霍尔兹曼（Thomas Holzman）等人将归纳推理的整个思维过程分成几个步骤。

简单来讲，归纳推理的过程是这样的：

① 对类比项目（比如一组数列，或一堆图形）进行观察分析。

② 发现项目之间的关系，比如“2, 4, 6, 8”这组数列的项目之间的关系是前一个数字加 2 得到后一个数字。

③ 发现这个关系之后，还要发现关系出现的周期。比如“2, 4, 6, 8”这组数列是每一项都加 2，而“2, 2, 4, 4, 6, 6, 8, 8”这组数列是每两项加 2。

④ 发现了关系和关系出现的周期后，就能完整描述出规则。

⑤ 运用规则推测答案项。

⑥ 得出最后答案。

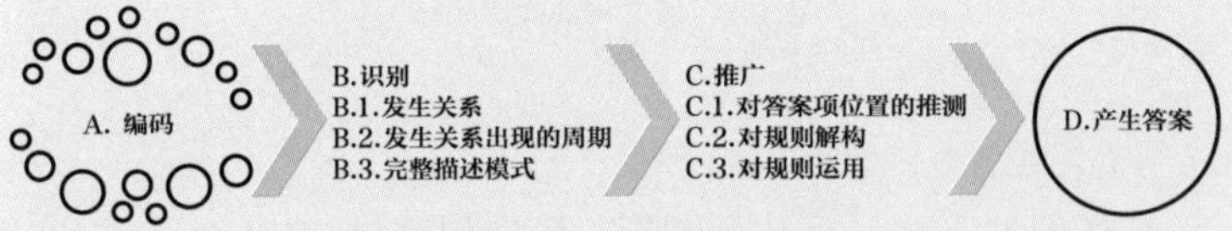

图 3–3　归纳推理思维过程

路易莎·吉雷利（Luisa Girelli）等人发现，归纳推理能力受内隐记忆的影响很大。我在第 1 章《儿童大脑发育的规律》中提到过，内隐记忆分为程序性学习和条件反射。吉雷利认为，之前做过一次归纳推理后，比如对“2, 4, 6, 8”这组数列的下一个数字是什么做过归纳推理，那么再对“1, 3, 5, 7”这组数列的下一个数字进行归纳推理就会容易一些。

于是，吉雷利设计了一个实验，将数列填空（number completion）这个任务分为简单和困难两个等级。简单等级的数列，项目关系出现的周期是 1，比如“2, 4, 6, 8”这样的数列（每项都加

2）。而困难等级的数列，项目关系出现的周期是 2，比如“5, 10, 9, 14, 13”这样的数列（先加 5，再减 1）。

实验表明，无论是简单等级还是困难等级，做过一次数列归纳推理后，第二次再做类似的题目，速度明显加快，准确率也会显著提升。对脑外伤导致部分失忆的病人来说，情况也是如此。

这表明归纳推理对记忆的依赖是显著的，并且不一定依赖于外显记忆，只要产生了内隐记忆，就能进行归纳推理，这就是熟能生巧。

因此，我们可以通过训练来提高智商测试的成绩，熟悉雷文标准推理测验的人，智商测试的分数可能会被假性提高。

那么，归纳推理的大脑运作机制是怎样的呢？蒋军等人发现，大脑中有两个独立的系统参与归纳推理：一个系统的作用是识别规律，另一个系统的作用是进行规律扩展，也就是进行推断（extrapolation）。其中，背外侧前额叶（dorsolateral prefrontal cortex）和顶叶皮质（parietal cortex）同时参与这两个过程。

克里斯蒂亚诺·克雷申蒂尼（Cristiano Crescentini）等人将数列进一步复杂化，并且将数列和空间推理结合起来，如图 3-4 所示。

我们可以从左边一列卡片中总结出“1, 2, 3, 4……12”这组数列的规律：从空间上来看，规律是“右下，正上”；而从数学算法来看，规律是“加 7，减 6”。

研究人员发现，参与复杂归纳推理的主要脑区是背外侧前额叶，这个区域掌管复杂思维、注意力以及工作记忆。

前文讲过，大脑的前额叶通常被认为是掌管高级思维的脑

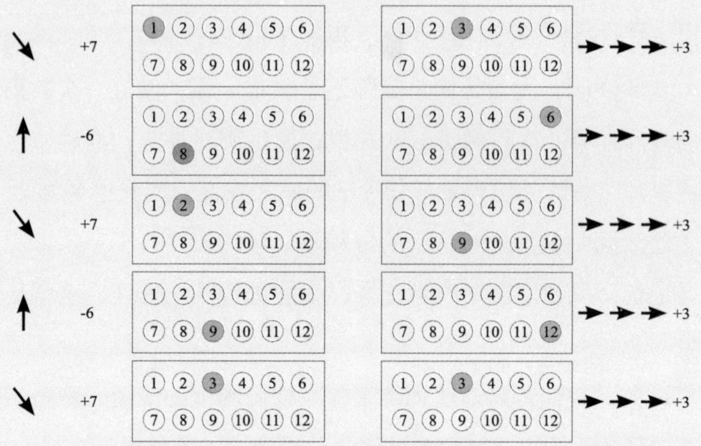

图 3-4　数列和空间结合的复杂归纳推理实验

区，负责解决问题。从以上这些实验来看，也许解决问题对人类来说并不像想象的那么困难，而是人类的一种本能。归纳推理就是一种简单的解决问题的逻辑思维方式，无非就是从以往出现的事件中寻找一般性规律。

归纳推理被我们广泛应用于对事物的认知。比如，我们经历了一年四季，就总结出下一年还会有四季，于是产生了历法；我们经历了股市波动，就总结出股市变化的规律，由此就能对股市的走向做出预测；等等。

人类在成长的早期阶段就能够学会归纳推理，而且这种能力受训练和记忆的影响，即便是脑外伤的人，也仍然可以有归纳推理能力。

虽然我们在大多数情况下都可以运用归纳推理来解决问题，

但是这个方法存在一个根本性缺陷：不能解决黑天鹅问题（难以预测的突发问题）——我们见过的天鹅都是白天鹅，因此我们认为天鹅都是白的，这就是归纳推理法的本质。然而，当我们遇到黑天鹅的时候，我们可能会束手无策。

因此，我们可以在孩子还小的时候就对其进行归纳推理的思维训练。在后面的章节中，我还会进行更深入的介绍。

（2）演绎推理让孩子具备举一反三的思维能力

下面谈谈第二种逻辑推理方式——演绎推理。我们来看看演绎推理的思维活动是由哪些大脑系统掌管的，如何训练儿童的演绎推理能力。

归纳推理是一种发散的逻辑思维方式，而演绎推理是一种收敛的逻辑思维方式。所谓演绎推理，就是从一般性的前提出发，推导出关于个别事物的结论。下面举几个演绎推理的例子：

① 小王比小张高，小张比小李高，所以小王比小李高。

② 所有蛇果都是苹果，所有苹果都是水果，所以所有蛇果都是水果。

③ 如果 P 为真，则 Q 为真，已知 P 为真，所以 Q 为真。

以上三种演绎推理，分别是：

① 对关系的演绎推理：A ＞ B，B ＞ C，所以 A ＞ C。

② 对结论的演绎推理：所有的 A 都是 B，所有的 B 都是 C，所以所有的 A 都是 C。

③ 对命题的演绎推理：如果 A 为真，则 B 为真，现在 A 已经为真了，所以 B 也为真。

由于演绎推理是两种基本逻辑推理方法中的一种，因此认知心理学家很早就开始对演绎推理的大脑运作机制进行了研究。

有一个学派认为大脑是通过建立空间模型来完成演绎推理的。他们认为，当人进行演绎推理的时候，大脑会对已知条件进行空间重建，比如“A > B，B > C”这两个条件，大脑会自动把 A 放在最左边，把 B 放在中间，把 C 放在最右边。

另一个学派认为大脑是通过处理规则和序列来完成演绎推理的。也就是说，当我们在进行演绎推理的时候，大脑提取了很多规则，并且按照这些规则来进行演绎。

这两个学派谁也不服谁，都认为自己的理论是对的，直到出现了大量脑成像证据。杰罗姆·普拉多（Jérme Prado）等人对涉及 382 个被试的 28 项神经影像学研究数据进行了大规模分析，发现这两个学派的理论都有对的地方。

简单来说，大脑中有三个子系统参与演绎推理，分别掌管上面所说的关系推理、分类推理和命题推理。

在进行关系推理时，大脑中被激活的区域是海马旁回位置区（parahippocampal place area）和额中回（middle frontal gyrus），这两个区域是掌管空间想象的。也就是说，在进行关系推理时，大脑确实进行了空间场景的构建。比如，你在进行“小王比小张高，小张比小李高，所以小王比小李高”这个逻辑推理的时候，大脑确实把这三个人排列了起来。

在进行分类推理时，被激活的主要脑区是额下回（inferior frontal gyrus）和中央前回（precentral gyrus），这两个区域是掌管逻辑和语法序列的。也就是说，在进行分类推理时，大脑对规则和序列信息进行了加工处理。比如，在进行“所有蛇果都是苹果，所有苹果都是水果，所以所有蛇果都是水果”这个推理的时候，我们没法在大脑中想象出所有蛇果和苹果，没法通过空间想象来进行推理，只能记住规则和序列，然后推导出结论。

参与命题推理的脑区比较多，上面提到的海马旁回位置区和中央前回这两个大脑系统都参与了命题推理。这可能是因为命题推理比较复杂，包括正命题、逆命题、否命题和逆否命题等。我们需要运用大脑的规则处理系统来判断这个命题是哪种命题，还需要进行一些空间想象和排列。比如，在进行“如果是 A，则不是 B，那么现在不是 A，则是 B”这个命题推理时，需要先激活大脑的语言规则系统，把命题的否定部分找到，然后再进行空间想象。

可见，参与命题推理的大脑系统是比较复杂的。

了解了掌管演绎推理的三个不同的大脑系统以及这三个大脑系统的运行机制之后，我们就可以分别针对这三个系统对孩子的演绎推理能力进行训练。

第一个系统负责推导关系。比如：小明是张阿姨的儿子，张叔叔是张阿姨的弟弟，那么小明是张叔叔的什么人？在进行关系推导的时候，我们可以让孩子画出人物之间的关系图。**孩子越会画关系图，就越会在大脑中迅速生成这样的关系图，掌管空间想象的大脑系统就得到了锻炼，就能迅速做出逻辑判断。**

第二个系统负责推导类别。比如：蜻蜓属于昆虫，昆虫属于节肢动物，那么蜻蜓属于什么动物？孩子在进行这样的逻辑推理时，需要用到大脑的语言规则和序列系统。**家长可以通过讲故事**

来帮助孩子理解规则，让孩子记忆类别。

第三个系统是综合系统，负责命题推理。比如：如果一只虫子不是六条腿，就不属于昆虫，那么蜘蛛有八条腿，它属于昆虫吗？**进行这样的推理，孩子需要综合运用大脑的语言逻辑序列系统和空间想象系统。**

演绎推理是两大逻辑推理方法之一，其实就是培养孩子举一反三的能力。参与演绎推理的大脑系统并不单一，而是分成很多子系统，不同的子系统负责进行不同的演绎推理。**家长可以分别训练孩子的空间想象能力和语言序列处理能力，并且让孩子将这两个大脑系统进行整合运用，提升演绎推理能力。**

屠龙老师的课堂小结

逻辑推理能力也会对孩子的学习产生重要影响。逻辑推理可以分为归纳推理和演绎推理。归纳推理是一种比较原始的逻辑推理方式，其核心就是从一些个别的事例中概括、推导出一般的规律或原理。演绎推理是从一般性的前提出发，推导出关于个别事物的结论。

06 计算能力：大数字举例，提升准确度

家长可能会认为，计算对孩子来说并不难，只要把运算口诀背熟，计算题简直就是送分题。但是，慢慢你就会发现，孩子在做作业或考试时，计算题往往是耗时最多的，也是最容易出错的。你可能会下意识地指责孩子："你怎么这么笨，这么简单的题都算错！"

实际上，计算并不像我们想的那么简单。不信，你可以试着做这道题：100 减 7 等于多少？再减 7 等于多少？再减 7 等于多少？再减 7 等于多少？这样一直减下去……你花了多长时间算出来？是不是感觉越往后越难？

这道题明明看起来很简单，为什么脑子会转不过弯来呢？其实，计算是一项复杂的大脑活动，需要调动大脑的很多系统，并且各个系统要密切配合，才能算得又快又准。这就像一家大饭店在承办婚宴，有买菜的，有洗菜的，有切菜的，有炒菜的，还有服务和收账的……这么多环节的人员要彼此配合，哪个环节出错了都不行。

神经内科医生会用上面说的"100 减 7，再减 7，再减 7……"的题目来检测病人的大脑是否有病变。为什么一道简单的算术题能用来检测大脑健康情况呢？因为它真的很难。

我们都听过，人的大脑分为左脑和右脑，左脑大致负责逻辑、分析、语言等，右脑负责空间感觉、情感、直觉等（当然这

是一种过于简单的，甚至有点儿谬误的分类）。实际上，大脑进行信息加工处理的分工要比这复杂得多。所以，做一道算术题，可能需要调动很多大脑系统进行配合。

就拿“100 减 7”来说，你 1 秒钟就能说出答案，但大脑完成这个计算过程，至少需要四个步骤。

第一步，你需要调动位于大脑底部的梭状回（fusiform gyrus）区域进行数字想象，也就是你要先让 100 和 7 这两个数字出现在你的脑海里。

第二步，你需要调动位于大脑下部的颞叶（temporal lobe）区域进行数字序列记忆，简单说，就是要记住是 100 减 7，而不是 7 减 100。

第三步，你要通过位于大脑左右半球中部的顶叶（parietal lobe）区域来处理数量概念，也就是比大小，你必须记住 93 比 100 小，如果再减 7，所得的数会比 93 更小。

第四步，你需要通过位于大脑前部的额叶（frontal lobe）区域进行缓存和决策，也就是在说出答案之前，判断一下这个答案对不对。

你看，做一道简单的算术题就调动了这么多大脑系统，是不是足以让医生用来检查大脑是否有病变？

大脑各个系统之间的协作就像饭店工作人员之间的协作，饭店工作人员可以通过流程管理等制度，对讲机等通信工具来提高协作效率。那么，有没有什么办法可以提高大脑各个系统之间的协作效率，提高大脑的计算速度呢？这就是脑科学要回答的问题。

为了训练孩子的数学能力，很多家长都搞题海战术，有的家长甚至会让孩子做一些他们根本就没学过的题目，这只会让孩子的思维越来越混乱。

我们的方法肯定不是这种传统做法，我们要用脑科学从根本上提升孩子的数学能力。我在这里推荐两个方法，大家可以尝试一下。

（1）用难题教学，用简单的题练习

人类在长期进化的过程中，发展出一种对小数字（5 以下的数字）敏感的能力，这对生存是有利的。

比如，桌子上放着苹果，如果数量少于 5 个，你不用数，看一眼就知道有几个苹果，而如果数量多于 5 个，哪怕只多 2 个，你也要数一下才知道。

这是因为人类大脑中处理 5 以下数字的系统与处理 5 以上数字的系统是不一样的，大脑中有一个独立的系统对 5 以下的数字进行处理。

很多老师在数学教学中经常用小数字的题目当例题，而用大数字的题目当习题。比如，教孩子乘法和加法的混合运算，老师会拿“$2\times3+3\times5=?$”当例题给孩子讲运算法则，然后让孩子做“$10\times9+11\times16=?$”这样的练习题。

孩子做不出来，老师就认为他不会举一反三，这种做法其实是违背人类认知规律的。孩子学习之后，发现不会做习题，就会感到挫败，学习热情就会下降，更别提举一反三了。

想让孩子学会举一反三，在教孩子的时候，就要拿难的题目当例题，拿简单的题目当习题。比如，老师或家长先用“2412×116

+ 7834×58 =？”当例题，给孩子讲清楚运算法则，再让孩子算“10×9 + 11×16 =？”这样的题目，孩子就会觉得很容易了。

这个方法可以用在所有理科学科的教学中，在教孩子的时候，用比较复杂的例子给他讲规则、定律，然后让他做比较简单的练习题，这样就能激发孩子的学习热情，让他越学越想学。

（2）训练孩子的图形与序列转换的能力

什么叫图形与序列的转换呢？比如我跟你说“往前走三个街区，右转，看见红绿灯，再左转，看见邮局，再右转，再走两个街区，就到医院了”，你听到这句话，是不是会在大脑里画出一幅地图？

这就是图形与序列的转换。远古时代，我们的祖先在狩猎之后还能找到家，就是因为他们具有这种转换能力。掌管这种能力的脑区是顶叶，这个区域也是我们学习数学要用到的关键大脑系统，因为数学中的很多问题都涉及图形与序列的转换。

那么，我们该如何训练孩子的图形与序列转换能力呢？可以和孩子玩“语言画图”游戏。

有一款叫 Logo Turtle（可以翻译成“海龟标志”）的游戏，是由一群热心开发者开发的免费游戏，供全球的小朋友训练图形与序列转换能力。游戏的网址为 https://turtleacademy.com（游戏语言为英文），感兴趣的朋友可以带孩子玩一玩。

这个游戏很简单，就是让孩子指挥一只小海龟行走，以此画出想要的图形。比如，想让小海龟走出一个正方形，该怎么指挥它呢？向前走 50 步，右转 90 度，再向前走 50 步，再右转 90

度，再向前走 50 步，再右转 90 度，再向前走 50 步，就完成了。

当然，你也可以不借助这些工具，比如让孩子给你指路，问他应该怎样去一个他熟悉的地方，让他思考后讲出过程，这样孩子的大脑就会得到很好的锻炼，他的反应能力和心算能力都会增强。

屠龙老师的课堂小结

孩子计算题做得慢，容易出错，不是因为笨，而是因为他大脑内部的系统配合得不够熟练。家长可以利用“用难题教学，用简单的题练习”和“语言画图”游戏这两个方法来训练孩子的思维和反应能力，这样才能真正提高孩子的计算能力。

07 好奇心：费曼爸爸的教学法，如何看清事物之间的本质逻辑

著名物理学家、诺贝尔奖得主理查德·费曼（Richard Feynman）小时候和爸爸一起逛公园，路上看见一片叶子上有一只虫子，费曼就问爸爸这种植物叫什么，这只虫子叫什么。

费曼的爸爸告诉他，自己不知道这种植物叫什么，也不知道这只虫子叫什么，但其实知不知道它们叫什么并不重要，因为名称不过是人类给它的一个标签。要真正理解自然，就不能只看人类给了它什么标签，而是要思考叶子为什么是绿色的，为什么这种植物和这种虫子会在这里生存，为什么这只虫子的形态能够让它适应这里的环境，为什么这种植物和这种虫子是互相依存的关系，等等。

爸爸的这段话让年幼的费曼陷入了深深的思考。这样的引导促使费曼养成了思考的习惯，后来的结果我们也知道了，费曼不仅成了伟大的物理学家，还参与了“曼哈顿计划”，为美国的原子弹研制事业做出了巨大的贡献。

可能很多家长会问：“我们应该怎样学习费曼爸爸的这种思维模式呢？怎样引导孩子时时刻刻对周遭的事物进行思考？最重要的是，怎样才能让孩子感觉思考不是负担，而是一种轻松有趣的活动，激发孩子的好奇心？”

孩子天生就有好奇心，但是很多孩子的好奇心被家长扼杀了。因为孩子总问为什么，有些家长就会不耐烦，训斥孩子：“哪来那么多为什么，让你干啥就干啥！”这样的话会打击孩子，挫伤孩子的好奇心。

可以理解的是，孩子的很多问题是重复的，甚至是无厘头的、不可能有答案的，因此家长无法回答。那么，家长应该怎样对自己回答不了的问题做出回应呢？

首先，承认自己不知道，并且鼓励孩子这种积极思考的行为。比如你可以说：“这真是一个好问题，我怎么没想过？我还真不知道呢！”

接着，问问孩子该怎么解决这个问题。比如你可以反问他：“你觉得我们应该怎么做才能知道答案呢？是看书还是上网，还是问老师，还是做个小实验？”引导孩子自己找出解决问题的办法。

那么，家长应该怎样问孩子问题，引导孩子进行系统性思考呢？我们可以引入哲学思辨的思维。

很多家长都很重视对孩子思维能力的培养，其实，**思辨才是思考的高级层次，有了思辨能力，就能够更好地运用思维工具**。

思辨体系包括以下内容：

① 知识论：讨论知识的本质、知识的范围、知识的局限性等问题。

② 方法论：讨论如何解决问题。

③ 逻辑学：关于思维规律、思维形式的科学。

④ 美学：感知美、欣赏美、评判美。

家长应该怎样做才能把这些思辨体系融入对孩子的教育中呢？我举几个简单的例子。

比如，你告诉孩子一个很简单的知识：鸟会飞。

你可以从知识论的角度来问孩子：“所有的鸟都会飞吗？”

孩子回答：“不是，鸵鸟不会飞，企鹅不会飞。”

你继续问：“如果鸵鸟不会飞，企鹅也不会飞，那么‘鸟会飞’这个说法是正确的吗？”

孩子说：“大多数鸟会飞，如果说大多数鸟都会飞，就是正确的吧。”

这段对话就让孩子从知识论的角度来看问题了——所有知识都有局限性。

你继续问："你觉得鸟是怎么飞起来的呢？"

孩子回答："我不知道。"

你可以说："那我们一起上网查一查好不好？"

然后，家长可以引导孩子读网页上的内容："鸟有中空的骨骼，所以体重轻，再加上鸟有翅膀，翅膀上下扇动，产生气流，推动鸟向前飞行。"

你可以问："所以，要飞行，就要减轻重量，同时提升动力，对吗？你看小鸟是怎么减轻重量、提升动力的呢？"

孩子回答："小鸟可能是靠中空的骨骼减轻重量，靠翅膀提升动力的吧。"

这段对话就可以引导孩子从方法论的角度来考虑问题了——怎样才能飞起来。

然后，你可以继续发问："你觉得动物要飞起来，必须具备什么条件？是有中空的骨骼，还是有翅膀，或者有羽毛？"

孩子回答："我觉得有羽毛不是必要的，蝙蝠会飞，蚊子也会飞，但它们都没有羽毛。可能翅膀是必要的，所有会飞的动物都有翅膀。"

你再问："你想一想，从所有会飞的动物都有翅膀来推断有翅膀是会飞的必要条件，这是一种什么逻辑思维方法？"

孩子说："这是我之前学过的归纳法。"

这段话就是在引导孩子进行逻辑思维。

再往下进行，你还可以问："你觉得鸟的翅膀漂亮吗？"

孩子说："很漂亮。天使，还有独角兽，都有翅膀。"

你问："你为什么觉得鸟的翅膀很漂亮呢？"

孩子说："可能是因为我也想要会飞，鸟有翅膀，让我很羡慕，我也想要有一双美丽的翅膀。"

上面这段话就引发了孩子的审美思维。

看，一个简单的知识，家长可以从知识论、方法论、逻辑学、美学等不同角度问孩子问题，帮助他们思考，让他们认识事物、理解世界。

我为家长总结出一些问题，你可以从这些问题入手，用话术引导孩子思考，训练孩子的思辨能力。

① 这个知识点的价值在哪里？局限性在哪里？

② 解决这个问题，需要用什么方法？这个方法还可以用在哪里？

③ 做一件事情，哪些条件是必要的，哪些条件是充分的？我们可以调整做这件事情的步骤吗？我们可以从中归纳总结出什么，推理出什么？

④ 哪些事物是美的？美在哪里？为什么美？

……

屠龙老师的课堂小结

孩子天生就有好奇心，但是很多孩子的好奇心被家长扼杀了，这种情况很多时候是由于家长回答不了孩子的问题。家长应该怎样对自己回答不了的问题做出回应呢？首先，承认自己不知道，并且鼓励孩子这种积极思考的行为。接着，问问孩子该怎么解决这个问题，引导孩子自己找出解决问题的办法，促使他进行系统性思考。

08 泛化能力：如何让孩子举一反三

在与家长的接触中，我常常听到一些家长说自己的孩子上初一的时候成绩非常好，但到了初二“突然就跟不上”了，家长就认为这是因为初一的老师教得好，而初二的老师教得不好。

孩子在学习上真的会“突然跟不上”吗？孩子到了初二成绩下降，一定是老师没教好吗？或者说，孩子在初一的时候成绩好，就说明老师教得好吗？

在讨论这些问题之前，我先讲个小故事。纽约的某个警察学校的教官教学员射击，会让学员按照一套规定动作进行练习。比如，学员要从枪套中拔出枪，然后开两枪，再把枪放进枪套里。结果，有学员因为把这套动作练得太熟了，在真正和歹徒搏斗的过程中，开了两枪之后，居然习惯性地把枪放回了枪套里。

我讲这个故事，是想说明一个概念——过拟合。警察学校的学员学习射击，教官只教了他们一种动作序列，就是开两枪，然后把枪放回枪套，没有教他们其他动作序列（比如开一枪，然后放回去，或者开三枪、开五枪，然后放回去）。训练久了，在学员的大脑中，开两枪与把枪放回枪套这个动作就产生了很强的关联，因此学员在实战中就犯了错误，开了两枪之后，就把枪收起来了。

这就叫“过拟合”。在教育中，过拟合问题也经常存在。比如，老师让孩子死记硬背某些知识，孩子虽然没有理解，但是通过死记硬背，也能取得好成绩。这就是一种过拟合。

我们回到本节一开始的问题上，孩子初一的时候成绩很好，初二的时候成绩就不好了，一定是因为初一的老师教得好，初二的老师教得不好吗?

并不一定，也许只是因为初一的时候，老师并没有彻底教会孩子某些知识点，只是让他死记硬背，而这些问题刚好在孩子初二的时候暴露了。所以，家长会误以为初二的老师没有初一的好，其实是因为不知道问题的根源在哪里。

过拟合这个问题在学校教育中是经常出现的。比如，孩子可能会对某个老师过拟合：只喜欢某个老师，只听得懂这个老师讲课，换了别的老师就不适应。孩子甚至还可能对某个老师的某个习惯过拟合，比如某个老师有一些出题习惯，孩子只适应这个老师的这种出题习惯，换一个老师出题，即使考的是同样的知识点，成绩也会明显下降。

产生过拟合现象的脑科学原理很简单，人类的大脑是非常灵敏的，除了能捕捉知识，还能捕捉其他信息。比如，孩子在跟一个老师学习的时候，大脑不仅会捕捉他教授的知识，还会捕捉他说话的表情和习惯，并且把他的这些个人习惯和知识点关联起来。当换了一个老师时，孩子就会不习惯。

因此，孩子成绩下滑，并不一定是新老师教得不好，而是因为孩子常常把某些知识点与前一个老师的语言习惯和其他习惯关联起来，对前一个老师过拟合。而适应新老师的过程，就是去拟合的过程。

去拟合是教育的一个终极目的，说白了，就是让学生学会举一反三。不论哪个老师教，不论考什么样的题，甚至今后走入社会面对各种问题，学生都能自如地应用所学的知识。因此，去拟合也叫“泛化”，也就是把知识广泛应用的意思，可以理解为学以致用。

这下，我们就知道如何培养孩子的泛化能力了。

首先，更换老师不一定是坏事，多个老师对孩子进行教学，往往是一件好事，可以让孩子适应不同的教学风格，真正掌握知识点，而不会对某个老师的教学形成依赖。

学英语也是一样的道理，要让孩子听男女老少等不同的人的发音，而不是对一个人的发音过拟合，这样才有助于提高他的英语听力水平；要让孩子看不同人写的书，而不能只看一个人写的书，这样孩子才不会对某个人的用词习惯过拟合，才能对英语单词有更好的认知。

其次，测试题型和训练题型最好不要太一致。也就是说，老师在出期中、期末考试的试题时，尽量设计一些孩子没见过的题型，训练孩子不论见到什么新题型，都能轻松应对。如果上课讲什么题型，作业练什么题型，考试就考什么题型，孩子的问题就得不到暴露，可能只是死记硬背住了某个题型题目的做法，而不是真正掌握了知识。这种过拟合问题隐藏得越深，暴露得越晚，对孩子的负面影响越大。

总而言之，更换老师、更换题型等做法，都是防止孩子过拟合，让他学会举一反三的方法。

还有一种方法，就是第 6 节讲的“用难题教学，用简单的题练习”。

在学校教学中，老师的课程设置常常有一个问题，就是在讲新知识点的时候，用的例题都比较简单，而给孩子布置的课后习题，往往比例题难很多。比如，老师常常教孩子“2×3”这样的题目，而让孩子做“9×11”这样的题目。

很多家长在辅导孩子学习的时候，也采取这种做法，给他讲比较容易的题目，然后让他做难的题目，孩子不会做，于是又给他做疑难题目解答。

这样的做法其实是不对的。我们都知道“一鼓作气，再而衰，三而竭”的道理，不论做什么事情，都要一鼓作气，学习也是如此。在课堂上，或者在家庭辅导中，一开始就把最难的题目给孩子讲明白、讲透，然后让他做小于或等于这个难度的同样题型的题目，这样孩子做一道，会一道，就会更爱做题，更爱思考。如果一开始就用很难的题目考住孩子，让他一开始就产生了挫败感，孩子自然就不爱做题了。

而且，一开始就把最难的题目给孩子讲清楚，他就能够举一反三，学会解同类型的其他题目。比如，家长要给孩子讲四道题，就先讲最难的一道，这样剩下的三道题可能就不需要讲了，孩子通过举一反三，自己就会做了。相反，如果家长先讲最简单的题，那么可能四道题都要讲，这样孩子会对家长形成依赖心理。

屠龙老师的课堂小结

去拟合也叫泛化，就是举一反三。三种培养孩子泛化能力的方法：一是更换老师，让不同的老师用不同的风格，从不同的角度给孩子讲同样的题；二是更换题型，学习和测验用不同的题型，不要学什么题型，就考什么题型；三是老师和家长给孩子讲题，要从最难的题目讲起，孩子理解了最难的题目，其他题目就容易多了。

第 4 章

孩子学龄前到小学阶段的学科培训

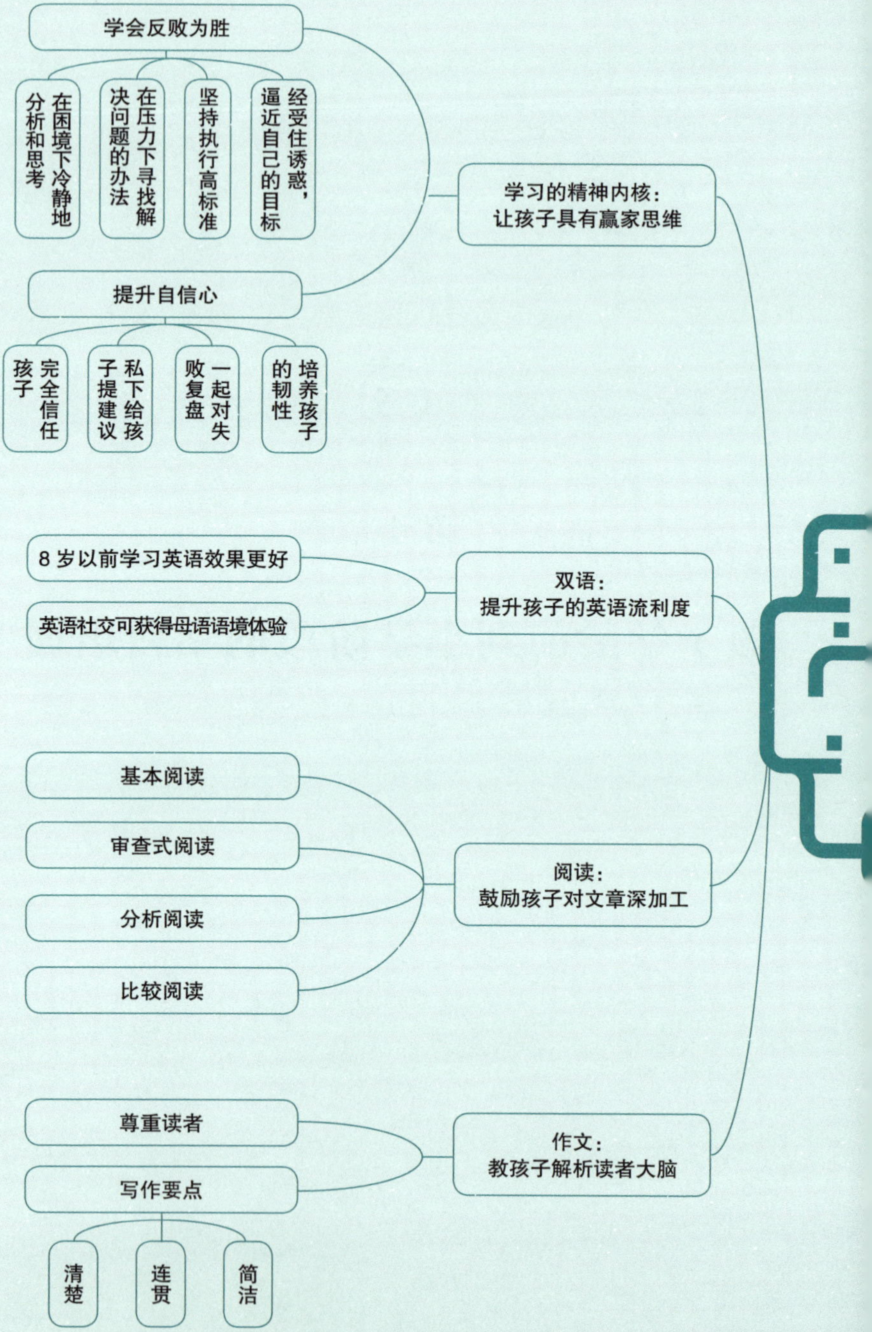
学习的精神内核：让孩子具有赢家思维
学会反败为胜
在困境下冷静地分析和思考
在压力下寻找解决问题的办法
坚持执行高标准
经受住诱惑，逼近自己的目标
提升自信心
完全信任孩子
私下给孩子提建议
一起对失败复盘
培养孩子的韧性
双语：提升孩子的英语流利度
8 岁以前学习英语效果更好
英语社交可获得母语语境体验
阅读：鼓励孩子对文章深加工
基本阅读
审查式阅读
分析阅读
比较阅读
作文：教孩子解析读者大脑
尊重读者
写作要点
清楚
连贯
简洁

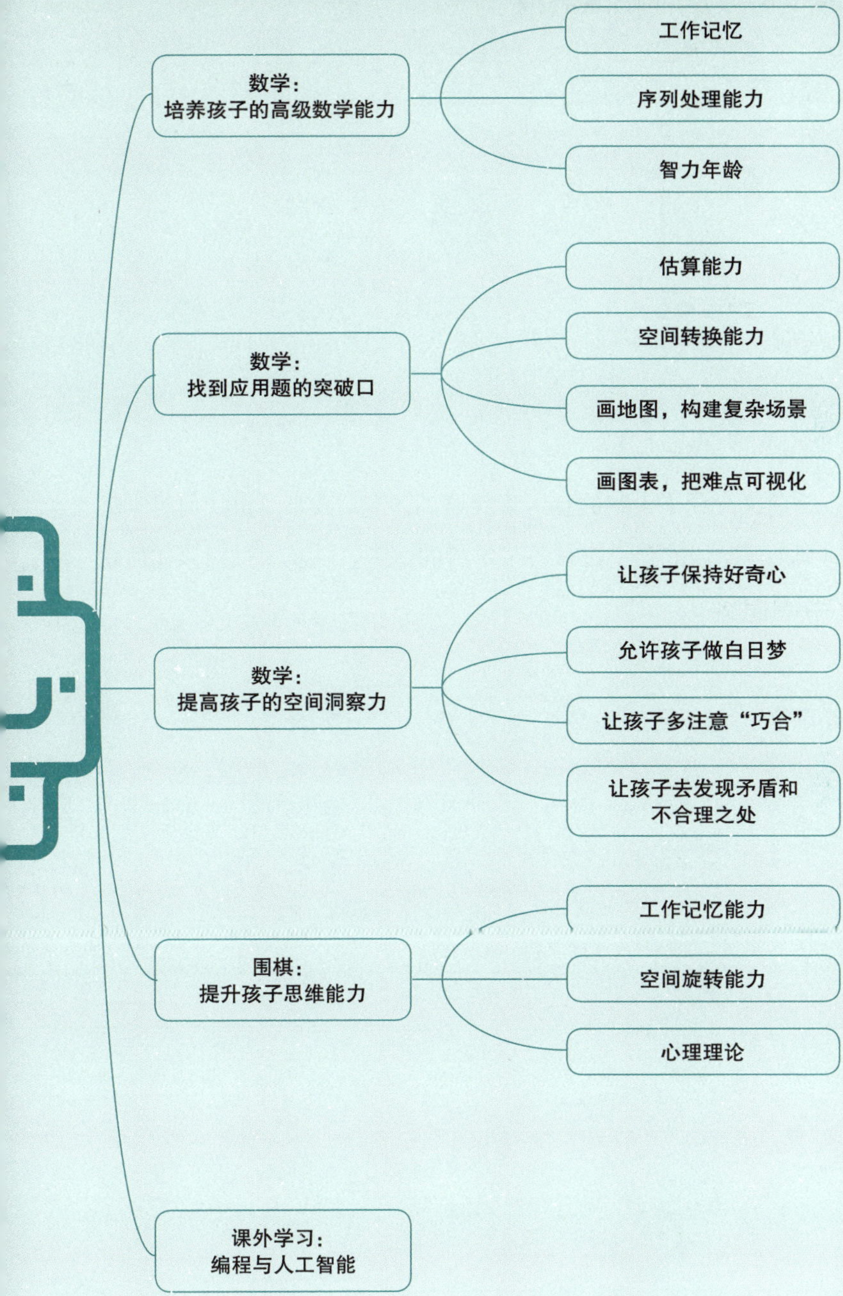

数学：
培养孩子的高级数学能力
工作记忆
序列处理能力
智力年龄
数学：
找到应用题的突破口
估算能力
空间转换能力
画地图，构建复杂场景
画图表，把难点可视化
数学：
提高孩子的空间洞察力
让孩子保持好奇心
允许孩子做白日梦
让孩子多注意“巧合”
让孩子去发现矛盾和
不合理之处
围棋：
提升孩子思维能力
工作记忆能力
空间旋转能力
心理理论
课外学习：
编程与人工智能

前文介绍了大脑的基本素养培训，本章我来讲讲如何对学龄前到小学阶段的孩子进行各个学科的培训，以及家长应该如何看待学科与学习。

01 学习的精神内核：让孩子具有赢家思维

谈到孩子的学习，最重要的问题并不是看孩子每门功课考了多少分。求学的过程是很漫长的，从小学到中学到大学，99.9%的孩子都不可能总是名列前茅，肯定会出现成绩下降或暂时落后的情况。因此，**让孩子具有赢家思维，学会反败为胜，才是最重要的。**

想要培养孩子的赢家思维，我们要先想想孩子在学习和生活中最可能遇到的失败是什么。是原来成绩排在前 3 名，现在突然落后到第 10 名？是无论怎么努力，成绩都上不去？是没有朋友，不受同学欢迎？

其实，在我看来，这些都不算失败，最多只能算失误。真正的失败是在哪里跌倒，就在哪里坐着不起来了，失去信心，放弃努力，从此得过且过了。

拿我自己来说，在别人眼中，我可能是一个“成功”的孩子，考上了清华，去美国留学，有学术成就，有好工作……但这一切都不是轻易取得的。上高中的时候，我就考过最后 1 名，当时我真的很绝望。但是，只用了半年时间，我就成了班里的第 1 名，并且后来我的成绩一直稳居前 3 名。

现在我回顾自己当年的经历，之所以能翻盘，是因为我做了以下几件事情：

① 在困境下冷静地分析和思考。

② 在压力下寻找解决问题的办法。

③ 坚持执行高标准。

④ 经受住诱惑，不断逼近自己的目标。

也就是说，要想让孩子拥有逆袭的能力，就要让他做到以上这几点。这听起来好像很简单，但要真正做到，并不容易。而且，在这之前，你还有一件重要的事情要做，就是让孩子从主观上撕掉自己是一个失败者的标签，提升他的自信心。

以下这四个法则可以作为你行动的参考。

（1）提升孩子自信心的第一个法则：完全信任孩子

作为家长，你要完全相信孩子，即使他是最后 1 名，你也要相信他能考第 1 名。

可能你会觉得这有些不切实际，但这是有科学依据的。著名的皮格马利翁效应（也称期望效应）早已证明，你对孩子有什么样的期望，他就能取得什么样的进步。

因为孩子的大脑是动态发育的，会受到环境的影响。**在不被信任的环境中，大脑的发育会受到抑制，孩子会变得小心翼翼，害怕犯错，不再有热情，不再有好奇心，不再探索新事物，失去学习的动力和尝试改变的勇气。**

在不被信任的环境中，孩子最安全的生存方式就是不改变，他们不想再次证明自己有多笨，不想受到更多的打击。所以，有些孩子会有这样一种想法：×× 那么努力，是个书呆子，才考了第 1 名，我只是稍微学了一下，就能考中等名次，还是很不错的。还有些孩子会觉得自己再怎么努力也考不了第 1 名，父母还是会不开心，还不如不学。

如果你给孩子贴标签，比如你总说“我家孩子就是学习不努力，不用心”“我家孩子很聪明，就是不认真学，很难考上好学校”之类的话，对孩子没有很高的期望，不相信孩子能突破，那么他就会变得自卑，容易气馁，容易在困难面前退缩。

因为爱孩子，你可能还会过于包容他，比如，有些家长经常对孩子说：“爸爸妈妈不指望你能考第 1 名，只要你能考个中等分数，过得开开心心就可以了。”你以为这是对孩子的保护和鼓励，其实他可能会变成被宠坏的孩子，他内心也会有深深的自卑，但是又没有勇气离开父母的帮助，靠自己拼一次。

因此，**对孩子不要爱得过分，要放手让他去拼**。比如，孩子在参加一场比赛，不管他遇到什么困难，家长都不要第一个冲上去，你要做的是给孩子建议，为他呐喊，期望他拿第 1 名。

（2）提升孩子自信心的第二个法则：私下给孩子提建议

当孩子犯错误的时候，家长应该私下批评孩子，而不应该当着别人的面批评。**公开批评会给孩子的大脑带来很大的毒性压力，影响他的记忆力**。因为大脑中，处理压力和处理记忆的区域是高度重合的，**人在焦虑、担心的时候，是记不住别人说的话的**。

孩子被公开批评的时候，通常只记得耻辱，而不记得家长要他改掉什么毛病。

（3）提升孩子自信心的第三个法则：和孩子一起对失败进行复盘分析

当孩子遇到失败时，家长不能一味批评指责他，而应该从朋友的角度，以平和冷静的态度，和孩子一起分析失败的原因，并且进行头脑风暴，寻找解决办法。

比如，孩子考试没考好，家长要和他一起对做错的题目进行复盘分析，让孩子讲讲做题的思路和做错的原因，并且要和他一起分析下次考试要采取什么样的策略，或者可以做些什么改进，来争取下次的成功。

（4）提升孩子自信心的第四个法则：培养孩子的韧性

科学研究表明，**韧性是孩子取得成功的首要因素**。培养孩子的韧性其实很简单，可以让孩子参与长跑、爬山、远足等需要毅力的体育活动，让他不断突破体能极限，享受成功的快乐。

比如，你可以和孩子一起规划远足路线，一起做各种物质和精神上的准备，比如准备球鞋、衣物、水和食物，让孩子想好中途累了的话怎么给自己打气，等等。然后，和孩子一起坚持，完成这项任务，并且在完成的时候，给孩子一个大大的奖励。通过这种活动，让孩子具备越挫越勇的精神。

我相信，当你对孩子抱有积极的期待时，孩子就会按照你期待的方向发展，成为优秀的赢家。

屠龙老师的课堂小结

家长要帮孩子撕掉失败者的标签，释放大脑潜力，孩子才能反败为胜。以下四个提升孩子自信心的法则可以作为家长的行动参考：第一，完全相信孩子能赢，并且对他抱有高期待；第二，不公开批评孩子；第三，及时帮助孩子对失败进行分析，给出建议；第四，培养孩子的韧性，让他体验赢的快感。

02 双语：全英语环境沉浸，轻松提升孩子的英语流利度

现在很多家长都很重视孩子的英语教育。那么，学习英语对孩子到底有什么好处呢？孩子在什么年龄段学习才合适呢？什么样的课程、环境是学好英语所必需的呢？

首先，我们来看看学习英语的好处。很多家长都知道，让孩子学习英语有一些很世俗化的好处，比如可以让孩子出国留学、增加阅历、更容易找工作等，英语好会获得更多的机会，比如进入外企。

那么，除了这些世俗化的好处，学习英语对孩子的大脑有什么好处呢？最大的好处就是在大脑中增加了很多概念标签。

举个简单的例子，英语里的“uncle”在中文里有很多意思，比如叔叔、伯父、舅舅、姑父、姨父等。也就是说，英语里的概念标签是很少的，而中文里的概念标签是很多的。

东亚社会的家庭有着复杂的亲属关系结构，我们能知道一个男性亲戚是血亲（伯父、叔叔、舅舅）还是姻亲（姨父、姑父）；是父亲那边的亲戚（伯父、叔叔），还是母亲那边的亲戚（舅舅）；甚至是比父亲年纪大，还是比父亲年纪小。而英语里不存在这样的概念标签。

同样，英语里也有很多概念在中文里是不存在的。比如，英语里有个词叫“pellucid”，这个词有一个意思是允许最多光线照在某处，中文里就没有表示这个意义的词。

因此，孩子掌握了更多的语言，就掌握了更多的概念。有些概念在特定的语言里才有，掌握了一门语言，就能拥有一些特有的思维工具。所以，让孩子学习一门外语，不仅有现实意义，而且对塑造孩子的思维能力也有好处。

那么，**孩子在什么年龄段学习英语比较合适呢？越早越好，最晚不要超过 8 岁，因为 8 岁以后，孩子语言能力发展的关键期（critical period）就结束了。**

当然，晚学英语也可以学得很好。但是，和早学英语的人相比，晚学英语的人在三个方面存在差距。

第一是听力。晚学英语的人，在听力方面会有所欠缺，导致发音不标准，有口音。我在第 1 章《儿童大脑发育的规律》中讲了，婴儿是“世界公民”，有学习任何语言的能力，然而，他们在学习母语的过程中，会逐渐失去对一些音的分辨能力，因为这些音在母语中不存在。比如，日语中不需要区分“r”和“l”这两个音，因此日本人就听不出这两个音的区别，他们在学习英语的时候就会遇到困难，区分不了这两个音。

8 岁以下的孩子，特别是 1 岁以下的婴儿学习语言，就不存在这个困难，他们可以听出任何细小的读音差别，大人在这个阶段教他们语言，他们就可以保留对任何语言的读音的分辨能力。超强的听力能保证他们说外语完全没有口音。

第二是感情。在婴幼儿时期学习一门语言，掌管语言的脑区和掌管感情的脑区还没有完全脱离连接，这也是为什么母语会让我们获得特殊的情感体验，而外语往往不会，特别是 8 岁以后学习的外语。拿我自己来说，我看一些中文小说常常会热泪盈眶，而看外国名著就不会有那么强烈的情感体验，这就是因为我开始学习英语的年龄比较晚。

第三是思维。在婴幼儿时期学习一门语言，掌管思维的脑区和掌管语言的脑区也没有分离，所以母语是英语的人，习惯于状语后置（在一个句子最后说时间、地点），而母语是中文的人，习惯于状语前置（在一个句子最前面说时间、地点）。因此，晚学英语的孩子，虽然也可以学得很好，但是在说和写的时候，会习惯性地将状语前置，思维习惯与母语是英语的人不太一样。

有的家长可能会有这样的疑问：孩子很小就开始学习外语，会不会影响中文能力的发展？孩子会不会感到困惑？

说双语的孩子与说单语的孩子相比，在一定时期内确实会显得进步慢一些，但是家长不必担心，这是因为，说双语大脑处理的信息要比说单语多几倍。

举个简单的例子，说单语的孩子要认识“苹果”这个词，只要知道把这个词和现实世界中的苹果这种水果对应起来就可以了。而说双语的孩子，要知道“苹果”这个中文词对应的是现实世界中的苹果，“apple”这个英文词对应的也是这种水果，而“苹果”这个中文词和“apple”这个英文词是一个意思，而且“苹果”是中文词，“apple”是英文词。所以，说双语的孩子的大脑需要处理的信息，可不仅仅是说单语孩子的2倍，而是4倍。

但这个信息量对孩子来说是没有问题的。有很多实验表明，只要有比较好的学习环境，孩子很快就能渡过困难期，将两种语言都掌握得很好。

那么，到底什么环境是好环境呢？

学习语言，关键在于进行社交。我在前文讲过，认知与脑科学专家帕特里夏·库尔做过一个实验，让四组美国家庭的婴儿学习中文。第一组是让一个中国的研究生来家里给婴儿讲故事，第二组是让婴儿看同样的老师讲同样故事的视频，第三组是让婴儿听同样的老师讲同样故事的音频，第四组是让婴儿听同样故事的英语音频。最后发现，第一组婴儿的中文听力水平达到了母语是中文的同龄婴儿的水平，而后三组婴儿一点儿中文也没学会。

这个实验表明，**语言学习是严重受到社交驱动的，只有进行社交，才能获得母语语境体验**。

我们现在的英语教学，往往是把英语当作一个学科来教，并没有让孩子获得足够的社交体验，主要存在以下几个问题：

① 社交场景不足。没有创造足够的社交场景（比如在医院看病、在警察局报案、在菜场买菜）供孩子使用英语。

② 社会用语教学不足。没有教孩子足够的社会用语，比如俗语、俚语、笑话、隐喻、双关语等。

③ 语言样本都是标准化的，没有各种口音的人、各个年龄段的人、各个阶层的人的语言样本。

所以，如果有条件，最好让孩子用英语进行社交，包括多与说英语的人进行交流，多听不同口音的人说英语，还可以让孩子学习一些俗语、俚语。

现在有很多有趣的 APP（手机软件），孩子可以通过这些 APP 在线社交，甚至还能给英文剧目或电影配音；家长还可以让孩子参加戏剧班、排练英文戏剧……这些活动都创造了丰富的社交场景，对孩子学习英语是很有帮助的。

屠龙老师的课堂小结

孩子学习英语的时间越早越好，最晚不要超过 8 岁。语言学习受社交驱动，如果有条件，最好让孩子用英语进行社交，包括多与说英语的人进行交流，多听不同口音的人说英语，还可以让孩子学习一些俗语、俚语。此外，可以让孩子通过一些英语 APP 在线社交，甚至还能给英文剧目或电影配音，还可以让孩子参加戏剧班，排练英文戏剧……

03 阅读：文字变场景，鼓励孩子对文章进行深加工

我们都知道，阅读对孩子的成长来说至关重要，阅读不仅能让他学到新知识，增加知识积累，还能增加情感体验。而阅读背后的理解能力的培养也关系到孩子各个学科的成绩。正如我在第1章《儿童大脑发育的规律》中讲到的，对孩子的学习有较大促进作用的课程都与阅读有关。

所以，大部分家长都会给孩子买很多书籍。可是，如果孩子不喜欢读书，只喜欢打游戏该怎么办呢？有一个人类学实验表明，孩子阅读能力的强弱与家里的藏书数量无关，而与父母的阅读兴趣有关。所以，要激发孩子的阅读兴趣，我们作为父母就要少玩手机，少打游戏，和他们一起阅读。

阅读时，大脑对文字进行处理，信息不断被延展，人的想象力就得到了激发。所以，阅读对孩子的影响远超玩游戏、看电视等活动。这也是为什么孩子读名著时，脑子里会有自己理解的哈姆雷特的形象，而看电视时，思维只会局限在电视中的人物身上。

那么，怎样有效提升孩子的阅读能力呢？家长要先知道阅读的四个层次，然后再分别针对这四个层次对孩子进行训练。

（1）阅读的第一个层次：基本阅读

基本阅读简单说就是认字，只要能把字念下来，就基本会阅

读了。幼儿园和小学低年级的孩子，大部分时间都处在增加识字量的阶段。你也可以加速这个过程，比如和孩子一起看绘本，或者教孩子朗读，甚至奖励孩子认字，让孩子每天默写 5 ~ 10 个生字，如果他能默写出来，就给他一些奖励。

认字这一步并不难，只需要时间来积累，但这只是阅读的第一步。

（2）阅读的第二个层次：审查式阅读

什么是审查式阅读呢？简单地说，很多人阅读娱乐新闻或八卦新闻并不感到困难，甚至觉得非常过瘾，但是阅读知识性的文献或教科书，就会觉得很困难，甚至甄别不出哪些内容是有价值的干货，哪些内容是忽悠人的。

所谓审查式阅读，就是让孩子做一个“审查员”，对阅读内容的优劣进行评判。比如，孩子读完一本书后，家长可以让孩子从趣味性、知识性、可读性和挑战性等方面对这本书做评判，告诉家长这本书的内容是否有意思，是否精彩，是否能从中学到知识。家长也可以和孩子一起进行评判。

我们现在的学校教育并没有培养出孩子的审查式阅读能力，而是精选出一些内容放在课本里给孩子看，这样做其实会让孩子失去甄别好书的能力，也会使孩子失去主动探索的快乐。

家长可以和孩子比赛分享好书，让孩子自己挑选和甄别好书，然后进行评比，看看谁选的书更有价值，这样就可以激发孩子主动发现好书的兴趣。

（3）阅读的第三个层次：分析阅读

分析阅读就是我们常说的阅读理解。我们在语文课上都做过阅读理解题，阅读一篇文章，然后概括出段落大意或全文的中心思想。

著名哲学家培根认为，有些书只需浅尝，有些书可以吞下，还有少数应该咀嚼和消化。

分析阅读就是咀嚼和消化这个层次的阅读。进行分析阅读有四个步骤：

① 提炼一篇文章的主题和中心思想。

② 将文章的主题用最精练的语言叙述出来。

③ 对文章的段落结构进行拆解，说出每个段落的大意，以及段落之间的关系。

④ 分析文章解决了什么问题，给了读者什么样的启示。

（4）阅读的第四个层次：比较阅读

虽然分析阅读非常重要，但它并不是最高层次的阅读，最高层次的阅读是比较阅读。

什么是比较阅读呢？就是阅读关于某个主题的很多本书，特别是持有不同观点的作者的书，对各种不同的观点和想法进行对比，最后得出一个比较客观和全面的认识。

比较阅读的目的并不是仅仅去理解某本具体的书，而是去全面理解某个问题，了解某个领域，产生深刻的认识。

比如，现在媒体上经常有一些话题度很高的新闻，对某个事件、某种现象或某个问题，不同的人会有不同的观点、不同的解读。这些文章都是非常好的阅读材料，能够让孩子获得比较阅读的能力，在比较阅读中对事物做出判断，形成自己独特的见解。

此外，不同作者写的书或文章，或者同一个作者在不同时期写的书或文章，也是很好的比较阅读的材料。通过比较，才能了解不同作者的观点有什么共同点和区别，或者同一个作者在不同环境下的观点产生了什么变化，最终才能形成自己的观点。

当然，训练孩子的比较阅读能力，有些家长也有自己特殊的方法。有位母亲就告诉我，她用的是情景复现法，比如，读福尔摩斯探案的故事书，可以让孩子复现书里描述的案件场景，而看《指环王》电影，也可以让孩子把每一段情节在地图上进行复现。

从脑科学的角度来说，这个方法是非常有用的，能够让孩子把现实和故事结合起来理解，这样才能理解故事背后的深意。

家长要注重培养孩子的审查式阅读和比较阅读的能力，可以让孩子进行情景复现，把书里描述的场景在地图上或时间线上进行复原，也可以让孩子去看不同的人对同一事件或问题进行不同解读的文章，或者对比不同作者的作品，最终形成自己独特的见解和认识。这两个层次的阅读，才是真正“带着大脑”在阅读，孩子才能在阅读过程中体验到探索知识的快乐，获得形成自己独特见解的成就感。

屠龙老师的课堂小结

本节介绍了阅读的四个层次，基本阅读和分析阅读不难达到，分别是认字和阅读理解；审查式阅读和比较阅读这两个层次的阅读可以有效提升孩子的深度理解能力。家长要注重培养孩子审查式阅读和比较阅读的能力，可以让孩子进行情景复现，把书里描述的场景在地图上或时间线上进行复原，也可以让孩子去看不同的人对同一事件或问题进行不同解读的文章，或者对比不同作者的作品，最终形成自己独特的见解和认识。

04 作文：教孩子解析读者大脑，写出优质文章

写作不仅对孩子来说是一件很难的事情，对大人来说也是很难的。很多大人面对写报告、写文章，也经常一筹莫展。很多人会想各种办法提升写作能力、挖掘写作素材，比如去体验生活，去新疆、云南等地采风，甚至有人会尝试各种文体。

其实，这些做法并不能让你成为一个优秀的作者。**一个优秀的作者需要知道的最重要的问题是：读者想知道什么？**

对孩子来说，读者就是自己的家长和老师，孩子可以把写

作当作与家长和老师交流自己思想的一种方式。因此，为读者写作，就是写作的关键。读者也是人，也有自己的阅读规律，运用一些系统的方法，就可以让读者喜欢看你写的文章。

那么，读者喜欢看什么样的文章呢？在这方面，脑科学给了我们很多启示。

（1）写作的第一个要点：清楚

我们在阅读时都喜欢看逻辑脉络清晰的、有目的的文字叙述。因此，**写作的第一个要点就是清楚。写作要目的明确，不要使用太多抽象的词语，例子越具体，脉络越清晰，所写内容就越好。**

清晰有力的表达和对事物的共同认知，是作者与读者连接的基石。写大家都感同身受的事情，才能触动人。

我在某个小学生作文网站上看到这样一段文字：“2015 年 9 月 3 日是中国人民抗日战争胜利 70 周年纪念日。70 年前的这一天，在世界反法西斯战争的东方主战场上，中国人民夺取了抗日战争的全面胜利，无数先辈为此做出了巨大的牺牲。”

这段话包含很多抽象的概念，内容也很空洞，并不清楚作者想要表达什么。

对一个孩子来说，纪念中国人民抗日战争胜利 70 周年这个话题是比较难写的，但也可以写得比较真实、具体。下面，我对上面这段文字进行了修改：

今天是中国人民抗日战争胜利 70 周年纪念日。对我的祖辈们来说，这个日子有着非凡的意义。但我却对战争毫无概念，只是从书籍和老照片里看见过战争的情形。我想，我们的国家取得辉煌胜利是非常不容易的，背后有着千千万万人的牺牲。但我完全不能想象有人为了理想，甘愿牺牲自己的生命，所以我今天看了 ×× 纪录片，想去了解英雄的内心世界。

这段文字就比较真实了。书籍、老照片、理想、生命、纪录片等，都是可以让读者感同身受的概念，这样就可以与读者建立更深刻的连接。

（2）写作的第二个要点：连贯

写作的第二个要点就是连贯，因为我们的大脑时刻都在寻找连贯的信息。做到连贯其实很简单，就是把上一句的尾，作为下一句的首。

我们来看一段一个孩子写他捡到一只小猫的作文：

“我把小猫抱起来，对它说：‘猫咪，你怎么自己在这里呀？你妈妈呢？’它只是喵喵叫，小爪子紧紧地抓着我的衣服不放，一副可怜模样。”

这段话写得非常生动、清楚，但是还可以提高连贯性。我把它修改成这样：

我把小猫抱起来，对它说：“猫咪，你怎么自己在这里呀？你妈妈呢？”对于这个问题，小猫只是用喵喵叫来回答，边叫边紧紧地抓着我的衣服不放，一副可怜模样。

我完全没有修改这段作文中的语句，只是把第一个句子和第二个句子做了一个衔接，这段文字就显得连贯多了。第一个句子以一个问题结尾，那么第二个句子我就接着这个问题来写。

这样首尾相接，形成一个闭环，大家读起来就觉得舒服多了。**首尾相接，下一句的主语承接上一句的宾语，这是一个非常重要的写作技巧。**

（3）写作的第三个要点：简洁

写作的第三个要点就是简洁。孩子写作文的时候，都喜欢凑字数，因为有字数要求。但是，把作文写到一定字数，靠的是丰富的思想，而不是把一个意思来回来去说。

我们来看看某个博客里的一段文字：

"其实生理年龄并不那么重要，只是年龄稍长的人拥有容纳更多事情的时间体积，你当然也可以在更小的时间体积里容纳同样多的东西，甚至更多，毕竟年长者也不见得就充分利用了自己的时间体积——关键还是取决于你本人是否愿意让它们更多、更快地出现在自己的生命区间里。"

我把这段话重写了一下：

成长的意义并不取决于我们经历了多少时光，而取决于我们经历的时光是否充实。当然，经历的时光是否充实，取决于我们是否有开放的心态。

用简洁易懂的话来表述一件事情，读者才好理解。

家长要让孩子养成一种良好的思维习惯：**我的写作是为读者服务的，不是为了堆砌辞藻、炫耀才华。**这种尊重读者的习惯，也会得到老师的赞赏。

屠龙老师的课堂小结

家长要让孩子在写作前明白一个道理，优秀的作者需要知道的问题是：读者想知道什么？有三个写作要点：第一，清楚，写作要目的明确，不要使用太多抽象的词语，例子越具体，脉络越清晰，所写内容就越好。第二，连贯，因为我们的大脑时刻都在寻找连贯的信息，做到连贯其实很简单，就是把上一句的尾，作为下一句的首。第三，简洁，用简洁易懂的话来表述一件事情，读者才好理解。

05 数学：训练经典思维，培养孩子的高级数学能力

提升孩子的数学能力是一件非常不容易，也非常重要的事情。前文我提到过，做一道简单的算术题，需要调动很多脑区。有研究人员说，数学就是对大脑的“跑分测试”（利用跑分软件对电脑、手机等进行测试，跑分越高，性能越好）。虽然这个描述过于简化，但不无道理。进行数学计算需要调动非常多的脑资源，如果孩子的脑资源不足，数学成绩就上不去。

很多脑能力都会影响孩子的数学成绩，比如工作记忆会影响

审题和完成度，序列处理能力会影响准确度，智力年龄决定了对题目的理解程度。

下面我分别讲讲这三种脑能力对孩子数学成绩的影响。

（1）影响孩子数学成绩的第一种脑能力：工作记忆

我在前面讲过，工作记忆是一种短时记忆，它相当于大脑的缓存，暂时存储完成当前任务所需的信息。比如，我们现在要做一道运算题，就需要记住这道题的所有条件和问题，还要记住做完要检查。

经常有家长说自己的孩子做题非常粗心，其实从脑科学的角度来说，不存在“粗心”这种问题。**很多时候，粗心是一种工作记忆不足的表现，也就是大脑记不住所有信息。**

举个例子：已知一个长方形的面积是 50 平方米，现在长方形的长由原来的 10 米增加到 30 米，宽变成了原来的 2 倍，要求孩子计算现在的长方形的面积是多少。孩子记住了“长是 30 米”这个条件，但没有记住“宽是原来的 2 倍”这个条件，因此计算错误。

对于这道错题，家长会认为孩子粗心，他明明会计算面积，也知道倍数的概念，就是忘了“宽是原来的 2 倍”这个条件。

其实，孩子做错这道题，是因为工作记忆不足，也可以说是大脑“缓存”不够，导致他无法记住这么多条件。这就像我们去菜场买菜，少买了一种菜，或者去冰箱里拿东西，少拿了一种东西一样，不是因为粗心，只是因为记不住这么多内容。

那么，如何训练工作记忆呢？我们在前面也讲过，大数字心算是一种非常有效的训练工作记忆的方法，家长可以在接孩子上下学的路上或者饭桌上帮他练习心算，要给他出难一些的题目，比如 255×11、98 + 324 这样的题目。

孩子的工作记忆增强了，像上面这样“粗心”而导致的问题就会减少。

（2）影响孩子数学成绩的第二种脑能力：序列处理能力

北京师范大学的周新林教授一直在研究男生和女生的数学能力的差异。他发现，从小学到初中再到高中，女生的数学成绩都比男生好。

其实，女生的数学成绩整体要比男生好一些，不是因为女生对数学的理解更深刻，而是因为女生的语言能力比较强，使得计算能力也比较强。也就是说，女生算错题的情况比较少。当我们将男生、女生的语言能力和计算能力进行匹配时，就会发现学生的数学成绩不再因性别不同而有所差异了。

也就是说，计算能力和语言能力其实是同一种能力，就是序列处理能力。

那么，如何训练孩子的序列处理能力呢？

对于学龄前的孩子，可以让他们看图说话，或者复述故事。

对于年纪大一点儿的孩子，可以让他们思考做事的流程。比如让孩子复述做饭的步骤，要做哪些菜，应该怎么准备，怎么优化流程，哪些步骤能够并行，等等。

不断地训练孩子的序列处理能力，对提升他的数学能力是非常有帮助的。

（3）影响孩子数学成绩的第三种脑能力：智力年龄

智力年龄，与我们通常所说的智商高度相关，一个人的智商是其智力年龄与生理年龄之比。

绝大多数人的智力年龄和生理年龄是成正比的，8 岁的孩子就有 8 岁的智力年龄。当然，也有一些孩子的智力年龄比生理年龄超前，这些孩子就是所谓的“超常儿童”，或者“天才儿童”。

有些老师会让孩子做超出他们智力年龄的题目，这样的题目对孩子来说难以理解，家长可以用维恩图（Venn diagram）来帮助孩子将题目具象化。

维恩图是一种可以展示集合之间的数学或逻辑关系的草图，常用于集合关系的推导和理解。

下面以一道超越孩子智力年龄的题目为例。

假设我住院了（符合报销条件），住院费共计 800 元，则按规定可以报销的钱数是这样计算的：（800-100）×40%，即 280 元。我需要自己承担的部分可以这样计算：100+（800-100）×（1-40%），即 520 元。王奶奶因为感冒引起严重肺炎，住院治疗（属于农民在乡镇定点医疗机构），出院时医药费共计 2800 元，按规定可以报销多少钱？

这道题对七八岁的孩子来说确实很难，家长可以试着用维恩图来进行直观展示，帮助他理清解题思路，见图 4-1。

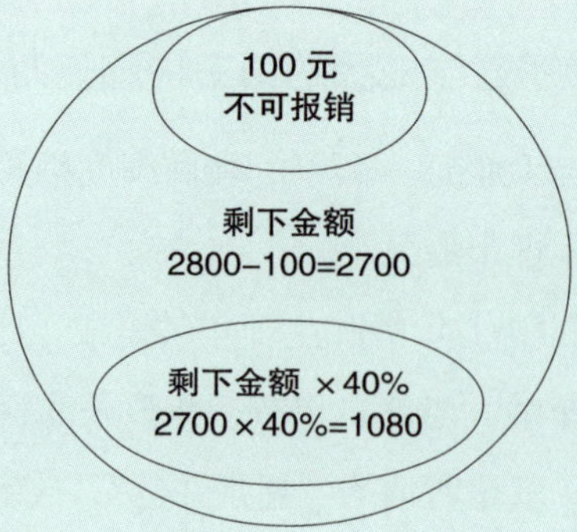

图 4-1 用维恩图来帮孩子理解较难的题目

用这样的图示来展示题目中包含的逻辑关系，可以降低孩子的理解难度。

屠龙老师的课堂小结

进行数学计算需要调动非常多的脑资源，如果孩子的脑资源不足，数学成绩就上不去。很多脑能力都会影响孩子的数学成绩：工作记忆会影响审题和完成度，大数字心算就是一种非常有效的训练工作记忆的方法。序列处理能力会影响孩子做题的准确度，对于学龄前的孩子，可以让他们看图说话，或者复述故事；对于年纪大一点儿的孩子，可以让他们思考做事的流程。智力年龄决定了对题目的理解程度。家长可以用维恩图来帮助孩子将题目具象化。

06 数学：学会做空间转换，帮孩子找到应用题的突破口

数学家的大脑和普通人的大脑有一个很不一样的地方，那就是数学家的大脑顶叶比普通人的大一些、发达一些。

（1）培养数感，训练孩子的估算能力

对人类和很多动物来说，顶叶都是掌管数量识别的脑区。我在前文讲过，不论是动物还是人类，都对小数字（也就是 5 以下的数字）特别敏感，小鸟和猴子都是用这个脑区来判断到底是 2 个果子多，还是 1 个果子多。

这种对数字的直觉被很多人称为“数感”，在估算运算中是非常有用的。简单的算数运算可以分为精算和估算，比如计算 34 加 5 等于多少，精算就是算出答案是 39，估算就是估计出答案在 34 以上，40 以下。

训练孩子的估算能力，对其数学能力的发展非常有帮助。家长应该让孩子养成估算的做题习惯：在计算一道题的时候，先进行估算，这样能够防止犯大的错误。有些孩子就没有进行过估算训练，沉浸于算大题，以至于得出非常不可能的答案，自己还看不出来。

（2）训练孩子的空间转换能力

除了识别数量，顶叶还有一个功能，就是进行序列和图形的

转换。这种能力对学习数学来说是非常重要的。那么，我们怎么对孩子进行训练呢？

图 4-2　空间转换能力训练示例图

可以让孩子判断图 4-2 上排的两个三维空间形状是否一样，或者判断下排的四个二维不规则形状是否一样。

实际上，大脑完成这种空间旋转任务，要经过五个步骤：

① 对被比较的两个形状形成各个方向的空间想象。

② 将形状进行旋转，直到在某个角度可以进行比较。

③ 进行比较。

④ 判断两个形状到底是不是一样的。

⑤ 报告比较结果。

这个方法对锻炼大脑顶叶是非常有帮助的。

（3）画地图，帮孩子构建复杂的场景

我给孩子描述这样一个场景：有一个小镇，小镇中间有一条东西向大街，大街北边有五个街区，南边有五个街区。从北边数第二个街区的最北端有个邮局，第三个街区的最东边有个糖果店；南边最西的街区的最南端有一个医院。

根据这段话，孩子应该可以画出一张地图，把我用语言描述的这个场景复现出来。

对于再大一些的孩子，可以让他们画一些复杂故事的地图，比如《三国演义》里的战争地图、《指环王》里的王国地图等。

（4）画图表，帮孩子更好地理解应用题

其实，孩子做的应用题几乎都可以用图表来进行直观表示，如果孩子做题错得比较多，家长就可以训练孩子画图表的能力。

我们来看一个例子：小区里有三种家庭，一种家庭没有孩子，一种家庭有一个孩子，一种家庭有两个孩子。如果有 30% 的家庭没有孩子，40% 的家庭有一个孩子，那么有多少比例的家庭有两个孩子？

这道题就可以用饼图来表示，家长可以引导孩子画图 4-3 这样的饼图。

还有一些题目，可以用柱状图或者趋势图来表示。比如“今年比去年增长了 30%”，就可以用柱状图表示，而 10 年的增长趋势就可以用趋势图来表示。

画图表可以帮助孩子更好地理解应用题，把难点可视化，也

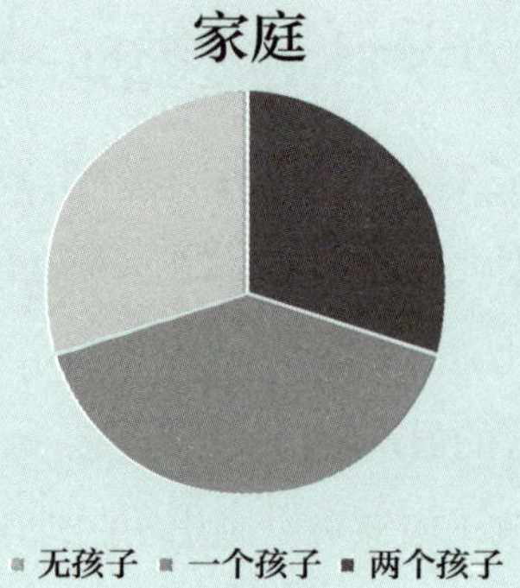

图 4-3　用饼图来呈现题目

能锻炼孩子的大脑顶叶，提升孩子的数学能力。

当然，还有很多有趣的活动都可以训练孩子的空间想象力和数学能力，并不仅限于现在很受欢迎的乐高游戏。比如结绳游戏，可以训练孩子的拓扑思维能力；折纸，可以训练孩子的空间想象力。

剑桥大学的 NRICH 系统里有很多这样的游戏。NRICH 系统是剑桥大学的一群数学家为孩子研发的一套系统，里面有各种有趣的习题和有意思的活动，可帮助孩子发展数学能力。

这个系统免费对全球的小朋友开放，家长可以通过访问 https://nrich.maths.org 来探求更多有趣的游戏和方法。

屠龙老师的课堂小结

数学家的大脑顶叶比普通人的发达一些，家长可以通过训练孩子的估算能力、训练孩子的空间转换能力、画地图、画图表等方式来开发孩子大脑顶叶的功能。

07 数学：Bongard 游戏，提高孩子的空间洞察力

说到“洞察力”，可能很多家长不懂，但是说到“灵感”，大家就都明白了。达尔文提出进化论，就是一个受灵感启发的典型例子。当年他进行环球航行，在加拉帕戈斯群岛（Galapagos Islands）看见了很多不同形态的鸟类和海龟，从而产生灵感，发现了自然选择的规律，写出了改变整个人类思想的伟大著作《物种起源》。

很多科学家、艺术家、认知心理学家都在研究灵感闪现的问题。在纷繁的世界里，怎样才能发现别人发现不了的事物规律，产生富有创造性的思想呢？

我有很多朋友是职业数学家、物理学家，他们告诉我，在他们群体中的天才常常有过人的“直觉”，比如，他们看见一道需要证明的问题时，立刻就会有往哪个方向去解析的直觉。这种直觉和我们所说的灵感（洞察力）是一个意思：如何在繁杂的条件和问题中，看见别人看不见的东西。

因此，能看见别人看不见、看不透的东西，这种超凡的洞察力在各个领域都是非常有用的，还能帮助人们去创新，取得了不起的成就。

那么，家长要怎么训练孩子的洞察力呢？

（1）训练孩子的洞察力，第一种方法是让他保持好奇心

好奇心是洞察力的核心“引擎”。任何人都可以看见和平时有点儿不一样的事物，但是好奇的人会驱使他们的大脑去思考为什么。

比如亚历山大·弗莱明（Alexander Fleming）就是因为发现自己培养出的细菌有一点点不一样，深入研究之后才发现了青霉素。

（2）训练孩子的洞察力，第二种方法是允许他做白日梦

做白日梦其实是非常有用的，能够帮助大脑找到新的“状态”，这与我们调用信息的能力有关。也就是说，**能做白日梦的人，就能调用更多不同的信息**。很多研究也发现，白日梦所用的脑区和想象力与创造力所用的脑区是非常接近的。

因此，我们最大的期望就是，不论大人孩子，不要把所有空闲时间都用来玩手机或玩游戏，要让自己做一些白日梦。给大脑留一些空想的时间，不要让它被网络上的信息填满。这样做是很好的。

（3）训练孩子的洞察力，第三种方法是让他多注意“巧合”

要引导孩子对不正常的现象多加注意，告诉他一定要注意某些“巧合”。虽然很多巧合确实是偶然的，也没有必然的因果关系，但是不经过思考地把一切巧合归结于偶然，是永远训练不出洞察力的。

（4）训练孩子的洞察力，第四种方法是让他去发现矛盾和不合理之处

洞察力可以通过发现生活中的矛盾和不合理之处得到训练，

这些不合理之处往往是通向真理和创新的路径。有的人遇见不合常理的事，不会做进一步思考，这就缺失了洞察能力。当孩子能够认真对待不合理的事，并去探索矛盾发生的原因时，才会真正产生洞察力。

综上所述，训练孩子的洞察力有很多种方法。神经科学家经常玩的一种游戏是 Bongard（一种图形分类依据型谜题），这就是一种训练洞察力的游戏。它有 12 个格子，分成左边 6 个，右边 6 个，我们来寻找左边这 6 个和右边这 6 个有什么不同。

在图 4-4 的游戏里，左边的 6 个图形都比右边的大。

在图 4-5 的游戏里，左边的 6 个图形都是空心的，右边的则

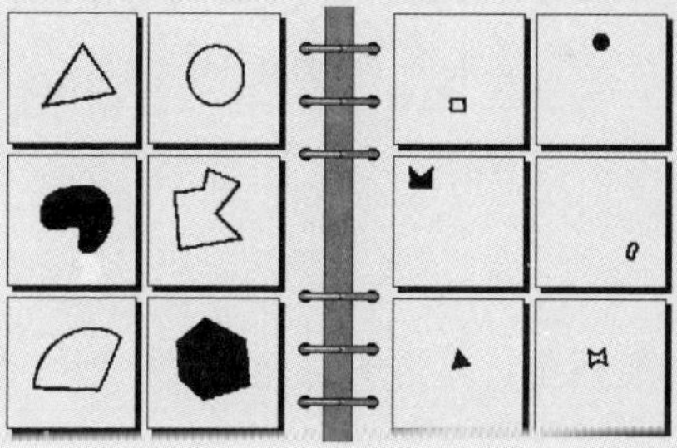

图 4-4　Bongard 游戏 1

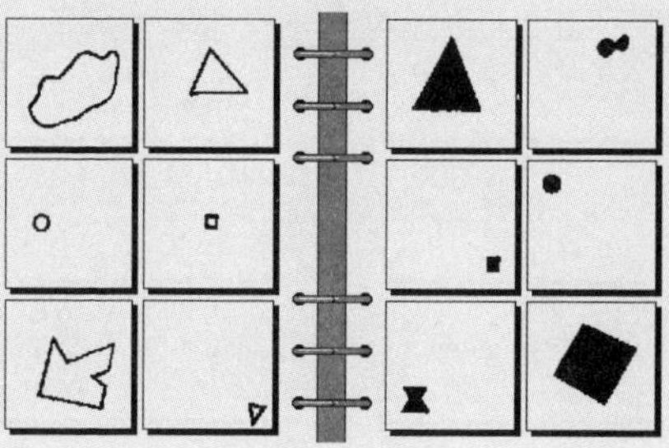

图 4-5　Bongard 游戏 2

都是实心的。

可以看到，Bongard 是一种能够让你排除干扰（比如图形的其他特征），找到主要特征的游戏。这就是洞察力训练。

当然，上面的游戏都比较简单，Bongard 也可以非常难，我们先看一个比较难的。图 4-6 的左边和右边有什么不同呢？

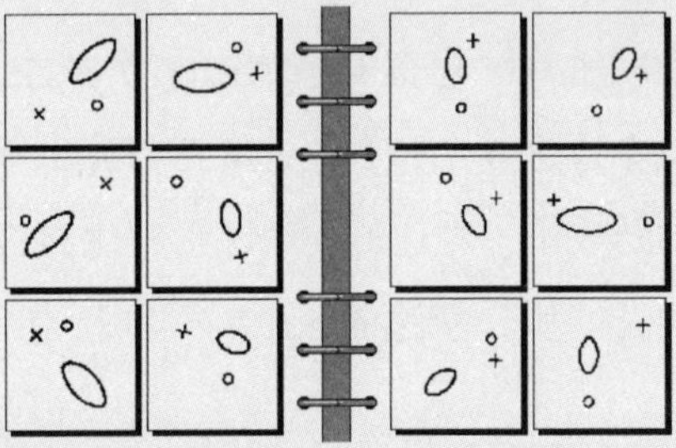

图 4-6　Bongard 游戏 3

答案：左边的十字正对椭圆的长轴，而右边的十字不正对椭圆的长轴。

在图 4-7 的游戏里，左边的三角都是横着排列的，右边的三角都是竖着排列的。

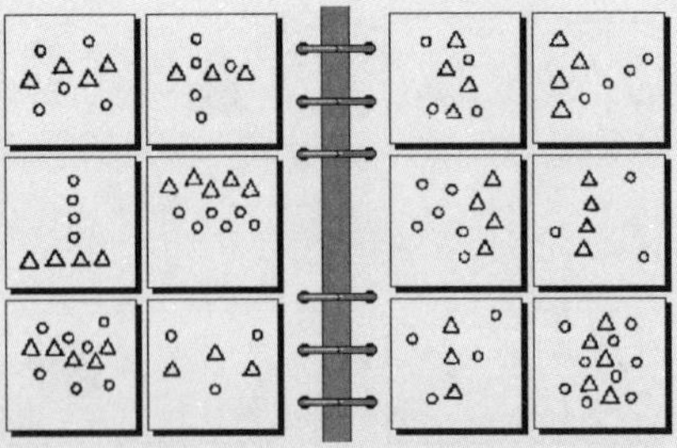

图 4-7　Bongard 游戏 4

图 4-8 的游戏也是，左边的不被连接的空心圆是横向的，右边的不被连接的空心圆是纵向的。

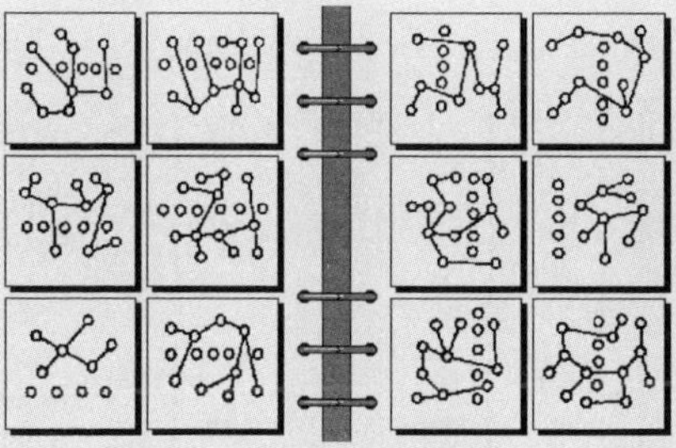

图 4–8　Bongard 游戏 5

再看图 4-9 的游戏，左边的实心图形和空心图形必须是同一种图形且互相垂直，而右边的实心图形和空心图形可以不是同一种也可以不互相垂直。

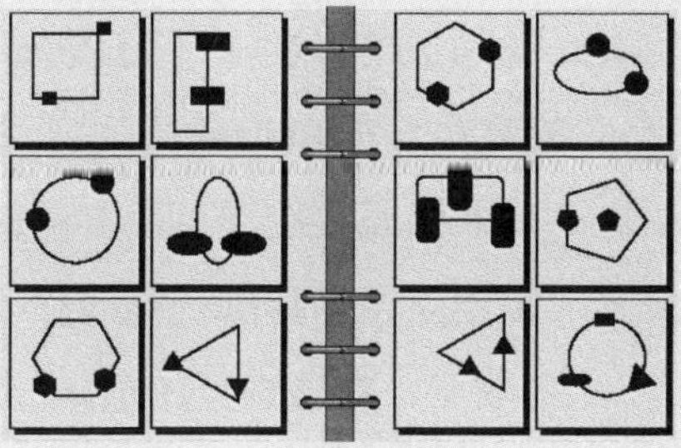

图 4–9　Bongard 游戏 6

可以看出，这种游戏可以锻炼人从大量纷杂的事物中提取本质信息的能力，因此它能成为洞察力训练的一种方式。

家长可以从 http://www.foundalis.com/res/bps/bpidx.htm 上查

找更多 Bongard 游戏。

你觉得 Bongard 很难吗？其实还有比 Bongard 更难的游戏，那就是 Meta-Bongard 游戏。

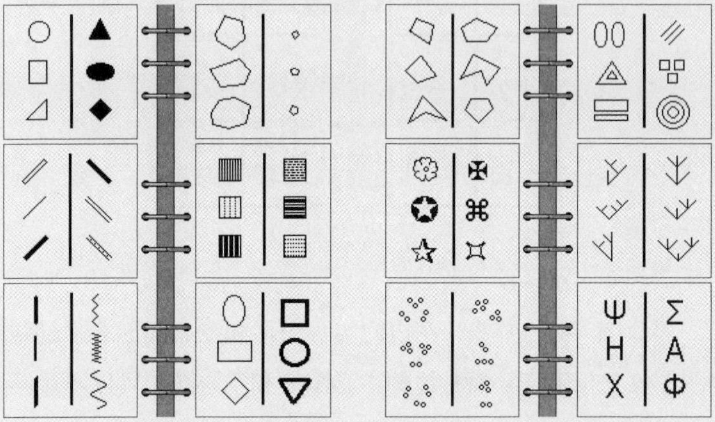

图 4-10　Meta-Bongard 游戏

上图就是 Meta-Bongard 游戏——用 Bongard 做 Bongard。左边的 6 个格子，就是 6 个小 Bongard（每个格子里都是一个 Bongard），右边的 6 个格子是另外 6 个 Bongard。要找到大 Bongard 之间的不同，就要先弄清小 Bongard 的策略有什么不同。

这道题我直接公布答案：左边 6 个 Bongard 是用图形不同进行解析的，右边 6 个 Bongard 是用数量不同进行解析的。

这种建立在 Bongard 之上的 Bongard，可以更好地训练孩子的宏观思维能力。

屠龙老师的课堂小结

能看见别人看不见、看不透的东西，这种超凡的洞察力在各个领域都是非常有用的，还能帮助人们去创新，取得了不起的成就。家长要训练孩子的洞察力，第一种方法是让他保持好奇心，第二种方法是允许他做白日梦，第三种方法是让他多注意“巧合”，第四种方法是让他去发现矛盾和不合理之处。

08 围棋：促进大脑发育，提升孩子思维能力

围棋不仅是最古老的棋类游戏，也是计算和解题空间最大的棋类游戏。1996 年超级计算机“深蓝”就用简单的穷举算法战胜过人类国际象棋冠军，而后经历了 20 年的发展，人工智能 AlphaGo 才可以在围棋领域打败人类，其原因在于简单计算的穷举算法是不能适用于围棋计算的。围棋过于复杂，有 3^{361} 种可能的棋子落法，超越了宇宙中所有原子的总和。AlphaGo 与深蓝的不同之处在于，它必须形成策略库，只有像人类一样产生各种各样的高级游戏策略，才能玩围棋，而深蓝只需“死记硬背”即可。

可以说，围棋是一项不可多得的训练人类基本思维和策略的

战略性与计算性相结合的游戏，它能够训练的思维能力包括（且不限于）以下方面：

① 工作记忆（working memory）能力，即能够在大脑中同时处理几个符号的能力。

② 空间旋转（mental rotation）能力，即能够通过想象将棋局的一部分进行翻转。

③ 心理理论，即能够推理其他人的策略。

这些基本思维能力，不论在孩子的学科学习、共情能力（能够产生同理心）方面，还是在他们未来要面对的社会竞争中，都将成为他们最有利的思维工具。

在以往的文献中，多项研究都发现了围棋对于思维认知能力和大脑的改变。最早的脑成像研究是 2003 年中国科学技术大学与美国明尼苏达大学开展的功能性磁共振研究。该研究安排了 6 名业余围棋选手在磁共振仪器中下棋，用以发现围棋活动所激活的大脑区域。结果发现，前额叶、顶叶、视觉皮层、颞叶、后扣带皮层都被激活了。这些区域组成一个复杂的网络，用于处理进行围棋对抗的各个步骤：空间感知（spatial perception）、图像想象（imagery）、注意力（attention）、工作记忆（working memory），情景记忆的获取（retrieval in episodic memory）、问题解决（problem solving）。但是，这个实验并没有对照组，实验结果不够完善。

2012 年英国曼彻斯特大学的研究者认为围棋对儿童的执行功能、情感控制能力都有增强的作用，因此他们发布了一个研究计划，对 35 个 8 ~ 10 岁的小学生进行持续 5 周的围棋课程教学，包括每周 1 节时长为 1 小时的围棋课程和每周 3 次时长为 20 分钟的课后练习，对这些小学生的执行功能、工作记忆、推理能力、空间能力进行测试，并对他们进行脑成像实验。遗憾的是，该计划公布之后并没有发表实验结果。

还有研究发现，玩围棋游戏对脑疾病的康复有一定作用，比如，它对阿尔茨海默病患者具有缓解焦虑的效果。研究人员将 147 名阿尔茨海默病患者随机分成三组：对照组、短时干预组（每天玩围棋游戏 1 个小时）、长时干预组（每天玩围棋游戏 2 个小时）。并且对这三组患者进行了一些情感和生活质量方面的测试：蒙哥马利 - 艾森贝格抑郁评定量表（Montgomery-Asberg Depression Rating Scale）、医院焦虑抑郁量表（Hospital Anxiety and Depression Scale）、功能大体评定量表（Global Assessment of Function）、健康调查量表 36（SF-36）、金伯利原住民抑郁认知测评量表（Kimberley Indigenous Cognitive Assessment of Depression），并留下血样来测量血清素中的脑源性神经营养因子。

这项研究表明，围棋通过提升脑源性神经营养因子的水平，缓解了阿尔茨海默病患者的情绪、提升了他们的自我管理能力，从而改善了他们的生活质量。由于脑源性神经营养因子对人的学习和记忆功能有重要作用，这给研究人员做进一步研究提供了一个重要启示：继续寻找围棋对于学习和记忆功能的作用的生理机制。

与此同时，围棋对于儿童的注意力障碍也有改善的效果。金（Kim）等人发现围棋可以改善儿童的注意缺陷多动障碍（ADHD，俗称多动症）。34 名 7 ~ 12 岁小朋友，包括 17 名多动症患儿和17名健康儿童，经过了ADHD量表、儿童抑郁症量表、8通道脑电测量和认知测量。

研究发现，在进行了一段时间围棋游戏之后，儿童无法集中注意力的情况有很大改善，而且他们的数字记忆也有改善。经过16周训练，多动症患儿右侧前额叶的theta频段和beta频段的脑电波都有很大改善。因此，围棋可以通过激活低唤醒的前额叶功能以及增强执行功能，来改善多动症患儿的病情。

通过文献背景调查，我们可以发现，围棋对大脑可能有很大的益处，不论是健康儿童、多动症患儿，还是老年人，都能够通过玩围棋提升多维度认知能力和情绪调控能力。

屠龙老师的课堂小结

围棋是一项不可多得的训练人类基本思维和策略的战略性与计算性相结合的游戏，它能够训练的思维能力包括（且不限于）工作记忆能力，即能够在大脑中同时处理几个符号的能力；空间旋转能力，即能够通过想象将棋局的一部分进行翻转；心理理论，即能够推理其他人的策略。这些基本思维能力，不论在孩子的学科学习、共情能力（能够产生同理心）方面，还是在他们未来要面对的社会竞争中，都将成为他们最有利的思维工具。

09 课外学习：编程与人工智能教育的思考

目前，国家推行了人工智能教育的儿童课本，各种培训机构也都开设了编程班、建模班、人工智能班。

那么，很多家长的疑问是：我到底要不要让孩子早一些学习人工智能，接触人工智能的相关知识呢？孩子不学这些，会不会就输在起跑线上呢？

我认为，考虑这个问题，首先要看你家孩子现在多少岁——从几岁开始学习编程与人工智能，是一个很重要的问题。

从我个人角度来说，我不会让我的孩子在 10 岁以前接触编程和人工智能，原因有以下几个：

① 人认识世界和改造世界分三个步骤。要想孩子能创新、能在社会上立足，有三个步骤——知道世界是什么，我要做什么，我要怎么做。

家长要知道，学习编程只是这三个步骤中的第三步，任何一个程序，孩子都已经知道要做什么了（也就是都已经有既定目标了），他只是在学习怎么做。而这个过程并没有教给孩子世界是什么、他要做什么。其实，磨刀不误砍柴工，很多时候，让孩子想明白自己要做什么，比学会怎么做更重要。

因此，我主张家长要抓紧孩子 10 岁以前的黄金时间，带他多认识一下世界，让他多思索一下自己要做什么。同时，编程和算法，都是从逻辑学衍生的，与其让孩子学编程等知识，不如让他学更形而上的逻辑和哲学。

② 大脑学习有一个规律，越需要熟练度的事情，越要早学；需要深刻理解，但不需要熟练的事情，可以晚学。

举个例子，舞蹈、弹琴、外语、滑冰……这些都是需要熟练度较高，理解度较低的事情，成年人要想达到小朋友的熟练度很难，这样的课程，就可以早点儿学。但机械工程、空气动力学、汽车维修等技术，需要理解，不需要熟练，这些就可以晚学。编程和算法，显然属于第二种。

③ 要注意学科稳定性，先学习已经被验证的知识。

编程和人工智能都是还不稳定的学科，算法、算力、计算语言等知识，都还处于动荡阶段。我不确定 20 年后我们教孩子的这些知识是否还有用，可能那个时候已经可以用自然语言编程了，AI 可以自己写小程序了，抑或整个计算机的算法都改变了，不再是冯·诺依曼结构（Von Neumann Structure）了……这些可能都是研究领域正在发生的事情。就像我们小时候学习编程，还都是 BASIC 语言，用的是 DOS 操作系统，而这些早早学习的知识，现在已不再使用了。

正在发展的学科和数学、物理、化学等已经趋于稳定的学科不一样，每过 10 年、20 年，知识架构就可能有大的变化，需要从头再来。

综上所述，尽管可能有很多编程班、建模班、人工智能班，我还是希望家长谨慎考虑孩子的年龄和特性，不要盲目跟风。

屠龙老师的课堂小结

面对各种培训机构开设的编程班、建模班、人工智能班……家长要谨慎考虑孩子的年龄和特性，不要盲目跟风。考虑这个问题，首先要看你家孩子现在多少岁。我不主张孩子在 10 岁以前接触编程和人工智能，原因是：第一，要想孩子能创新、能在社会上立足，有三个步骤——知道世界是什么，我要做什么，我要怎么做。我主张家长要抓紧孩子 10 岁以前的黄金时间，带他多认识一下世界，让他多思索一下自己要做什么。第二，大脑学习有一个规律，越需要熟练度的事情，越要早学；需要深刻理解，但不需要熟练的事情，可以晚学。第三，要注意学科稳定性，先学习已经被验证的知识。

第 5 章

孩子从小学就要开始做的学习习惯与自我管理培训

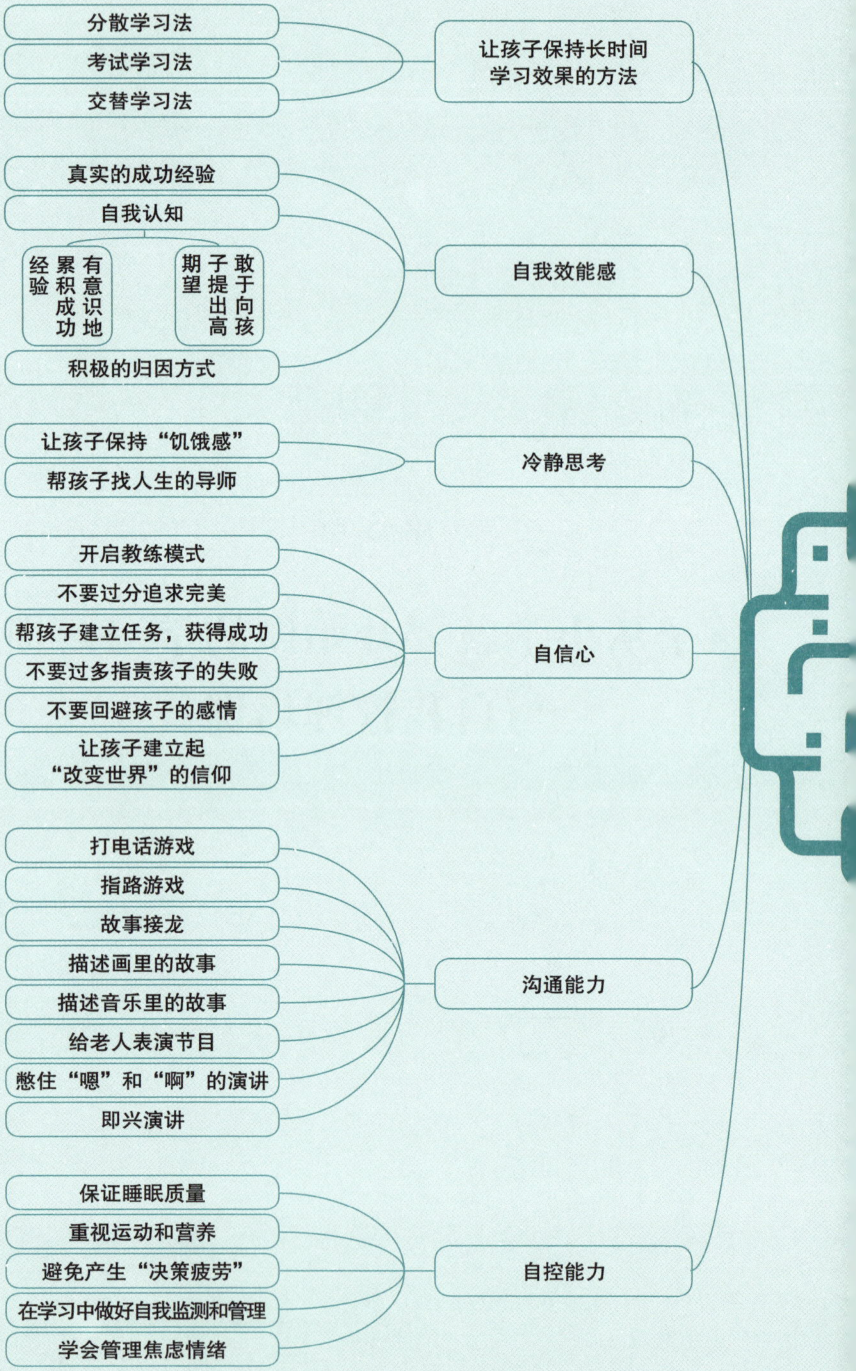
让孩子保持长时间学习效果的方法
分散学习法
考试学习法
交替学习法
自我效能感
真实的成功经验
自我认知
有意识地累积成功经验
敢于向孩子提出高期望
积极的归因方式
冷静思考
让孩子保持“饥饿感”
帮孩子找人生的导师
自信心
开启教练模式
不要过分追求完美
帮孩子建立任务，获得成功
不要过多指责孩子的失败
不要回避孩子的感情
让孩子建立起“改变世界”的信仰
沟通能力
打电话游戏
指路游戏
故事接龙
描述画里的故事
描述音乐里的故事
给老人表演节目
憋住“嗯”和“啊”的演讲
即兴演讲
自控能力
保证睡眠质量
重视运动和营养
避免产生“决策疲劳”
在学习中做好自我监测和管理
学会管理焦虑情绪

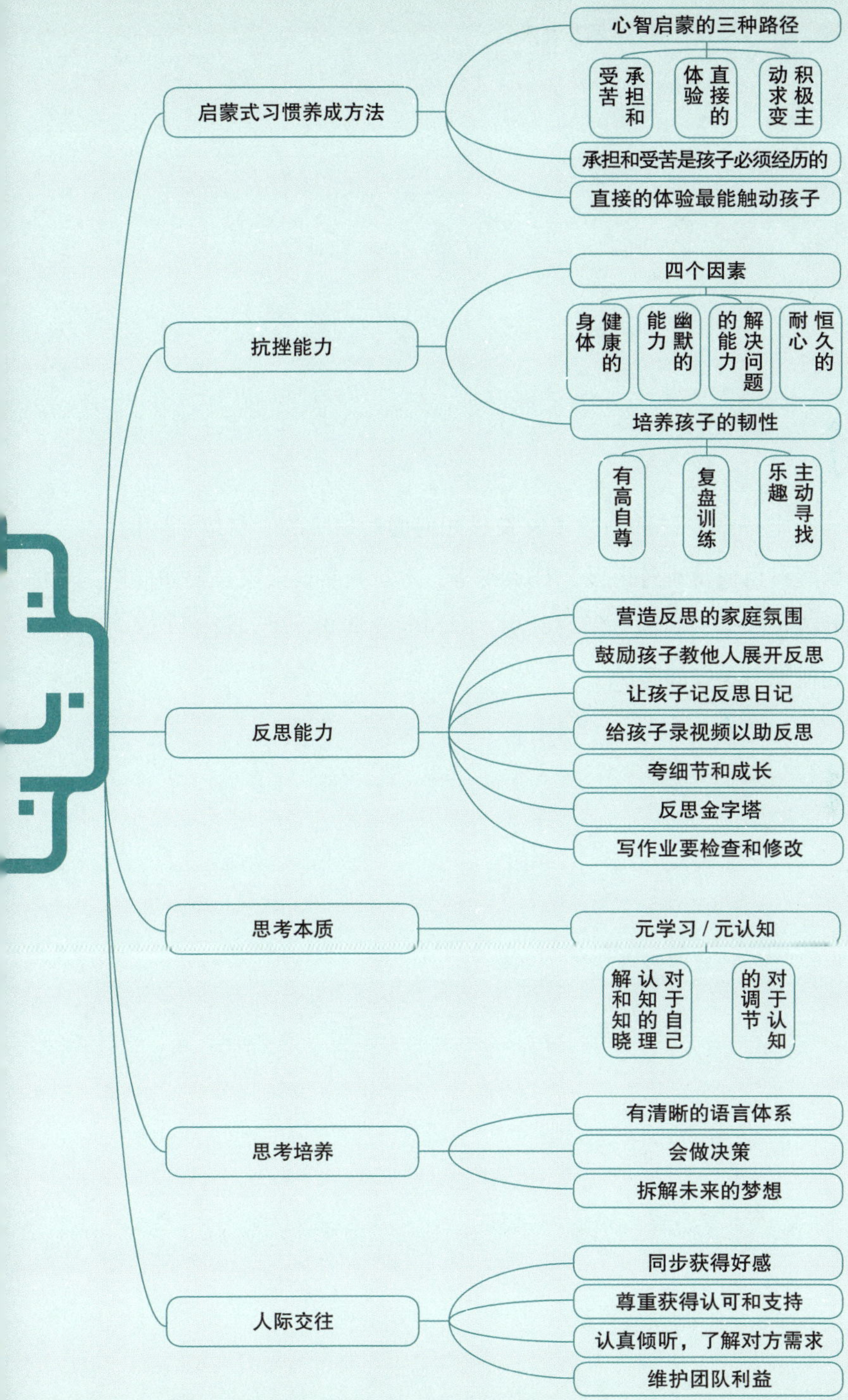

启蒙式习惯养成方法
心智启蒙的三种路径
承担和受苦
直接的体验
积极主动求变
承担和受苦是孩子必须经历的
直接的体验最能触动孩子
抗挫能力
四个因素
健康的身体
幽默的能力
解决问题的能力
恒久的耐心
培养孩子的韧性
有高自尊
复盘训练
主动寻找乐趣
反思能力
营造反思的家庭氛围
鼓励孩子教他人展开反思
让孩子记反思日记
给孩子录视频以助反思
夸细节和成长
反思金字塔
写作业要检查和修改
思考本质
元学习 / 元认知
对于自己认知的理解和知晓
对于认知的调节
思考培养
有清晰的语言体系
会做决策
拆解未来的梦想
人际交往
同步获得好感
尊重获得认可和支持
认真倾听，了解对方需求
维护团队利益

上一章我详细阐述了家长该如何面对孩子的学科培训问题、哪些科目值得训练以及怎样训练等，本章我将谈谈家长要如何培养孩子的学习习惯、学习方法、学习的元认知、学习科学（学习如何学习）等问题。

01 学习方法：让孩子保持长时间学习效果的方法

不知道已经成为家长的你有没有过这样的体验：上大学时，即便整个学期都没有好好学习，在经过几天几夜的突击复习后，居然也能取得不错的考试成绩。但通过这种方法取得的好成绩，不可能变成长久的知识储备。过了一段时间，这些知识在你的大脑里就烟消云散了，仿佛你从来没有学过一样。

那么，如何让孩子保持长时间的学习效果呢？换句话说，怎样才能让孩子一直记住学过的知识呢？我给家长推荐三个重要的方法：分散学习法、考试学习法、交替学习法。

（1）分散学习法

先讲讲分散学习法。什么是分散学习呢？ 顾名思义，就是把一次长时间的学习分散成多次小段时间的学习，图 5-1、图 5-2

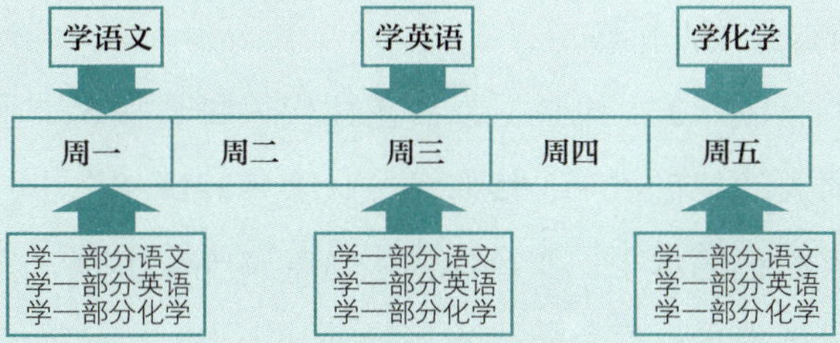

图 5-1　分散学习示意

展示了两种学习时间安排。很多研究表明，分散学习比突击学习的学习效果要好很多。

图 5-2 中间的竖线代表学习结束，也就是考试的那一刻。从黑色的线（分散学习）和灰色的线（突击学习）的对比可以看出，尽管学习的次数一样多，但是分散学习将每次学习的间隔时间分得更开。

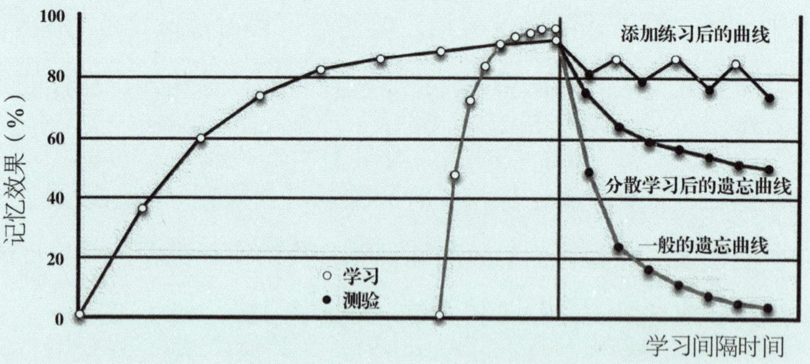

图 5–2　分散学习比突击学习所获知识的遗忘速度要慢得多

通过考试结束后的遗忘曲线可以看出，**分散学习比突击学习所获知识的遗忘速度要慢得多。**

此外，分散学习还有一个好处，那就是对缺乏睡眠带来的记忆衰退有很强的抵抗作用。

我们看图 5-3 中的数据，白色柱代表每晚睡 5 个小时、突击学习的人的记忆水平；浅灰色柱代表每晚睡 9 个小时、突击学习的人的记忆水平；灰色柱代表每晚睡 5 个小时、分散学习的人的记忆水平；黑色柱代表每晚睡 9 个小时、分散学习的人的记忆水平。

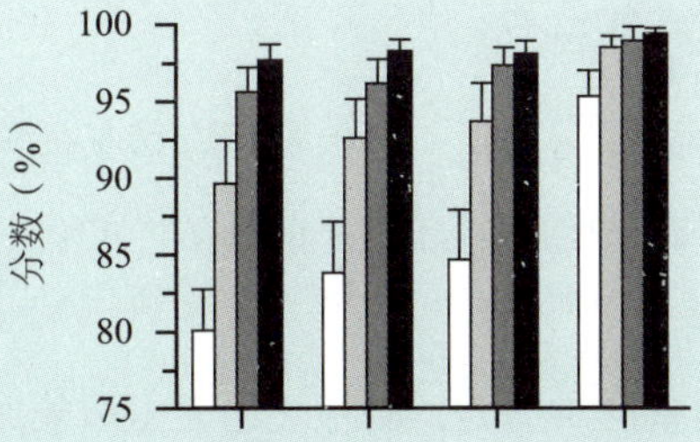

图 5-3　分散学习和睡眠时间与记忆水平的关系

从这张图中可以发现，在上述各实验条件下，考试成绩的排名顺序是：

睡 9 个小时、分散学习 > 睡 5 个小时、分散学习 > 睡 9 个小时、突击学习 > 睡 5 个小时、突击学习。

从这张图中，我们可以得到两个结论：

第一，**突击学习和缺觉就是"死亡组合"。**一旦孩子在缺乏睡眠的情况下还要去突击学习，基本没有学习效果。

第二，**分散学习法对于缺觉带来的记忆力减退有很强的抵抗作用。**用了分散学习法的人，即便只睡 5 个小时，也能超过突击学习的睡 9 个小时的人，而且其记忆力只略低于分散学习的睡 9 个小时的人。

我这样说，并不是让大家不睡觉，也不是让有条件睡 9 个小时的人减少睡眠时间，只是想告诉家长，特别是初高中孩子的家长，在孩子课业负担重，实在没法保障睡眠时间，且学业压力极大的情况下，一定要告诉孩子采取分散学习而不是突击学习的方法。

（2）考试学习法

上文讲的分散学习法是一种保持学习效果的方法，下面我将介绍另一种非常有效的学习方法：把经常性的考试当作一种学习的方法。

人的记忆具备两种能力，储存能力与提取能力，它们是截然不同的。储存能力可以理解为信息被有效地放入大脑中，我们大脑的储存能力是非常强的，能储存的东西可供300万套电视节目同时播放，这一量级的空间足以储存我们从摇篮走到坟墓这长长的一生中每一秒的所见所闻。可以说，记忆的储存能力是无限的（我们永远不会用到大脑的上限）。

而且，记忆是不会“丢失”的，不会像我们以为的那样越变越淡，直至踪迹全无。那些看起来“丢失”的记忆，只是我们一时无法提取出来而已（提取能力在当下很低，低到几乎为零）。因此，记忆的提取能力可以被理解为某项信息被提取到意识中的难易程度。记忆的储存能力很大，但是能够提取出的记忆容量很小。

因此，记忆的提取，就是我们能否记住东西的关键。而测验或者说考试，就是最重要的一种记忆提取练习。

我先讲一个关于记忆提取的实验。这个实验数据来自美国哥伦比亚中学，研究员将8年级学生科学课上的知识点分成了两部分，其中一部分设置成了一个小测验，另一部分则要求学生复习三遍。研究员想知道，在一个月之后的大考中，哪一部分的知识点会被学生记得更牢。

结果发现，之前经过测验的知识点，学生的平均成绩是 A-，而仅作为复习内容，没有经过测验的知识点，学生的平均成绩是 C+。A- 到 C+ 之差，就是之前考过和没考过的区别。

相信很多人都见过记得密密麻麻的笔记，很多“好学生”（平时学习勤奋的学生）都是这样做笔记的，他们一遍一遍地看书，在书上画五颜六色的线，标重点，把这些“重点”抄下来，整理成笔记，再反复阅读笔记，复习“重点”。

但是奇怪的是，这样的下功夫的“好学生”，并不一定是考试成绩最好的学生。问题出在哪里呢？

问题就出在，这样的抄抄写写，并没有强制大脑去提取记忆。同时，孩子们会形成一种错觉，以为自己记住了这些知识，而这种虚假的安全感属于一种元认知的偏差。

这种学习方式，跟大脑运行逻辑有关，大脑在学习时，不喜欢经历痛苦：虽然画重点、做笔记会让学习者看起来很勤奋，但在这个过程中大脑并没有经历痛苦。而当我们要求大脑在记忆中检索知识（不看书，只凭记忆回想），在这个过程中，我们可能会遇到想不起来的部分，进而更用力地动脑、回忆——这对大脑来说是痛苦的。

虽然检索过程极其痛苦，但是这会大幅度增强记忆的效果。不论想得起来还是想不起来，对于重新理解、记忆这些知识，都有极大的帮助。因此，**能做到经常合上书自测，是一种非常有效的学习方式。**

在这个过程中，要注意两件重要的事：一是时间间隔，二是必要难度。

时间间隔是指不要马上提取刚刚装进大脑中的知识，要留出一定的时间间隔再进行提取。比如，对于刚学完的知识，不要立刻进行考试。

必要难度是指大脑越是用力回想，越是经历了挑战和痛苦的过程后提取出的记忆，会记得越牢固。

那么，什么样的复习方式是最优的呢？

我建议不要让孩子反复抄写、阅读笔记，而是让他合上书本，只凭记忆做作业、做课后习题。或者让孩子合上书本，只凭记忆画出所学知识的概念图（知识结构图）。

我对比了孩子的三种自习方法，对优劣顺序进行了以下排列：

最差最低效的学习方法是让孩子直接在书上画重点，将重点抄写在笔记本上和反复阅读书本。

次优的学习方法是让孩子根据自己对知识的理解，整理出有结构的笔记，然后反复阅读笔记。

最优的学习方法是让孩子合上书本，利用作业做自我检测，并建构自己对所学知识的心智模型，比如，学完一章，合上书本，自己画出本章的知识结构图。

有很多关于考试的研究，都显示自测和考试能大幅度地提升学习效果。但在现实教学中，这种有效的教学手段并没有充分发挥它的价值和效用。更多时候，测验、考试仍然被默认为是测评工具，用来衡量学生对知识的掌握水平，而非教学或学习工具。这是一个长期形成的隐性认知，普遍存在于人们的潜意识中。

孩子们都不喜欢考试，因为考试这件事被默认为大难临头，它可能跟排名有关，可能跟“请家长”有关。但是，如果除去这些，考试本身对于巩固记忆是有莫大好处的，是促进记忆事半功倍的方法。

因此，我们应该去除对考试的妖魔化，不把它当作评价孩子学习成果的手段，而是一种高效的学习工具，在孩子学习的过程中就加以利用。也就是，让孩子经常性地考考自己，不要总是看书、抄书，而是合上书去背、去默写，甚至看完一章就自己凭借记忆画出这一章的概念图——这种学习方法才能保持长时间的学习效果。

（3）交替学习法

第三种能够保持长时间学习效果的方法，是交替学习法。

心理学家曾做过这样的实验：学生们被分为两组，进行两次学习。第一组学生两次都在狭小凌乱的地下室学习；另一组学生分别在无窗的小房间和有窗的大房间学习。

学习完毕，两组学生都在一间普通的、跟原先学习环境不相同的教室接受考试。结果发现，变换学习场所那一组的学生，记忆量比固定学习场所小组的学生高出 40%。

很多实验证明，**环境的变换可以大大提高人的记忆力，多换几个学习场所，能够帮助孩子成倍增加与提取相关的感知线索。**

这是为什么呢？因为记忆提取与记忆储存的背景因素越一致，记忆提取的效果就越好。简单地说，背景中的很多因素，都会帮助你去提取。这些背景因素包括：学习者的情绪以及学习的物理环境（甚至是墙上的一幅画）。因此，假如孩子总在家里的书房学习，那么他在书房的提取记忆效果肯定是最好的。

但不幸的是，考试地点肯定不在你家的书房。因此，在考场上，孩子的记忆提取效果往往就没有在家里好。所以我们要帮孩子不断进行学习地点的变换，把地点和记忆提取进行“去关联”。

现实生活中，需要我们提取记忆的时刻可能是突发的，或者是在我们无法决定的场景下，所以我们需要克服对背景因素的依赖。

我们可以在环创设计上加入变换的背景元素，比如在教室添置不同颜色的背景幕布（就是不同颜色的纸），每堂课或者每次复习使用不同的背景；可以定期给学生换座位，给他们搭配不同的同桌（可能有些老师之前也这样做过，目的是让每个小朋友都能够坐到教室前排的位置，或者是考虑视力因素，又或者是考虑学习的社交属性，但现在我们又添加了新的原因，那就是让孩子们能定期变换学习环境）。

家长也可以指导孩子变换不同的学习场所，比如去家里的不同房间、去不同的自习室、去公园，甚至是去海边，或者是在安静的场所和嘈杂的环境之间做变换；还可以变换不同的学习时段，不要固定每天的学习时间段；再或者变换不同的学习形式，可以坐着学、站着学、在跑步机上边跑边学；可以手写笔记，可以键盘打字记笔记；等等。

有关环境背景对学习影响的相关研究，最终给予我们一个更有分量的提示：**无论你改变了环境中的哪些方面，只要你改变能改变的，就会有效。**

还有一种交替学习的方法是变换不同的科目，如图 5-4 所示。

心理学家曾经针对交替学习这一方法的效果进行过实验：安排两组学生做数学题，第一组学生做的题是按照题型排序的（按类别练习）；第二组学生做的题则是题型顺序完全被打乱的（交替练习）。

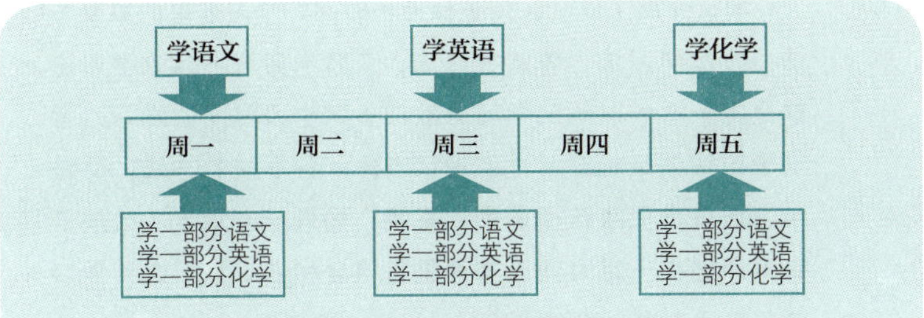

图 5-4　变换不同科目的交替学习

结果发现，两组学生做完题之后立刻进行考试，按类别练习组学生、交替练习组学生的正确率分别为 89%、60%；但一周后再进行的考试结果显示，二者的正确率分别为 20%、63%。交替练习组学生的成绩优于按类别练习组学生 3.15 倍。也就是说，交替学习法可以让人的记忆保持更长时间，遗忘曲线更平滑。

这个实验得出的结论是：**交替学习法看似进展缓慢，会给人带来挫败感，但它的记忆效果却更扎实牢固。**

那么在现实生活中如何让孩子应用交替学习法呢？

作为家长或老师，我们可以在辅导孩子复习时，变换主题进行：比如复习数学时，可以依次复习一元一次方程、平面几何、行程问题、有理数。但是要注意，在这个交替过程中，要确保每个知识点都讲透。

也要引导孩子自己有意识地变换科目、变换题型地进行复习，避免长时间做专项突破和过度保持连贯性（指连续四五个小时只复习一个知识点）。

屠龙老师的课堂小结

本节介绍了三个让孩子保持长时间的学习效果的重要方法：分散学习法、考试学习法、交替学习法。分散学习法就是把一次长时间的学习分散成多次小段时间的学习；考试学习法就是把经常性的考试当作一种学习的方法；交替学习法就是变换孩子的学习环境、场景、方式等，让孩子有意识地在一定时间里交替复习科目和知识点，这种学习法还包括变换学习时间和学习科目、题型等。

延伸阅读：十种最有效的学习方法和十种效果最差的学习方法

在了解了上述三种非常有效的学习方法后，你肯定想知道，根据研究结果和教学经验来看，林林总总的学习方法中，哪些有效，哪些无效呢？下面盘点了十种最有效、最优秀的学习方法和十种最无效、最浪费时间、效果最差的学习方法。

（1）十种最有效、最优秀的学习方法

① 交替学习法

很多家长都会要求孩子长时间集中精力去学习，但他们不知道的是：大脑最有效的工作模式并不是长时间集中精力，而是能够交替学习进行调节。这是因为大脑有两种状态：集中精力（focused）和分散注意力（diffuse）。孩子的大脑经常在两种状态中交替的话，就可以最优化学习的路径。

还可以让孩子进行学科之间的交替学习，比如学 30 分钟语文，再学 30 分钟数学。

② 建立“大脑链接”

家长要鼓励孩子把重要的题目的步骤、重要概念之间的联系等内容，就像排练舞蹈和演讲一样，总是在大脑里面排演。比如在上学上班的路上，或者是在洗澡的时候，排练一下。

③ 打乱顺序复习

告诉孩子背书不要一章一章按顺序背，尽量打乱顺序背；做题也不要一直按照单选、多选、填空……这样的顺序，可以偶尔打乱顺序，先做最后的题目，再做前面的题目。这样做能够让孩子的大脑摆脱顺序依赖。

④ 分隔学习法

督促孩子隔几天就要复习一次同样内容，不要以为当天会了就是会了。复习的间隔也不要太短，不要让孩子上午学习，下午就复习，可以隔上几天，等记忆快消失的时候再复习。

⑤ 体育锻炼

体育锻炼对孩子的大脑发育特别有好处。7 小时学习加 1 小时锻炼的学习效果，远大于 8 小时都在学习。

⑥ 常常自测

很多人的笔记记得非常漂亮，甚至还能配上插图，让人羡慕。但现实情况往往是，“笔记大神”并不一定就是学霸，而学霸的笔记则可能非常凌乱，这是为什么呢？

因为笔记写得太清楚，容易给人虚假的安全感：这些东西我记下来了，就等于记在脑子里了。但实际上，这样做并没有经过记忆提取练习。

家长要知道，记忆的瓶颈，不是存储，而是提取——我们可以在大脑里存储很多信息，但是如果不训练自己有意识地把它调用出来的话，就可能永远调用不出来了。

因此，考试不仅仅是一种对孩子学习成果的评测手段，它本身也是一种学习手段。常常让孩子在学习后合上书，背一遍所学的知识点，或做一下自测，其效果会比反复看书或抄笔记强得多。

⑦ 用图片和有趣的故事帮助记忆

图片和有趣的故事在孩子的学习中都是有效的记忆点，它们都可以成为增强记忆的抓手。

⑧ 25 分钟间隔学习法

家长可以让孩子在 25 分钟之内，远离一切会分散注意力的东西，比如玩具、手机、iPad 等。在 25 分钟之内完全聚焦在自己当前的任务上，完成 25 分钟的冲刺之后再去做其他事。如此坚持几个循环，孩子的学习效率是最高的。

⑨ 最先啃硬骨头

很多成年人都有“预见性拖延症”——先去干一些不难的任务，给自己的拖延制造一种虚假的安全感，更何况孩子呢。因此，要想让孩子的学习效率提高，就要指导他在一天的最开始就去啃最硬的骨头——去做最重要、最紧急的任务。

⑩ 主动学习

家长要鼓励孩子在课本上学习到知识后，就去找其他相关内容看：看完一篇议论文，可以去看看与其相左的观点；学习了历史名人，可以去网上搜索与他有关的资料；等等。培养孩子主动去找更多线索，填充自己的知识库的习惯。

（2）十种最无效、最浪费时间、最差劲的学习方法

① 熬夜

睡眠是能够巩固记忆的，当孩子总是早上不起，晚上不睡的时候，他的学习效率会越来越低，成绩自然会越来越差。

② 被动地看书

告诉孩子：你需要的是主动地汲取书中的知识，主动地测试自己，而不是被动地让眼睛一遍一遍扫过书页。

③ 无目的地画“重点”

用各种颜色的笔在书上大段文字下画线，是不会让这些内容自动跑到脑子里的。要让孩子知道，他需要做的是合上书，自己写下每段的重点。

④ 悄悄瞥答案

有些孩子一遇到不会解的题，就去偷偷看答案，看明白了答案，就误以为这道题自己会了——这是最傻、最自欺欺人的做法。

实际上，孩子用自己的脑袋反复琢磨，经历一些波折，最终做出来的题，才会真正被他理解。

⑤ 突击复习

我在前文也讲了，突击复习对孩子的记忆力有根本性的伤害，尤其是和熬夜相结合的时候，其记忆流失率是最大的。家长切记不要让孩子突击复习。

⑥“懒学”

很多孩子只做自己会做的题，只读一些简单的书，不让自己的大脑经受痛苦，在肤浅的学习材料中获得满足，这就是我们常说的“懒学”。这样做，是毫无学习效果的，家长一定要多注意孩子的学习心态，引导他走出学习的舒适区。

⑦ 急躁

要提醒孩子在读书或读题的时候不要急躁，不要着急做题。一定要看清楚了，不要嫌慢、嫌麻烦。不看清楚书、不想明白解题思路就着急做题，很容易就因为做得太差而必须返工。

家长可以问问孩子：如果你没有时间做好第一遍，你怎么能有时间做第二遍呢？

⑧ 有问题不问清楚

叮嘱孩子在上课或读书的时候，千万别留疑问。

也许孩子当时只有一点点不会，但是这一点点不会的知识点，肯定会在考试中出现的。凡是不会的东西，一定要问到底，绝对不给自己留一点儿问题空间。

⑨ 分散注意力

让孩子在完全没人打扰的地方学习最好。

除了给孩子打造良好的学习环境，家长还要注意尽量不要让孩子过早过多地接触手机、iPad、电脑等电子设备。如果不需要上网，就把家里的 Wi-Fi 关上，以免分散孩子的注意力。

⑩ 和同伴一起学习的时候聊天

很多孩子喜欢和同学一起上自习，认为这样可以互相帮助。这本来没啥问题，但要注意的是千万不要让孩子跟喜欢聊天的小伙伴一起学习。事实证明，最后这些学习小组很可能会变成八卦小组，还不如让孩子自己认认真真学习呢。

02 自我效能感：如何让孩子有出息

当一个孩子容易气馁时，我们会跟他说“一定要长出息”；而当一个孩子有必胜的信念时，我们都说“这孩子太有出息了”。“出息”这个词有个学术的定义，叫“自我效能感”。

自我效能感就是一个人对自己是否有能力完成某件任务的

自信程度。注意，这个自我效能感，并不是指这个人最后有没有完成任务，也不是简单地说他有没有能力完成任务，而是指一个人的信念是否坚定，他是不是坚信自己有能力完成这件事。可以说，自我效能感是一个必胜的信念。

为什么必胜的信念能让孩子学习好呢？

我举个学校里常见的例子：小张和小王同时升入初一，开始学习物理这门课程。小张在走进新教室的那一刻就相信自己能够学好物理，因为她小学时成绩非常好，得到了老师、同学和家长的一致认可；与之相反，小王虽然学习成绩也不错，但非常自卑，因为她常常被老师和家长认为动作慢，跟不上大家的节奏。

其实，这两个孩子的智商并无差异，唯一不同的是她们对自己的看法。然而，就是这两种不同的认知，从某种程度上来说，在走进教室的那一刻就已经决定了她们未来的学业水平。

重要的话我必须重复一遍：**学生对自己能力的看法（而不是真实能力），直接影响了他们在学校表现出的实际水平。**

那么自我效能感源自哪里？在这里，我想重点讲两点：

（1）孩子的自我效能感来自真实的成功经验

自信不是夸出来的，不是家长、老师天天跟孩子絮叨“要有自信”，他就能变得有自信了。**真正的自信来自每一次“成功经验”的积累，所以我们要帮助孩子创设获得成功经验的机会，帮助他们强化真实的成功经验。**

还有一点要注意的是，这里说的“成功”不是家长和老师定义的，而是对孩子来说的成功，是他付出努力，完成了对他来说具有挑战性的任务而得到的体验。也就是说，**光靠别人夸是不行的，要让孩子发掘自己的能力，认识自己能力的强大。**

（2）孩子的自我效能感与自我认知有关

自我认知也不是越完美越好，不能一味让孩子只看自己的优点，拒绝看到不足，这样并不会换来确定的自我效能感。

真正的自信来自客观的自我认识——我真真实实地知道自己的优势和相对不足之处——这种自信是稳定的；相反，只接受自己优点的那种偏狭的自我认识，表现出来的“自信”实则是另一种意义上的“不自信”。

也就是说，**孩子的自信必须高，但是不能爆棚。**因为自信爆棚的孩子总会过高地设置自己的目标，但因为能力达不到，所以往往会失败，而这种“失败”的经验是真实的。因此，一方面每一次失败的经验都会降低孩子的自我效能感；另一方面，失败的经验也会挫败他们的自信，让他们更加困惑——明明自己认为自己行，为什么不行？这会使得孩子的“自信”越发不稳定。

讲到这里，你就知道自我效能感对于孩子的学业水平而言有多重要了吧。而且自我效能感来自真实的成功经验，与孩子如何看待自己相关。

那么，家长和老师要怎么做才能帮助孩子提升自我效能感呢？

首先，有意识地累积孩子的成功经验。

当我们知道了自我效能感和真实的经验有关之后，就可以有意识地帮助孩子创设成功的机会。

具体来讲就是在与孩子一起设置目标的时候，你可以帮助他修正、调整为有挑战性、付出努力就能达到的目标。比如每次问孩子下次考试的目标时，如果他给自己设置的目标太高（在下次考试中名次提升 20 名），可以在给予鼓励的同时，帮他重新设置一个比较现实的挑战目标（提升 5 名）。

家长和老师特别要注意的是，在孩子取得成功时，要及时给予关注和肯定。这一点非常重要。家长和老师要及时做出积极的反馈，让孩子看到自身的进步，让他知道自己的努力有“被看见”。

此外，你还可以尝试唤起孩子过往学习中的成功经验：在遇到相似的困难时，你曾经是如何克服的？要把孩子的这种自信激发出来，让他看到自己曾经做到过，现在也可以！

比如当孩子说这次考试太难时，家长一定要和他说：“你经历过的中考比现在还难，你仔细回忆一下当时是怎么做到的？”

还有一个办法，就是帮助孩子迁移“成功的经验”。比如他可能在学数学时遇到了困难，想要放弃，但是他在自己擅长的领域比如体育方面，有过很多成功经验。家长可以帮助他从那些经验中提炼出共同的“精神品质”，让他看到自己具备这种“不放弃”的精神。家长可以这样说：“你长跑的时候多有毅力啊，只要把这种精神放在数学上，肯定能学好。其实数学和长跑有很多共通之处，你自己感受感受。”

其次，敢于向孩子提出高期望。

不论是老师还是家长，有时候都会想究竟要不要向孩子提出高期待，他们担心这样会给孩子造成压力，或者说，貌似在现实生活中，有很多例子看起来给孩子传递了高期望，可结果却并不好。

在这里必须澄清一下，我所说的“高期望”，是我们发自内心地相信：“孩子，你可以。”孩子是很敏感的，他们能够分辨你是真心的还是假意的。

大家可以回忆一下，我们是在传递高期望，还是在传递让孩子觉得无论怎么努力都达不到的高标准、高要求？

有的家长在给孩子传递高期望的时候，并不是传递期望，而是传递比较和嫌弃——这两者是截然不同的，前者传递的是积极的暗示，它不仅渗透在语言中，还来自肢体语言，比如表情、眼神等，这些都是极有力量的；而后者只会让孩子接收到自己是被挑剔的，进而感到挫败。

因此，这里指的高期待，是你真心认为孩子可以做到。当老师传递给学生他可以取得更好的成绩时，这种积极的暗示会增加学生的自我效能感，激励他们付出努力，把这样的预期变成现实。这在心理学中被称为“罗森塔尔效应”。下面我简单为大家介绍一下这个实验。

1968 年，美国心理学家罗森塔尔和雅各布森来到一所小学，进行了 7 项实验。他们从一至六年级各选了 3 个班级，对这 18 个班级的学生进行“未来发展趋势测验”。之后，罗森塔尔以赞许的口吻将一份“最有发展前途者”名单交给了校长和相关老师，并叮嘱他们务必要保密，以免影响实验的正确性。

其实，罗森塔尔名单上的学生是随机挑选出来的，但是校长和老师均不知情。8 个月后，罗森塔尔和助手们对那 18 个班级的学生进行复试，出人意料的是，凡是上了名单的学生，每一个人的成绩都有了非常大的进步，他们变得更自信，更有求知欲，更乐于和别人打交道。

在罗森塔尔实验中，因为校长和老师并不知道真实的实验目的，也不知道名单是随机挑选的，所以他们发自内心地相信了这份名单是真实的，以及名单上的孩子是“最有发展前途的”。

研究者要求他们对名单保密，也就是让他们尽管抱有这种相信和期待，但不能明着告诉孩子。但是他们的信任和期待已经通过其他的方式，比如语气和肢体语言，传递给了这些孩子。

可以看到，在这种实验设置下，因为“相信”而带来的力量有多大。

在真实生活中，罗森塔尔效应是一把双刃剑，负面的期待和暗示同样会起作用。当家长或老师在心里真的对一个孩子不抱希望，不看好他，不相信他可以做到的时候，这种负面信息确实会通过家长或老师的一举一动、细微的表情等非言语通道传递给他。

有一种错觉是我们说出的话很重要，其实在人与人的沟通、信息的传递过程中，文字（也就是字面上的意思）只占 7%，而 38% 的信息来自语音语调，55% 的信息来自肢体语言。**孩子是极为敏感的，他可以感受到你是不是真的相信他、是不是真的看好他。**

要想更好地看到孩子的闪光点，老师可以创建一个“优点花名册”。对照着班级花名册，写下每个学生的三个优点，而且要对应具体实例。这个过程会帮助老师仔细思考每个孩子的闪光点。你只有真正看到，才可能把你的相信传递给他们。

花名册范例如下：

表 5–1　优点花名册

姓名	优点	具体实例
小花	1. 学习扎实 2. 运算速度快 3. 仔细	1. 对于之前学习的内容，记得清楚，灵活运用 2. 课堂上经常第一个报告答案 3. 运算上很少出现把会的题目做错的情况

（3）帮助孩子建立积极的归因方式

归因方式，通俗地讲，就是我们如何解释事情发生的原因。比如数学考试没考好，孩子的解释可能是题目太偏、太难；可能是自己最近学习松懈了，没有努力；可能是我妈数学就不好，我随我妈；可能是数学老师教得不好；等等。

心理学家发现，人们在归因的时候存在三个向度：

永久性：事情是永久的，还是暂时的。

普遍性：事情是普遍的，还是特殊的。

个体化：事情是纯主观的，还是不纯主观的。

同时，我们还发现悲观者和乐观者在解释负面事件时的不同归因倾向：

乐观的人会将失败看作暂时的（能改变的）、普遍的（大家都会遇到这种情况）、非纯主观的（有一定客观困难）；而悲观的人将失败看作永久的、只会在自己身上发生的、自己最倒霉、一切都是自己造成的。

更重要的一点是，消极归因方式认为这件事情不可控，带给我们的是痛苦。著名的心理学家马丁·塞利格曼（Martin

Seligman）在关于习得性无助的研究中，曾经写下这样一句话："导致绝望的并不是痛苦本身，而是你认为自己无法控制痛苦。"

所以，在孩子遭遇学业上的失败时，如何帮助他们去解释这件事是极其重要的。数学考试没考好，这件事本身并不危险，也不可怕。但是孩子如何解释这次失利，有可能是危险的。**要帮助孩子建立内部、可控的归因。记住，重点是可控。**

比如本节一开始举的例子：

数学没考好，是因为题目太偏、太难，这明显是外归因。适当外归因是可以的，但如果每次孩子都解释为外归因，就存在一个隐患——这是我不可控的。

数学没考好，因为自己最近学习松懈了，没有努力：这是自己可控的归因。

数学没考好，因为我妈数学不好，我随我妈：这种解释是很可怕的，而且日常中不乏这样的例子。很多家长都会传递给孩子这样的信息，其中隐含了一种外界对孩子学不好数学这件事的认同，那就是"我理应学不好数学"，所以要警惕这类标签。

要避免这种情况，家长就要注重培养孩子的成长型思维。

首先，我解释一下什么是成长型思维（growth mindset）。简单地说就是有成长型思维的人相信自己是可以改变的，可以通过努力和训练获得成功；与成长型思维相对的是固定型思维（fixed mindset），固定型思维的人更相信人的成功是天赋决定的，而天赋是无法通过努力或者训练培养出来的。

要注意的是，对于一个人来说，这两种思维并不是二元论，我们可能在大的方向上是一个成长型思维的人，但在某个领域则是固定型思维占主导。比如你可以认为唱歌能力靠天赋，但语文能力不是靠天赋的，是可以培养的。

成长型思维是一种对自我能力认知的核心信念，它反映在我们日常生活的方方面面，比如如何看待成功、失败；遇到困难是否会努力克服；是否愿意接受挑战；能否不断完善自己、终身学习；等等。

研究者发现，在很大程度上，成长型思维来自如何“被夸奖”。前文讲了在孩子失败时，我们如何帮助他建立积极的归因，而现在要说的是，当孩子取得成功时，我们要如何表扬他。

不要凡事都夸，要夸对，夸在点上，夸那些真正付出了努力的过程。不要夸孩子的天赋，诸如“你真是个小天才”“你在这方面真有天赋”，要夸孩子的努力和进步，让他知道被肯定的是自己在努力过程中的付出。也不要泛泛地夸，诸如“你真棒”“你真厉害”，要夸细节，夸具体的事例，比如“你的字写得真工整”“你这道题的解法很巧妙”。

屠龙老师的课堂小结

本节讨论了如何提升学生的自我效能感，也就是让孩子有出息。在这个过程中要注重：成功经验的积累；对学生传递积极的期待；在他们遇到失败时，帮助他们建立内部的、可控的归因方式；他们成功完成任务或者取得好成绩时，要表扬他们的努力而不是天赋。

03 冷静思考：让孩子保持“饥饿感”，寻找人生的导师

有一个经常困扰家长的问题是，如何帮助孩子在人生的关键时刻寻找方向，做出高质量的选择？

我曾给一些老师讲脑科学方面的课，经过了 2 个小时专业课程的学习之后，我请他们自由提问。出乎我意料的是，一位老师问：“您是怎么做人生选择，找到现在这个人生方向的呢？”

在这里我不想赘述自己整个人生经历，只想讲两个决定了我人生方向的偶然事件。

第一个是我大三的时候，系里突然通知有一个去澳大利亚墨尔本大学的交换名额。我本来没有去的可能性，因为我在清华的那群出类拔萃的同学中，成绩属于中等偏下。但正好有一对成绩特别好的情侣一起申请，男生因为年少轻狂，就跟系主任说：“要不我们都去，要不我们都不去。”系主任没办法，说：“这个奖学金的金额是固定的，只能你们两个人都不去了。”

恰巧这对情侣中的女生跟我住同一间宿舍，她回来以后跟其他女生说了这件事。我听了之后就迅速跑到系主任的办公室，跟他说：“这个交换活动，我要去。”系主任在一时找不到别人的情况下就同意了。

于是，我就去了本不该我去的墨尔本大学做交换生，在那里见识到了各种研究脑部障碍和疾病的组织。在 2005 年，很多国

内的人对于阅读障碍等脑发育疾病还没有充分的认识。这些脑部的障碍和疾病，引发了我浓厚的兴趣。我当时想：随着中国经济的发展、腾飞，以及老龄人口的增多，大脑和相关的疾病与认知障碍，肯定是一个非常有发展的研究方向。

我回国后，下决心要读脑认知与康复的博士研究生学位，但由于我研究生时期学的不是这个专业，而读博士，需要有该专业的研究生经历。困难的是，去国外读，我家里没有那么多钱，而在国内也没有类似的专业。

此时我又面临着重大的人生抉择，也是决定我人生方向的第二个转折——我靠自己的韧劲儿和不懈的努力打动了导师。

当时要办理美国留学申请，同学们普遍用的是套磁法（和未来的导师套近乎），就是写邮件，在邮件里表达自己有多么热爱这个实验室的工作，非常想去实验室做研究生。

但是我想，如果有资历的人可以通过邮件套磁成功，那么没有资历的我肯定不会成功。道理很简单，如果别人做什么，你也做什么，你肯定不能显露出来。而对于实力和资历比其他竞争者差的人，不显露自己的结果必然是失败。

所以我当时想出来一个奇招，那就是逐个给老师打电话，靠自己的三寸不烂之舌说服他们相信我对这个专业的激情。当时还没有现在这么多即时通信软件，要打电话就必须买长途电话 IC 卡。

我用攒了好几个星期的饭钱去给美国的导师打电话，当时第一句话就说："我绝不会耽误您太多时间，因为我的电话卡时长总共只有 30 分钟。"她听了深受感动，不仅让我挂掉电话，她给我打回来，并且劝服了招生委员会的所有教授，接受我做博士研究生。

这两段经历对我的人生意义极大，回头再看这些，我发现年轻时的自己，有一股现在年轻人普遍缺乏的饥饿感。什么是饥饿感呢？乔布斯有句名言，“Stay hungry，Stay foolish”，也就是“求知若饥，虚心若愚”。

所谓“饥饿感”，并不是不睡觉地拼命干活，而是面对机会的时候，能够认出来这是机会，并使劲儿把握住；能够在资源稀缺的情况下，自己想办法搞到资源，让自己看得更多，才会成长得更快。

然而，现在的孩子面对的资源和信息太多了，但却缺乏筛选的机制。父母又不停地给孩子提供各种各样的学习班、辅导书，使得孩子缺乏了饥饿感，变成了“信息饱胀感”。简单地说就是信息太多了，孩子对信息已经没有渴求了，于是他们面对任何新鲜的科技和事物，都会缺乏学习的主动性和饥饿感。

怎样激发孩子的饥饿感呢？怎样让孩子把自己玩游戏时的好奇心和巨大的行动力有效地引导到学习和看待真实人生上呢？

激励人最好的方法就是用人去激励。人是一种社会性动物，虽然父母是养育孩子的主要负责人，但要想一个孩子成才，需要无数人的激励和指导。

这里面最重要的就是人生导师。这个角色可以是任何人，孩子在成长的任何阶段都需要这样的导师。可是很多父母却忽略了这样的角色。

父母给孩子寻找名师，让他们学习钢琴、跳舞、英语……却忽略了应该找一个有智慧、负责任、爱孩子的成年朋友去跟孩子谈心、谈理想、谈怎样找到自己的人生方向、谈怎样找到自己的渴求。

其实，人的智慧与他当下拥有多少知识的关系并不大，而是要看他的知识增进速度。要想增进知识，需要从外部寻找动力。孩子在家长的呵护下、在同伴的比较下，容易产生压力和焦虑，而健康向上的动力往往是从偶像身上得来的。

偶像是青少年心中一定会存在的一个形象，如果家长不给孩子寻找导师、寻找合适的偶像，他就会用明星来填补这个空缺。当然，我并不是说以明星为偶像不好，但如果偶像只有明星，缺乏其他成年人的指导，孩子就不能全面了解这个精彩的世界。毕竟，明星身上有太多刻意包装的成分，缺乏真实性。孩子如果以明星为偶像，朝着这个方向去努力，大多难以实现，反而会让他更加自卑，失去切合实际的目标。

那么，家长应该怎么做呢？

其实很简单，第一步就是筛选自己的朋友圈，看看有没有您信任的、有学识的、人品好的朋友，可以找机会让孩子和这些叔叔、阿姨接触。就像很多家长喜欢别人家的孩子一样，有些孩子对别人家的父母也颇有好感。而且各种职业的成年人的经验对孩子来说，也充满了新鲜感，这种好奇有助于孩子明确自己的职业目标。

第二步就是让孩子去和这些人建立起导师和学生的关系。这些人是您的朋友，不是学校或者校外机构的老师，他们和孩子更容易建立起深厚的感情。由于这些导师不是父母，他们不会“关心则乱”，但是会耐心地帮孩子解决问题，为他们指明方向，孩子也更愿意接受。

第三步是鼓励孩子自己去寻找导师，在社会上寻找帮助。我在美国的时候，常常看见孩子给社会知名人士，比如 NBA 球星、富豪，甚至总统写信，而这些名人也会回信，并且和孩子们深入探讨问题。国内的小朋友，很少有这样的行为，也很少有这样的机会。但是，随着互联网的发展，很多牛人和名人都会有自己的微信公众号、微博，甚至视频直播，你可以让孩子试着去和他理想中的榜样联系，他也会很有收获。而且，对于这样乐于寻求帮助的孩子，很多经验丰富的长辈也会不吝分享自己的经验和提供帮助。

第四步是多实践，家长要给孩子创造体验的机会，带他参观不同职业的工作环境、模拟不同职业的工作，一点点帮孩子明确自己最理想的职业和爱好。在和孩子讨论未来想做什么的时候，家长首先要摆脱自以为是，真正帮孩子发现他最感兴趣的方向。这样孩子才会知道自己学习的目的，激发他的饥饿感，促使他顺着某个方向努力。

有了这样的导师，对孩子来说，除了更好地进行生涯规划（职业规划）这个好处之外，还会让他开阔视野，了解除了父母、老师之外其他成年人的世界和想法，这样能够帮助他更深刻地了解这个复杂和多维的世界。

获得多个成年人的指导，与多个成年人在课堂以外的环境讨论人生，完全符合人类的养育规律。这种方法能够帮助孩子迅速在这个世界给自己定位，做好生涯规划，还可以让他保持饥饿感，在挫败或困惑的时候，能够向可靠和有智慧的人倾诉。这样一举多得的办法，对孩子的成长很重要，希望家长们也可以按照上面的步骤去尝试。

屠龙老师的课堂小结

当下是信息爆炸时代，孩子对信息已经没有渴求了，于是他们面对任何新鲜的科技和事物，都会缺乏学习的主动性和饥饿感。怎样激发孩子的饥饿感呢？激励人最好的方法就是用人去激励，要想一个孩子成才，需要无数人的激励和指导。这里面最重要的就是人生导师，这个角色可以是任何人，孩子在成长的任何阶段都需要这样的导师，可是很多父母却忽略了这样的角色。

04 自信心：如何帮孩子树立自信

那些令人疲倦的，不间断地监控孩子的作业和表现的循环，让孩子们感觉自己更无能和更不自信。

——伊丽莎白·科尔伯特（Elizabeth Kolbert）

我在前文说过，有时失败对孩子来说是一个很好的体验，相当于给孩子一个“指南针”，让他更努力地生活和学习。但是失败也是一把双刃剑，如果孩子一次又一次失败，没有成年人支持他、鼓励他，教他应该学习什么，并且告诉他怎样可以获得成功，孩子可能就会一直失败下去。

孩子们还是需要一些成功的体验和很多情感上的支持的。

我们确实是从不断战胜自己之中学习的，但在这个不断挑战、不断战胜自己的过程中，我们也需要一些成功的经历。这些成功的经历能够激励人去迎接更多的挑战，成功会孕育更多的成功。而没有成功体验的一系列失败，会给儿童的心理造成很大的阴影和伤害，导致他们变得容易放弃，产生无所谓的冷漠态度。

很多家长说：“我们也不能惯着孩子啊，他没有什么成绩还一直夸他，会把他宠坏的。”

那么，如何寻找一个合适的度，使我们既能够保护孩子，也可以帮助他建立成功和自信呢？

（1）停止控制模式，开启教练模式

虽然教练会教运动员各种战略、战术，但是要上场打比赛，还是要靠运动员自己。正如教练并不控制运动员的全部活动，家长为孩子做事、帮孩子做事，会剥夺他自我成长的机会；相反，家长要和孩子一起做事。

说起来简单，做起来难，家长一定要控制自己的焦虑情绪，不能因为着急就替孩子把事情做了。有的时候我们管理好自己的情绪，让孩子自己做事，我们只是静静看着，适当给他一些指导性建议，更能帮孩子树立自信。

（2）不要过分追求完美

家长一定要记住，你的目的是让孩子提升，而不是让他一天之内就变得尽善尽美。所以对孩子的事情一定要克制，不可以事事插手。当你事事插手，并且孩子一旦做得不完美你就立刻批评他，这非常打击他的自信，并且不利于他自我学习和自我反省。

（3）帮孩子建立任务，协助他获得成功

首先，我们一定要控制自己的焦虑情绪，不能在简单任务上插手，影响孩子的独立完成。如果家长坚信孩子可以独立完成某件事，请坚持住，不要插手。并在他完成的时候给予最大的鼓励："我就知道你能行！"

但如果这件事是孩子完成起来很困难的，你一定要给他建立好一个成功的规则，等他学会了，再放手让他执行。

比如孩子的作业晚上 8 点前就可以完成，一定要给他们定下"8 点前必须完成，我会检查"的死规矩。如果孩子 8 点时没有完成，那么还有挽救的空间，可以盯着孩子在 10 点前完成。

如果家长任由孩子把作业拖到 12 点还只是完成了一点点，这个时候再插手，就非常被动了：第一，给孩子"不论什么情况，我父母会出面帮我料理一切"的印象；第二，这样做完全打击了孩子的自信。

所以，家长在布置任务时，一定要给孩子留出一点儿余量。如果规定的完成时间是 12 点，家长一定要让他在 9 点前完成，这样给自己一个查漏补缺的机会。

同样，其他任务也可以通过建立合理的任务结构来完成。比如孩子要去野营，家长可以让孩子先列好野营所需物资的清单，然后和他一起对这份清单查漏补缺，再让他一一置办。置办完毕，家长再一一检查，这样就保证了孩子能成功完成这件事，同时也保证了他能独立完成。

（4）不要过多指责孩子的失败

对孩子的失败，家长不要过多指责；对孩子的成绩不要过多评估，可以描述事实并表达同理心。

当孩子出现了失败的情况，家长一定要客观叙述当时的情况，并对孩子表达同理心："这次任务确实不容易。""我知道你努力了。"

当孩子成功时，也不要过分夸耀，也是客观并表达同理心就可以："你这次真的很棒，主要是你坚持不懈的精神让我很感动。"

（5）不要回避孩子的感情

孩子毕竟是孩子，总会闹各种各样的情绪，比如挫败、伤心，甚至各种各样的怪脾气。这个时候，家长不要骂孩子没出息，或者简单说一句"哭什么哭，下次再努力就行了"，而是要回应孩子的感情：

"我知道这次确实很难，我也很理解你。"

"我知道你没选上，很失望。但是失望是生活的一部分，我们很多时候都要面对它，要学习面对失望。我知道你很难受，哭出来就不难受了。”

“我知道这不是你所期望的结果，妈妈也觉得很遗憾。不过这也不是大事，我们去吃个冰激凌吧。”

当孩子遭遇失败，难免垂头丧气、唉声叹气、叽叽歪歪，也难免会有挫败感和失望。没有人生来就是坚强的，在这种情况下，还是要给孩子一段时间伤心，让他慢慢调整自己。当他悲伤完了，就可以开始迎接新的一天和新的挑战了。

不要在孩子过分焦虑的时候给他增压，这样会让他增加挫败感。

如果孩子已经有很大的学业负担，已经非常焦虑、非常挫败了，家长可以教孩子逐个击破这些难题。

比如孩子的数学和英语都学不好，那么我们要告诉他可以一门一门攻克。可以先攻克英语，等英语成绩提高了，再攻克数学。如果要求孩子两门功课一起提升，那么他很可能应接不暇，达不到增强自信的效果。

家长要知道，可以让孩子从一个点做起，从一门功课做起，等一门功课的水平大幅度提升了，再攻破下一个难关。通过这样以点带面的方式，逐级提高孩子的自信。

（6）让孩子建立起“改变世界”的信仰

家长要不停地给孩子灌输一个信念：即使他现在再渺小，将来也会改变世界的。他一定有办法过上优质的生活，做出优秀的成绩，获得成功的事业，拥有很多朋友。他一定能为世界做出改变，能够点亮别人的人生。

综上所述，我们作为父母要给孩子一个信念：父母是他们的根，可以理解他们，可以让他们发泄，也会给他们安慰。

同时，我们也要给孩子一双翅膀，他要学会飞翔，要有远大理想，要有独立完成任务的能力。

屠龙老师的课堂小结

家长在帮孩子树立自信的时候要做到：停止控制，努力教练；不追求完美，只追求进步；建立任务的结构和时间线，偶尔监督，放手执行；理解并对孩子的感情抱有同理心；不给孩子增加焦虑，遇到困难要分解处理；给孩子建立信仰。这些都可以帮孩子塑造一个自信的人格。

05 沟通能力：让孩子学会表达，家庭是最好的舞台

沟通技巧在信息时代是一种对生存能力和职业发展都至关重要的技巧。很多研究表明，有沟通能力的人会产生大量有效沟通，这些人的幸福感更强，而且他们在学校的成绩更出色，走上

工作岗位后也会更成功，甚至从功利的角度来说，口才好的人收入也比其他人更高。

最好的帮助孩子提升沟通能力的方法，就是最大限度地调动起他们的五感（视觉、听觉、嗅觉、味觉、触觉），所以给孩子设计沟通类游戏是需要一定技巧的。

下面我列一下不少老师都认为不错的培养沟通能力的游戏和训练，家长可以根据孩子的年龄和需求进行选取。

（1）打电话游戏

这是一个非常有趣的游戏，特别适合 3 ~ 7 岁的小朋友。听别人在电话里说了什么，可以极大地发展孩子听细节的能力。

家长可以和孩子分别在电话的两边说一些信息。家长一开始传递给孩子的信息不必过于复杂，渐渐地可以增加信息的长度和复杂度，看看孩子能不能听明白。听明白别人的意思，获得完整信息，是有效交流的第一步，而模仿打电话的游戏正好可以训练孩子的这种能力。

（2）指路游戏

家长可以让孩子不查地图，写出来从家到某个他喜欢的地方（比如游乐场、冰激凌店）该怎么走。家长要启发孩子："写的时候多想想，怎么才能把这段路的信息写得详尽、完备，让对咱们家周围小区不熟悉的亲戚、朋友也可以根据你写的信息，顺利找到这个位置。"

这个练习非常适合 10 岁以上的小朋友，对孩子来说是一个非常有趣的体验：如何以别人的知识结构为出发点去交流。

很多人的交流是无效的，是因为他们总是站在自己的知识结构上自说自话，从不考虑别人不知道什么。**考虑听者与自己的知识结构的差异，是有效交流的最重要一步。**

一般来说，孩子的知识结构不会比成年人复杂，很难培养出这种考虑对方不知道什么的能力。而指路游戏为培养这种能力提供了一个很好的模板：孩子对自己家周围的熟悉程度，还是超越没有来过这里的成年人的。

如果孩子可以向亲朋好友清晰地叙述路线，让其他成年人能够明白如何到某地，这对他的表达能力是一个非常好的训练。

（3）故事接龙

大部分年龄段的孩子都会觉得这个游戏非常有意思。家长为故事起个头，让孩子接着讲，直到完成这个故事。

完成这个故事需要包括这几个重要元素：时间、地点、人物、起因、经过、高潮、结果。

这个游戏能够让孩子熟练掌握叙事的脉络。

（4）描述画里的故事

这个游戏练习适合全年龄段的孩子。家长可以让孩子看一幅画，小一点儿的孩子可以看连环画，大一点儿的孩子可以看艺术作品。让孩子去描述画里的场景，画的色彩，画中的人物，画中的人物刚刚可能发生了什么故事，或者有什么故事即将发生，等等。

这个游戏能锻炼孩子根据现实的场景展开细致描绘的能力。

（5）描述音乐里的故事

与上一个描述图画的游戏类似，让孩子通过听音乐、歌剧等，描述音乐里的故事。小一点儿的孩子可以听儿歌，大一点儿的孩子可以听一些严肃的歌曲。

一段音乐讲一个什么样的故事，呈现了什么样的场景，有什么样的人，蕴含了什么样的情感……都可以让孩子进行细致描绘。

（6）给老人表演节目

让孩子给家里的老人表演，或者带他去本地的老人院给老人们表演节目。可以让孩子提前拟一个节目单，包括展示自己的手工、唱歌、背一首短诗、演讲等。注意，整个节目单要综合表现孩子当下的能力。

当然，孩子一开始肯定会觉得尴尬，但这个游戏能帮助孩子克服对公开表演的恐惧，让他喜欢表演、享受表演，帮孩子释放天性是整个活动的目的。

选择在家或是在老人院给老人表演有两个好处：第一，给孩子一个认真准备表演的意义——给爷爷奶奶们带来快乐，当孩子觉得表演很尴尬时，告诉他“你的表演是非常有意义的”；第二，老人对孩子的表演会全神贯注地欣赏，会表现出喜欢和宽容，这样的环境有助于提升孩子对表演的自信心。

这个游戏就是让孩子学会如何自信地呈现自己最好一面的最

佳方式。

（7）憋住“嗯”和“啊”的演讲

让孩子在家脱稿演讲自己喜欢的简单题目，比如“我最喜欢的体育运动”“我觉得世界上最好吃的食物”等，计时，看他能坚持多久不说“嗯”和“啊”，并让他不断挑战自己的最佳纪录。

这个游戏可以培养孩子脱稿演讲的自信、流利度和雄辩能力。当我们帮孩子把“嗯”和“啊”等无意义的口头语从他的词汇库中删除之后，他就会把精力集中在产生更多有意义的词汇上，也会仔细思考如何组织语言结构使表达更流畅。

（8）即兴演讲

最有趣的活动就是即兴演讲了。家长可以选取一个孩子最熟悉的题目，或者他最喜欢的题目，然后让他就这个话题演讲两分钟。在这之后还要逐渐地增加孩子演讲话题的难度。

一开始可以让孩子讲讲自己最喜欢的电影是什么、为什么说这个电影好看、它的故事怎么样、它的意义在哪里、它传递了什么情感、它是什么题材的、它的剪辑和架构怎么样、它的音乐怎么样……这些逐级深入的问题，可以让孩子更深刻地剖析自己喜欢的电影。

接下来，可以让孩子试着以那些社交媒体上非常热门的社会话题为演讲题目。比如学校的作业多不多？作业如何布置可以最大化你的成长和学习成果？

不要害怕这些话题对孩子来说太深刻或是太具争议性，让孩子去思考深刻而有争议的话题，是在培养他们的思维能力。

再大一点儿，比如中学的孩子，就可以让他和同学讨论某个司法案件的量刑是否合理、如何更好地建设城市、人工智能的挑战和机遇等这些成年人的热点话题了。

总之，口才是一项综合能力，但很多人并没有受过综合的训练。综合的表演形式能极大提升孩子的自信，也能对他未来的职业发展产生很大的帮助。

屠龙老师的课堂小结

这些游戏训练了孩子这些方面的技巧：

① 听别人传递的完整信息并思考别人的知识结构的能力。掌握对方所知道的信息量，是人与人交流的第一步，这个能力可在打电话和指路等游戏中进行训练。

② 描述事物细节的能力。当孩子看到生活中的某个事物，是不是能细致地描绘出这个事物的特征？描述一幅画或一段音乐等游戏，培养的正是这样的能力。

③ 叙事能力，或者说讲故事的能力。故事接龙等游戏训练的就是叙事能力。叙事和描述是两种截然不同的表达能力，描述能力需要观察能力和对细微事物的语言刻画能力，而叙事能力是一种掌握脉络的语言能力（能把细枝末节去除，把一段事情的原委娓娓道来的能力）。

④ 雄辩的能力，也就是说服别人的能力。即兴演讲和去除“嗯”“啊”的游戏，都是训练孩子雄辩力的，可以让他自信、流利、逻辑完整地表达自己的观点，说服别人。这个能力在未来社会中是非常重要的。

屠龙老师的课堂小结

⑤ 表现自己的能力。给老人表演一套完整的节目，展示自己的各个方面就是这样一个训练。把最好的自己推到别人面前：从服装、化妆、道具，到表演的设置、节目的编排、细节的统筹，等等。

06 自控能力：家用 Go/No-go 任务与儿童的自我控制

在很多心理学实验里，研究者会给参加者布置这样的任务：去做一个需要迅速反应的任务（比如数数），但在做之前，要看给出的提示信息——Go（马上做），或者 No（不能做）。参加者必须根据提示信息来做接下来的任务，如果是 Go，就要马上做任务；如果是 No，就要马上停止，绝不能做任务。

Go/No-go 的本质就是任务自检流程，也就是在做某个任务之前先自检一下，能不能现在做这个任务，然后再做。任务自检在工程中也是非常重要的，很多大型机械，比如飞机，就有很多自检环节，也就是 Go/No-go 的零件。可以说 Go/No-go 在各个工程领域的应用是非常广泛的。

但 Go/No-go 最强的应用领域还是心理学，也就是去监测一个人有没有自控自检的能力。当一个人的 Go/No-go 成绩差的时候，容易对酒精、游戏、美食等成瘾。自闭症儿童的 Go/No-go 成绩也比正常儿童差。

种种证据表明，Go/No-go 测量的是一个人能不能看到提示信息（警告），并根据提示（警告）来迅速自控，控制住自己不要做不该做的事。

因此，能否有迅速自检和抑制能力，是一个人是否有自控能力的关键。

但我们不方便在家给孩子做 Go/No-go 任务的训练，那么到底怎么训练这种自控能力呢？

（1）保证孩子的睡眠质量

必须保证孩子每天有 8 ~ 9 个小时的良好睡眠，才能让他更有毅力、更有自控能力、学习效率更高。入睡之后，人的睡眠大致分为三个阶段：浅睡眠、快速眼动睡眠（rapid eye movement sleep，REM）、深度睡眠。人在浅睡眠和快速眼动睡眠期间的脑波与清醒时很相似，但是在深度睡眠期间，脑波会出现经常性的脉冲。睡眠科学家管这个波叫“delta 波”，delta 波的多少与睡眠质量高度相关。delta 波缺乏的人，容易做出鲁莽的、草率的、风险大的决策。

很多时候，孩子因为熬夜写作业而导致睡眠少，实际上就增加了他做鲁莽的决定、闯祸、看题不仔细、做事不认真的风险。

当一个人非常缺乏睡眠的时候，各种能力都会下降，包括自控能力。只有睡眠质量有保障的人，才能控制自己、自我检查。

家长需要做的是督促孩子，让他在上学期间减少诸如玩游戏等浪费时间的行为，高效完成作业以保障睡眠时间。家长还要勤洗床单、被子、枕套，清洁的床上用品也可以保障睡眠质量。

我们一定要知道，高品质的睡眠，是一个人能够自控的先决条件。

管理好睡眠，是第一种自检方式。要让孩子管理自己，保障上床睡觉的时间，可以教他这个方法：每天晚上定个闹钟，在 21 点半或者 22 点就提醒自己，要停止一切活动，开始洗漱，准备上床睡觉了。

（2）重视孩子的运动和营养

很多研究表明，大脑的自控能力也与葡萄糖水平以及运动有关。让孩子吃谷物早餐、认真做课间操、上了几节课之后可以喝点儿橙汁等补充葡萄糖，都对他保持自控力有很大好处。

当一个人缺水或大脑的葡萄糖供应下降时，自控能力就会降低。因此，第二种自检能力就是能够管理自己的水和糖的水平。家长要告诉孩子，间隔多长时间就要喝水、吃加餐和坚持锻炼。

做好了孩子睡眠和营养的保障工作，家长接下来应该怎么做呢？

（3）避免孩子产生“决策疲劳”

当一个人的所有决定，比如“今天穿什么？”“早上吃什么？”“早上什么行程？”“什么是今天要做的重点？”等，都在当天做的话，很快就会形成决策疲劳。

一旦产生决策疲劳，人的自控能力就会下降，因为大脑的很多能量都被调动去做决策了，之后执行这些决策的时候，大脑的能量已经不足以控制住自我了。

避免决策疲劳的有效办法是在前一天晚上就做好各种各样的决策：明天早餐我要吃什么、我要穿什么衣服等，并且都准备好，把明天要做的事情和行程也都在前一天晚上计划好。这样第二天就不必大早上起来就要做很多决策，进而降低大脑资源的过多损耗、减少意志力磨损。

因此，第三种自检的关注点，就是让孩子在睡觉前检查好自己的书包，作业、课本，还有第二天要穿的衣服和想吃的早饭。

（4）督促孩子在学习的过程中做好自我监测和管理

每当孩子学习新知识，哪怕是再简单的学习任务，家长也要让他在心里定一个目标，达到目标后再给自己一个奖励。

举个例子：我早上要看书，在看书之前先计划好要看几页，还要完成一些什么题目。这样就把一个笼统而被动的计划——看书，变成了一个具体而主动的计划——看 30 页书，再做 2 道习题。

这样一来，目标就变得可执行了，孩子就可以自己进行对这个目标的监测，监督自己完成这些任务再休息。

所以，第四种自检的关注点，就是当前在做的任务是不是有个目标。不能漫无目的地开始做一项任务。

（5）帮孩子学会管理焦虑情绪

焦虑情绪是扭曲人控制曲线的一大因素，会使得孩子对自己的控制力下降。这也就表示，焦虑情绪会带来控制力的下降，进而引起注意力分散。

为了缓解焦虑，孩子要学会让自己放松，这样才可以长时间在一个任务中集中精力。家长要训练孩子这方面的能力，告诉他，当感到烦躁，想分神的时候，先做几下深呼吸，放松自己，再集中注意。千万不要放任孩子一烦躁就分神，去玩游戏。

因此，第五个自检的关注点，就是在感到烦躁的时候，一定要做深呼吸，学会放松，千万不要因为烦躁就分神做别的事。

屠龙老师的课堂小结

提升孩子自控力的五种自检方法：定时检查上床睡觉的时间；前一天晚上检查明天的所有行程；定时自检喝水、吃饭、运动；学习目标的设定和监测；烦躁时深呼吸。

07 习惯培养：行之有效的启蒙式习惯养成方法

市面上有很多书籍和课程教孩子养成各类习惯，核心理念类似于“21 天习惯养成法”“改掉坏习惯”等。这类方法就是让孩子“坚持”，坚持一段时间就会形成习惯了。

从原理上来说，这种方法是对的。坚持做一件事时间长了，确实会养成习惯，也会习惯成自然，但不知道你听没听过这样一句话：

> 注意你的思想，它们会变成你的语言；注意你的语言，它们会变成你的行动；注意你的行动，它们会变成你的习惯；注意你的习惯，它们会变成你的性格；注意你的性格，它们会变成你的命运。

在这段话里，习惯是处于下游的一个元素，也就是说，习惯的养成和最上游的思想有关。如果一个人的思维模式不改变，他的习惯就不会改变。

那么，家长要怎么改变孩子的思维模式，帮助其养成良好的习惯呢？

这种思维模式的改变就是外国人说的“enlightenment”，也就是我们所说的“启蒙”。一个人的心智必须有所启蒙，才会养成良好的习惯。

（1）心智启蒙的三种路径

那么，心智启蒙靠什么呢？不论是儿童还是成年人，要彻底改变自己的习性，需要通过三种路径：承担和受苦、直接的体验、积极主动求变。

下面，我举例来分析一下这三种启蒙路径。

① 假设你爱玩游戏，经常打游戏到凌晨 2 点，第二天早上起床就会浑浑噩噩，常常要到上午 11 点才能完全清醒，这个习惯你总是改不掉。结果你因为这个习惯成绩一落千丈，不再是班长了，也失去了很多朋友。突然有一天，你发现自己成绩差、没朋友，就会很后悔。

这个启蒙路径就是“承担和受苦”。通过后悔和痛苦给孩子致命一击，他就会顿悟，于是开始想办法通过坚持形成良好的习惯。

② 假如你没有到成绩一落千丈的程度，但是有一天，你去亲戚家，看到表姐晚上很早睡觉，早上很早起床，而且把学习和家务都安排得井井有条。你很羡慕她，于是决定像她一样。

这个启蒙路径就是“直接的体验”。

③ 假如你憎恶自己每天深夜为了打游戏而不睡觉，即便没有耽误任何事情，但你仍然觉得这样的状态不行，于是你后悔了，想要改变习惯。

这个启蒙路径就是“积极主动求变”。

综上所述，任何坏习惯的改变，必须源于个人思想和心态的改变，而思想和心态的改变则来自三个路径：不好的结果使需要改变的对象感受到了挫折和痛苦；需要改变的对象虽然暂时还没有得到不好的结果，但看到了远比自己出众的人，认为自己需要奋起直追；需要改变的对象对自己的状态不满，需要由内而外地改变。

因此，每个人都必须通过这三种路径，产生想要改变的思想，才能真正应用市面上各种养成习惯的书籍和 APP 中所教的方法，养成良好的习惯。如果一个孩子的思想没有改变，没有完成上述路径中的一种或几种，那么所有养成习惯的方法他都不能坚持下去。

当然，能够自发找到第三种路径的孩子，也就是能自我评估、主动求变的孩子，是可遇不可求的。因此家长想要从外部去促使孩子改变，只剩下两种路径：承担和受苦、直接的体验。

下面我分别来谈一谈这两种路径的实现方法。

（2）承担和受苦是孩子必须经历的

承担和受苦要求家长能够对孩子放手，一定要让他承担他需要承担的后果。

很多家长一直不忍心让孩子承担后果：孩子早上磨蹭，家长就会想各种方法不让他迟到；孩子不写作业，家长就会想各种方法让他写完，甚至有的家长怕孩子受老师的批评而代写。

这些不忍心让孩子受苦和承担的行为，反而让孩子不能迅速警醒和后悔，并改变自己的习惯。其实，只有让孩子适当尝点儿苦头，才可以让孩子通过第一个路径从思想上改变——只有他思想上改变了，他才会表达改变习惯的想法。

当然，孩子毕竟是父母的亲骨肉，在哪个方面受苦和承担、程度的轻重，要根据孩子的性格进行一定的调整。但家长不得不承认，吃苦和承担后果确实能改变人。所以如果你家孩子有坏习惯，不妨让他自己承担一下这个坏习惯带来的后果，看看这个后果能不能促使他改变。

（3）直接的体验最能触动孩子

很多时候说教并不能给孩子带来思想上的变化，只有直接的体验才最能触动人。

比如带孩子去接触那些拥有良好习惯的人，带孩子去山里体验生活，或让他参加一些集训的夏令营，这些都是直接的体验。

让其他优秀的孩子激发他改变自己不良习惯的想法。比如孩子为了打游戏不睡觉，可以让他参加一个编程的课程，等他学到一定程度，就鼓励他参加比赛，这样既可以激发孩子对电子产品的热爱，也可以通过他跟小伙伴的互动来潜移默化地促使他改变作息。

最后要提醒家长的是，走完这两条路径，孩子真心想改变之后，我们还要做以下几件事：

① 让孩子完整地表达自己想改变的意愿。

② 让孩子定下清晰的目标，比如每天 23 点之前睡觉。

③ 让孩子定下执行的方案和时间，比如先执行 21 天。

④ 让孩子定下奖惩制度，如果完成了给自己什么奖励，如果没完成有什么惩罚。

都这样确定之后，就需要孩子严格按照规则和奖惩制度来执行这样的计划了。

屠龙老师的课堂小结

简单来说，习惯的养成要从思想的启蒙开始，启蒙路径分为三种：承担和受苦、直接的体验和积极主动求变。其中，积极主动求变是家长无法控制的，而承担和受苦、直接的体验两种启蒙路径，家长可以通过一些活动让孩子体验到自己的行为会造成什么样的后果，以及自己和别人的差距。当孩子通过这些启蒙路径下定决心之后，可以通过谈意愿、定目标、列方案、定奖惩这四步来督促他完成良好习惯的养成。

08 抗挫能力：让孩子理性分析失败，逆境下成功翻盘

人生是非常漫长且艰难的，挫折是时刻存在的。不论处于何时何地，能够在遭受打击之后并不一蹶不振，重新站起来解决问题，是一种极其可贵的精神。

怎么具有抗挫能力呢？我先讲一个故事。这个故事出自艾尔·赛伯特（Al Siebert）的一本书，叫《韧性：寻找压力之下的韧性，在逆境中反弹》（*The Resiliency Advantage*）。书中有位妈妈叫苏茜·凯利特（Suzy Kellet），她在 31 岁时生了四胞胎，当她从医院带着四个婴儿回家之后，丈夫因为受不了四个孩子整天哭

闹，就抛弃了她——这位丈夫抛弃妻儿的方式也很奇葩，他突然一个人离家出走，拿走了家里的钱，再也没有回来。

当时苏茜的情况非常不好，不仅身无分文，没有工作，还要一个人照顾四胞胎。实在没有办法，她只好回父母家。在飞机上，她不得不求助于周围的乘客帮她抱着孩子。

这样的经历确实很折磨人。现实生活中也有很多女性会不停地质疑自己：为什么我会遇到这样的不幸？是不是我只生一个孩子就不会被丈夫抛弃？……

苏茜回到父母家后，每天都以泪洗面。这个时候，她的父亲会轻轻地敲她的门，问："苏格兰威士忌还是美国威士忌？"（有点儿像中国人问："喝红的还是白的？"）苏茜深受感动，破涕为笑，在这种艰难的环境中，父亲仍然具有幽默精神。

后来，这样的处境使她静下心来开始梳理自己的问题：照顾多胞胎确实很难，经常这个孩子的尿布刚刚换完，那个孩子又尿了；刚喂完这个孩子，那个孩子又哭了……她想，是不是其他多胞胎父母也会遇到这样的情况呢？于是，她就开始联系其他多胞胎母亲，果然，有位三胞胎母亲跟她分享了同样的感受。

生活就是这样，痛苦后面隐藏着需求，每个需求都是机会。苏茜想，既然多胞胎父母都感到很困惑，生活很艰难，不如成立一个支持多胞胎父母的组织。她和那位三胞胎母亲一起，成立了美国第一个服务于多胞胎家庭的组织。

后来通过经营这个组织和不断奋斗，苏茜把四个孩子养大成人，他们都大学毕业，拥有非常好的工作和前程。

（1）培养孩子的抗挫能力，要注意四个因素

我为什么要讲这个故事呢？因为这个故事里蕴含好几个跟抗挫能力、韧性直接相关的因素。

第一个因素是健康的身体，不要过度疲劳，并且会向他人求助。有一个健康的身体和几个可以支持你的人，是抵抗挫折的重要外部条件。很多人面对挫折时不堪一击，就包括身体不好导致的脆弱因素。

为了培养出有抗挫能力的孩子，家长要从孩子小时候起就督促他锻炼身体，并给他建立健康的饮食和运动习惯。健壮的身体是抵抗挫折最重要的法宝。

第二个因素是幽默的能力。面对困难能够自嘲、能够开玩笑、能够保持乐观心态的人，具有更强的抗挫能力。

苏茜的爸爸在那种艰难的环境里，没有嘲讽，没有责备，没有给女儿增加心理负担，而是以一种轻松、幽默的心态来面对突如其来的四个外孙和成指数上涨的生活压力、负担以及家务。人的情绪是会互相感染的，这种乐观的精神，也必然感染了苏茜。在一个幽默乐观的家庭里，困难也就变得不那么难以面对了。

第三个因素是解决问题的能力。即便你身体健康、心态乐观，但问题还是存在的。那么，就必须把问题解决掉。

苏茜最强的能力就是化痛苦为需求，化需求为解决问题的动机，化解决问题的动机为商机。

第四个因素就是恒久的耐心。只要坚持得足够久，持之以

恒，就会逐渐迎来曙光。

（2）培养孩子的韧性，有三种练习方式

那么，怎样培养孩子做一个有韧性的人呢？

要想让孩子有韧性，首先要培养他的高自尊，对别人的打压行为和故意挑刺要有抵抗能力。

艾尔·赛伯特指出，总被要求当好孩子的人，抗挫能力会减弱。因为总被要求事事完美的好孩子，会过分在意别人的看法，容易被别人骂得没有自尊。

我们可以在家做这样的训练：让孩子列一个清单，上面都是他欣赏的自己的优点，然后让他当着家长的面来宣读自己的优点，夸夸自己。即便孩子可能刚开始会有点儿尴尬，也要继续，让孩子慢慢享受喜欢自己、欣赏自己的过程。虽然自我反省对孩子也很重要，但这跟让他练习自我欣赏、自我表扬、自我喜爱并不矛盾。

孩子能做到自己看重自己，并且毫不尴尬，没有一点儿不好意思，就能培养出强大的自信。这个品格和自信，是培养抗挫能力的重要一步。

其次，教孩子将所有负面的体验都变成对自己有利的学习机会，也就是复盘训练。

当孩子遭受挫折时，家长不要责备他，也不要抱怨，而是要耐心、认真，带一点儿幽默感地把这次的经验和孩子一起好好分析，把孩子的负面体验变成一种学习的机会。

比如孩子与同学有矛盾，家长应该耐心给孩子分析对方的心

理，还可以在给对方道歉的过程中，加一个拥抱或一起玩游戏的环节，帮双方把负面体验变成正面的学习体验。

再次，就是要让孩子主动寻找乐趣和快乐的体验。

家长可以让孩子主动说，他怎么学习、怎么玩、周末怎么度过是快乐的。孩子的学习时间再紧张，也要抓紧时间加入一些好玩的、快乐的体验。每天哪怕只有20分钟全家一起跳舞、打乒乓球，或者唱歌，对孩子来讲都是很好的体验。

每天有一个让人快乐的体验，对孩子的性格养成有巨大的帮助。

屠龙老师的课堂小结

与孩子的抗挫能力和韧性有关的因素训练：有强健的体魄；乐观看待生活，有幽默感；有解决问题的能力，从痛苦中寻找可以解决问题的方法；有高自尊，能自我欣赏；遇到困难能进行冷静分析；主动寻找乐趣，在日常生活中发现很多有趣的体验。

09 反思能力：每日一省，让孩子持续成长的最佳方法

大多数人在经历人生中的各种事件时，会认为很多事情的发生是偶然的、孤立的。我们通常会简单地认为，这样的事情只是发生了，而不会认为这些小事是学习的机会。

这种对事件的被动经历和简单体验的生活态度，其实并不是我们希望孩子拥有的人生观。恰恰相反，我们希望孩子能够将看似零散、毫无关联的事件联系起来，进而总结人生经历的意义，这就需要反思的过程和能力。

反思有很多面，有的能够提升孩子的学习效率，有的能够帮助孩子洞察事物的另一面，有的能够帮助孩子成长……有的时候，反思需要独自进行；有的时候，可以和别人一起反思。

反思的过程正是把当前的体验与以往的学习经验相关联的过程（这个过程在学术上叫"建构"），同时还需要从大脑的感知和处理情感的区域调动很多资源：视觉的、听觉的、运动的、触感的信息。

因此，**要反思，就必须对感官的信息进行处理、合成、评估**。最终，反思的成果是，我们能够将从某个场景中学习的知识灵活应用到其他场景中。

那么，如何训练孩子的反思能力和联想能力呢？

（1）营造反思的家庭氛围，给孩子一个自我反思的框架

家长可以在家里营造反思的氛围，最好的方法就是多使用反思的句型，家庭里的每个成员都用反思的句型来说话。

反思的句型分为以下几类：

第一，描述当天发生的事（家长也可以用这种句型来回顾一天）。如：

①今天发生的事里，对我来说最重要的是______，因为______。

②把今天的事回顾了一遍，我认为最有价值的一件事是______，因为______。

③今天发生了一件有趣/奇怪的事是______。

第二，描述社会上的事或思想。如：

①我一直思考这样一件事：______。

②我一直不理解______。

③当______发生的时候，我会感到很难过/痛苦/尴尬/挫败。

④对我来说，必须考虑的一件事是：______。

⑤你知道吗？我至今还对______很震惊。

日常生活中，家长和孩子可以互相用这些句型来表明自己对事情的理解和看法，家长也可以通过用这些句型和孩子对话来反思自己。

第三，反思自己的学习过程。如：

①我发现自己有一个特点是______。

②我知道我必须要改的一个毛病是______。

③ 我对 ____ 做 _____ 的方法很崇拜。

④ 我 _____ 情况下学习效率最高。

⑤ 我需要重新复习 ______。

⑥ 我今天学习的内容让我想起了 _____。

家长也要多用这些句型和孩子对话，来反思自己的学习和成长。

第四，深入思考的过程。如：

① 我认为 _____。

② 我同意 _____，不同意 _____。

③ 我重新考虑了 ____，考虑之后我认为 ______。

第五，总结人生的某段时间。如：

① 以后我需要做 _____。

② 我希望我可以学会 _____。

③ 我必须对 ____ 有更多的思考。

④ 我看了以前自己写的日记 / 作业 / 文章，发现我居然变了这么多：_____。

这些深入思考和反思人生的句型，家长都可以使用，也可以设计一些活动，和孩子一起使用。

（2）鼓励孩子教他人展开反思

当孩子学会用这些反思式句型表达自己的时候，我们可以鼓励他去当小老师：教自己的同学、比自己小的孩子，甚至是家长，展开反思。

其实，最好的反思方法就是当老师。每个家长都应该鼓励自已的孩子给爸爸妈妈当老师，教会自己一些新的事物。这是一个很自然的过程，家长们可以说："爸爸妈妈不会这个东西，你给我讲讲这是怎么回事？"

（3）让孩子记反思日记

让孩子养成记反思日记的习惯，可以把前文的反思句型都用上，每天或隔几天就展开自我反思。现在微信公众号、微博和微录（vlog）也很流行了，家长还可以鼓励孩子用文章、音频或视频的形式来进行反思。

（4）经常给孩子录视频，回放以助反思

当孩子出去表演、演讲，或者和小朋友一起玩的时候，家长都可以帮他录视频。等回家后和孩子一起看回放，让他反思哪里做得对，哪里还有提高的空间。

（5）不要夸孩子的特性和现状，要夸细节和成长

夸孩子的时候不要夸他的特性和现状，一定要夸细节、夸成长。

比如夸孩子"你是天才""你很棒"，就不是培养孩子成长心态的夸奖方法。孩子没有成长心态，就很难反思自己。

当然，这不代表我们不应该鼓励孩子，或者说总是要批评打击他。只是说家长夸孩子的方式要改变，要以建立成长心态的目的，客观地、有细节地、真实地夸他，特别要指出他的进步之处。这样的夸奖会激励孩子更想进步。

比如，用“你这次很努力，书法进步很大”来鼓励和激发孩子的成长心态，就可以让孩子继续努力，并且继续反思自己哪里还可以再提升。

（6）教孩子通过反思金字塔进行反思

家长可以教孩子用彼得·帕帕斯（Peter Pappas）的反思分类系统（Taxonomy of Reflection，在本书中，我们称其为“反思金字塔”）进行深入的反思训练。

这个反思金字塔分为六层：

第一层是回忆：我今天都做了什么？

第二层是理解：我今天做的事情重要吗？

第三层是应用：我还可以在哪些地方应用今天学到的知识？

第四层是分析：我在这些事情里看到什么规律了吗？

第五层是评估：我做得有多好？

第六层是创造：我下一步该怎么做？

用反思金字塔来进行反思，可以达到事半功倍的效果。

（7）孩子写作业，要有检查和修改的步骤

家长要告诉孩子，写作业，不能写完就不管了，还要增加检查和修改的步骤。孩子把完成的作业给家长看一眼，家长提提意见，再让他修改一下——这种仪式感能培养孩子修改和检查的习惯。这个修改的过程不必很复杂，但最好要有。

家长一定要让孩子理解，无论做什么事儿，不是做完了就行了，还要有检查这一步，这对他将来的人生会很有帮助。

屠龙老师的课堂小结

培养孩子的反思能力，基础就是用反思的句型来说话，然后用细致客观的夸奖来培养孩子的成长心态，用反思金字塔来塑造孩子反思的步骤，用增加作业的修改来帮助孩子明白反思的仪式感。另外，还可以借助发博客、推送微信公众号文章、记日记，甚至回放录像等方式来帮助孩子进行反思。

10 思考本质：孩子多用问题分析法，可以提升解决问题的能力

我们常常问孩子知不知道如何学习，那么我们成年人，是不是也会静下心来问自己：我知道如何学习吗？

实际上，就连很多成年人都不知道怎么学习。确切地说，很多人都不知道怎样内省、怎样从内心去看自己如何学习。

知道怎么学习，学习如何学习，学术上叫“元学习”或“元认知”。

元学习 / 元认知是一种帮人成为高效学习者的技巧。如果一个人能够增强元学习 / 元认知技巧，那么他就可以在各种场合获

益，不论是正式的学习场合（比如课堂），还是非正式的学习场合（比如其他日常生活场景），他都能够捕捉到可以学习的内容，真正做到“三人行，必有我师焉”。

那么，什么是元学习 / 元认知呢？元学习 / 元认知一般被称作“思考自己是怎么思考的”。从大脑的层面来说，元学习 / 元认知是一种调节系统，帮助一个人理解和控制自己的整体认知表现。也就是说，元学习 / 元认知让人对自己的学习过程有一个掌控，它是一种对“如何学习”的觉醒度，一种对自己学习过程和需要的评估，让人对需要学习的东西自主产生学习策略，并自我监督执行的动力。

当一个人有元学习 / 元认知的能力时，即知道要学什么、怎么学以及如何学，就会对学习更有自信。这种自信能够增强学习动力，而且能够更良性地促使一个人的学习有成效，最终形成一个良性循环：学会了如何学习⟶自信⟶更有动力学习⟶更愿意去思考如何学习⟶学习成功。

对于所有人而言（即便是成年人），元学习 / 元认知都是必需且重要的，因为它既包含了前思（提前思考）的过程，也包含了反省（失败之后的复盘）的过程。

怎样训练元学习 / 元认知能力呢？根据元学习 / 元认知理论，元学习 / 元认知分为两种技能：

第一，对于自己认知的理解和知晓，包括知道自己的强项和弱项、知道影响自己发挥的因素、知道学习的各种策略、知道对某种特殊学科或学习情景的应对策略。

下面我针对这点来举一个例子。

孩子考试成绩不好，家长可以问他："你觉得家里的什么因素影响了你的学习呢？"

孩子回答："邻居家装修太吵了，而且我时不时也会上网打游戏。"

家长继续问："那你有什么策略去对抗这些吗？"

孩子："妈妈，我可以去小区的自习室吗？自习室没有网络，我中午回家吃饭时再上网。"

这个就是孩子针对环境的元学习 / 元认知。

下面我再来讲一个例子，是关于特定学科的应对策略。

孩子学不好数学，特别是应用题，您可以这样引导他："你觉得应用题成绩该如何提高呢？你有什么办法吗？"

孩子："应用题有几种题型，我不是都答不好，只是有一些题型答得不太好。"

家长："所以我们是不是应该把你答得好的题型和答得不好的题型先分类，看看都有哪些呢？"

孩子："是的，特别是我答得不好的，应该分一下类。"

这两个例子就是对自己认知、能力，以及自己错误的理解和知晓。这种能力，可以在孩子读小学时就开始训练，然后让他持续自我提升，这对孩子未来的学习，甚至他成年以后的学习都很有好处。

第二，对于认知的调节：设定目标，制订计划，对整个学习过程进行监督和复盘，并且对自己的调节能力进行评估。

继续看上面的例子，孩子去了小区的自习室之后，成绩提升了一些，但还没有达到最理想的效果。这个时候，我们可以帮他进行目标的制订和量化。

家长："首先，我认为你上次的策略取得了很大成功，应该对你给予高度表扬。取得了这么大的进步，非常了不起！那么，接下来我们应该怎样更进一步呢？"

孩子："我希望下次考班级第一名。"

家长："下次考班级第一名这个志向很不错，但目标也别定得太高，我们可以分步走。"

孩子："那就下次考前五名，期中考前三名，然后期末考第一名。"

家长："不错，你觉得这个计划可行吗？"

孩子："可行，只要我其他成绩不变，数学再往上提高 5 分就行。"

家长："那么这 5 分怎么提升呢？"

孩子："我把学习时间调整一下，上午专攻数学。"

家长："不仅仅要调整时间，是不是还要有针对性地复习？"

孩子："是的，应用题里关于图形方面的题，我还是答得不太好，可以针对性地多做这类题。"

这个例子就是关于孩子要如何进行认知调节的。

除了上述两种策略，元学习 / 元认知还有很多方法，我总结出以下 7 种方法供家长参考。

多问问题：鼓励孩子在课堂上、在各种实验和训练活动中积极提问。提问的过程能让人分析和反省自己的问题是不是好问题，自己的学习过程有什么缺陷。在多人合作的项目中，孩子们可以通过互相问问题、互相回答，对自己在团队中的角色进行定位。

经常自省：鼓励孩子去思考自己的假设是不是对的（比如自己设定的目标是否合理）、自己的不足等。

自问自答：让孩子多向自己提问，然后自己回答，这样能够加深理解。

教会别人：让孩子把自己的知识和技能，甚至是元学习/元认知的技能教给别人。

寻找导师：告诉孩子寻找除了自己老师以外的导师，帮助自己提升更多的技能。

合作解题：鼓励孩子们组成一个学习小组，互帮互助。

有声思考：让孩子在解题过程中把步骤通过声音发出来，思考问题时也可以自言自语。很多时候，错误的思维一旦用语言说出来，就会被发现。

屠龙老师的课堂小结

元学习/元认知是一种帮人成为高效学习者的技巧，分为两种技能：第一，对于自己认知的理解和知晓；第二，对于认知的调节。

此外，我总结了7种方法供家长参考：多问问题、经常自省、自问自答、教会别人、寻找导师、合作解题、有声思考。

11 思考培养：用互动法培养孩子的思考能力

很多人认为，让孩子养成勤于思考的习惯很难，甚至是不可能的。这是因为，很多人认为聪明人会思考是天生的，其实这完全是错误的想法。**思考的能力是一种技能，是一种能够被学习的技能。**

当然，孩子都要经历发育成长的阶段。特别小的孩子经常被父母教育“要听话”“要严格执行父母教的每一件事情的步骤”；而等孩子再大一点儿，上学之后，就会被家长和老师教各种各样的知识和规则。也就是说，孩子们在教学系统里被培养出来的思维模式是“想什么”，而不是“如何想”。甚至我们经常夸行为好的孩子“乖”，训斥行为不好的孩子“不乖”，但并不告诉他们为什么有些行为是好的，有些行为是不好的。这种仅让知其然不知其所以然的教育态度，就会导致孩子惰于思考。

那么，我们可以做些什么来培养孩子的自主思考能力呢？

首先，在孩子还比较小的时候，家长就要开始培养他解释自己思维的习惯，他说的每一句模棱两可的话，都要求他解释清楚，每一点都要解释得更准确、更清晰一些。

下面举几个例子。

当孩子说：“你从来都不相信我！”家长要问：“从来都不吗？我没有相信你的时候吗？”

当孩子说：“这次考试大家都不行。”家长要问：“是所有人都不行吗？除了你还有谁？”

当孩子说：“我觉得 ×× 对我不好。”家长要问：“他怎么对你不好了？有什么具体事例吗？”

……

可能很多家长会问：“我这么质疑孩子，会不会把孩子逼到死角呢？”其实不会，家长质疑的时候一定要态度温和，但一定要有质疑的态度。

只有在这种温和的质疑环境下成长的孩子，才会在成人的世界里不怕质疑，更平和、更清晰地陈述自己的观点。

这种质疑会让孩子的描述越来越精确、越来越清晰。很快，他就会用更精准的语言、更多描述性词汇来表达他真正的意思，并且会对词汇的选取更小心。有的时候，孩子会想更深入地弄明白自己到底要表达什么，为了表达清楚自己，他会更努力提升自己的思维能力。而且这样的温和质疑，也会促使他用更多正确的名称、合适的形容词，以及更多的证据来支持自己的想法。

因此，这种方法可以辅助孩子梳理思维，只有他把自己的思维描述清楚了，我们才能帮助他进一步提升思维能力。

除了培养描述清晰、具体生动的语言能力之外，培养孩子的决策能力也是培养思维能力的重要一步。很多成年人在生活中常常认为自己做错了选择，后悔不已。那么，培养孩子思考一个选择是不是好的选择的能力，也是非常重要的。

一般来说，孩子天生做决策非常快，而且非常草率，因为他基本不会思考。那么，家长第一步要做的就是教会他如何停下来想一想。当家长看见孩子马上就要做决策，决定自己要干什么的时候，一定要让他停下来，引导他问自己："我为什么要这样做？"

如果家长不引导孩子的话，他一般不会停下来思考，往往也就是做错了事情，看见了后果，才会后悔。

事前要让孩子问自己："我为什么要这样做？"这能够帮助他明确自己的目的。

很多时候，孩子是需要面对复杂的决策环境的。而有些时候，孩子也知道做某件事是愚蠢的，比如考试作弊、把作业给同学抄、晚上不睡觉打游戏、去女生宿舍大闹等，但孩子也有做这些蠢事的各种动机，比如成绩、虚荣、来自朋友的压力等。除非是特别成熟的孩子，大多数孩子一定会被这些动机所影响的。

在这个时候，家长要让他们停下来扪心自问："我有哪些选择？面对这些选项，我应该怎么决策？"比如他和一群孩子玩，有的孩子要去做不好的事，他可以选择参加，也可以选择不参加，还可以选择劝阻。家长应该培养孩子在这些关键的时刻思索："每一种选择的后果是怎样的？"或者用孩子的语言和他沟通："每一种选择会闯多大祸？我能不能兜住？"孩子需要有一个框架去判断自己每个决策的奖赏和风险。

还有一个非常重要的问题，家长要教会孩子时时刻刻问自己："现在这个决定，长期来说，对我自己是最有益的决策吗？"**理解什么对自己长期而言是最有好处的，并且把这个因素当作最重要的思维因素去做决策，是一个人决策的最关键步骤。**

所以用：①我为什么要这样做？②我有哪些选择？面对这些

选择，我应该怎么决策？③每一种选择的后果是怎样的？④现在这个决策，长期来说是对我最有益处的吗？

把这四个问题当作框架来帮助孩子进行决策，就是一个非常好的提升孩子思维能力的工具。

家长也可以让孩子在家进行模拟演习各种情景。比如问孩子如果要对自己朋友撒谎，不撒谎朋友就会生气时，他会怎么做。类似这样的情景排练，在家里可以经常进行。

最后，我们要培养孩子思考未来，根据未来修正当下的各种行为，并且根据未来制订各种计划的能力。

举个例子，如果一个 8 岁孩子的梦想是当火箭工程师，那么我们可以和他一起制订类似的计划，把目标进行拆解：

火箭工程师←—航空航天专业的博士←—航空航天专业的大学←—高考 600 分以上 + 航模爱好者 + 会编程←—中考成绩在班级排前 10 名 + 理科成绩好 + 对编程有一定了解←—小学一定要学好数学语文，并且可以学习一下编程。

这样的逐步拆解，可以让孩子看到远景蓝图，也可以让他知道怎么通过远景蓝图来倒推，拆解自己的梦想。

屠龙老师的课堂小结

培养孩子思考的方法：教会孩子清晰的语言体系，让他用最准确的语言描述自己的想法和思维；教会孩子决策，以最大化自己的长期利益为基本点，进行对每个关键时刻的思考；教会孩子拆解未来的梦想，把远期目标变成现实生活中的每一步。

12 人际交往：培养孩子的组织能力与沟通能力

技术的革新和人工智能技术的兴起，引发了一个广泛的讨论，就是人到底会不会被机器替代？人的不可替代性，就是合作及思考的能力。因为，未来的工作需要更多的人参与合作，这就需要孩子掌握与不同利益相关的人协调关系的能力。因此，越来越多的学校，在课程设计上也开始增加团队合作和小组讨论的内容。

在小组作业中，孩子能否和其他人一起合作、交流，不管是对于他成绩的提升还是品格的成长，影响也越来越大。

那么，如何培养孩子在工作中的组织能力以及沟通能力呢？

我们先来看一下，一个团队中都有哪些不同的角色。当孩子进入一个团队，和别人一起做小组任务的时候，就会发现，他的项目组和大人的项目组一样，有各种各样难以对付的人。比如，有完全放手的懒人，进了组就什么都不做，把所有一切任务都交给别人；也有“控制狂”，每一个细节都必须按他说的做，不许其他组员有什么主意；还有一种人是被动侵略型，虽然自己没有什么贡献，但是别人做什么事他都要挑毛病。

我们成年人在工作中会遇见这些难搞的人，完全放手的、控制狂、被动侵略型，同样，孩子在学校里也会遇见各种难搞的人，他所遇见的情况的复杂程度，与我们遇见的情况的复杂程度不相上下。因此，孩子要学会一定的谈判技巧和合作技巧，让他能够面对这些人，保障自己的利益和学业成就。

那么，到底什么样的人能在这种复杂的合作中博弈成功呢？我们有什么技巧能够教给孩子们呢？当然有各种各样的教孩子提升合作能力以及情商的书籍，里面有很多技巧，在此我不想赘述。此处我想强调几个从脑科学角度来说非常有用的办法。

（1）学会同步，获得队员的好感

我们大脑中有一种奇妙的神经元叫“镜像神经元”。由于镜像神经元的存在，互相喜欢的人会动作同步。

当人在观察别人做什么动作的时候，大脑做该项动作的神经元也会活动。比如你看别人握拳，你大脑里掌管手部握拳动作的运动神经元区域也会激活。

因此，利用这个镜像神经元的系统，我们就可以让自己在合作和与人谈判的过程中很容易得到他人的喜欢和信任。

我以前在读博士的时候，和我的同事们会玩这样一个游戏，到咖啡厅看第一次约会的男女，猜他们是不是互相喜欢。我们所用的方法就是“同步化”。如果一对男女非常喜欢彼此，你会发现他们动作上的一致性：男生靠近，女生也靠近；男生身体向左倾斜一下，女生身体也向左倾斜一下；男生点头，女生也会点头。

当你从远处去观察一对非常喜欢彼此的男女时，你会发现他们的肢体和表情是一段复杂而有节奏的舞蹈，非常同步、非常精准、非常有节奏。

“互相喜欢的人会动作同步”的观点，反过来也是对的，因为镜像神经元系统是正反都可以操作的：动作同步会引发喜欢。

所以，根据这个原理，我们可以教孩子取得别人首次好感的方法：除了仪表整洁、举止礼貌以外，还可以在动作上和别人进行适当的同步。比如可以和小伙伴一起玩齐步走、一起跳；可以在每次对话的时候，重复对方前一句话的最后几个字，来表示同意；甚至对方点头时，你也可以点头。

同步越多，越会使合作的双方更加喜欢对方，也更愿意推动合作。

我们甚至可以把这种同步叫作“镜像”，我们越“镜像”别人，就越能获得别人的同步。

（2）尊重，获得认可和支持

人心的方向，就是他脚的方向——只扭半个身子和你讲话的人，潜意识里不想和你讲话，或想尽快结束对话。假如你加入两个人的对话，他们都把身子扭向你，脚却朝着彼此，那就说明你是多余的；假如某人听见你声音，就全身转过来把脚对着你，他肯定喜欢和你说话，一点儿不觉得被打扰。

因此我们要教育孩子基本的社交规则：**当别人跟你说话时，你不仅要眼睛盯着他，而且要全身转向他，把脚对着这个人，这样才会让别人感受到被尊重。**

同时，如果有人不拿脚对着你，当你跟他说话时，他只转了半个身体冲着你，证明他的心思也不在你身上，可能他还有其他事情要做，可能他心情比较烦躁。这时不能和这个人说过多的话，而是应该简短结束，并找个更合适的时机再单独聊。

（3）认真倾听，了解对方的需要

人都喜欢与自己立场一致的人。当与人合作的时候，对方发表的意见，一定要认真倾听，找到他的利益点在哪里，什么对他来说是最重要的。

然后对他用类似这样的句型说话：“我知道这对你非常重要，我认为你的意见很对，我们可以这么考虑一下……”如果你教孩子这样做了，也可以保证这件事能完成，而且还能完成得更好。

（4）维护团队利益，积极解决问题

虽然我们要尽量团结，但不代表要无限出让自己的利益。我们一定要教孩子在项目之初就想好自己的利益点，并且在团队真的有纠纷时，坚定地维护团队的利益，引导同伴们不要乱了阵脚。家长要告诉孩子，在他的小团体内部出现冲突时，要学会降级冲突，理解他人，并引导大家协商，保证团体利益的最大化。

要让孩子知道，不论出现什么问题，都要想着是可以组织大家一起商量解决的。当孩子之间有冲突时，教育自己的孩子一定不要骂人、不要打人、不要嘲笑人、不要哭。所有这样的行为，都会影响对方的镜像神经元，会使得事件升级。告诉孩子：“当你平静面对，对方也会平静下来的。那么，不管遇到什么问题，大家一起想办法，就能迎刃而解。”

整个过程中，不论遇见什么情况，都不要骂人或打人，因为你一激动就会触发对方的镜像神经元；而你越平静，对方就

会越平静，问题才能得到真正的解决，小组合作才能取得很好的成绩。

屠龙老师的课堂小结

从脑科学的角度来提升孩子的组织能力和沟通能力有以下几种方法：

① 同步对方的动作，他做什么，你就做什么，这样能够获得他人更多的好感。

② 尊重他人，脚是人心的方向，要用脚对着对方说话，当对方的脚不对着你的时候，最好换个时间再继续沟通。

③ 一定要站在对方的立场说话，认同对方认为重要的点，同时再提出自己希望对方做的事情。

④ 找到团队的利益点，在冲突中学会降级矛盾。

第 6 章

孩子从小学高年级就要开始做的高级思维能力训练

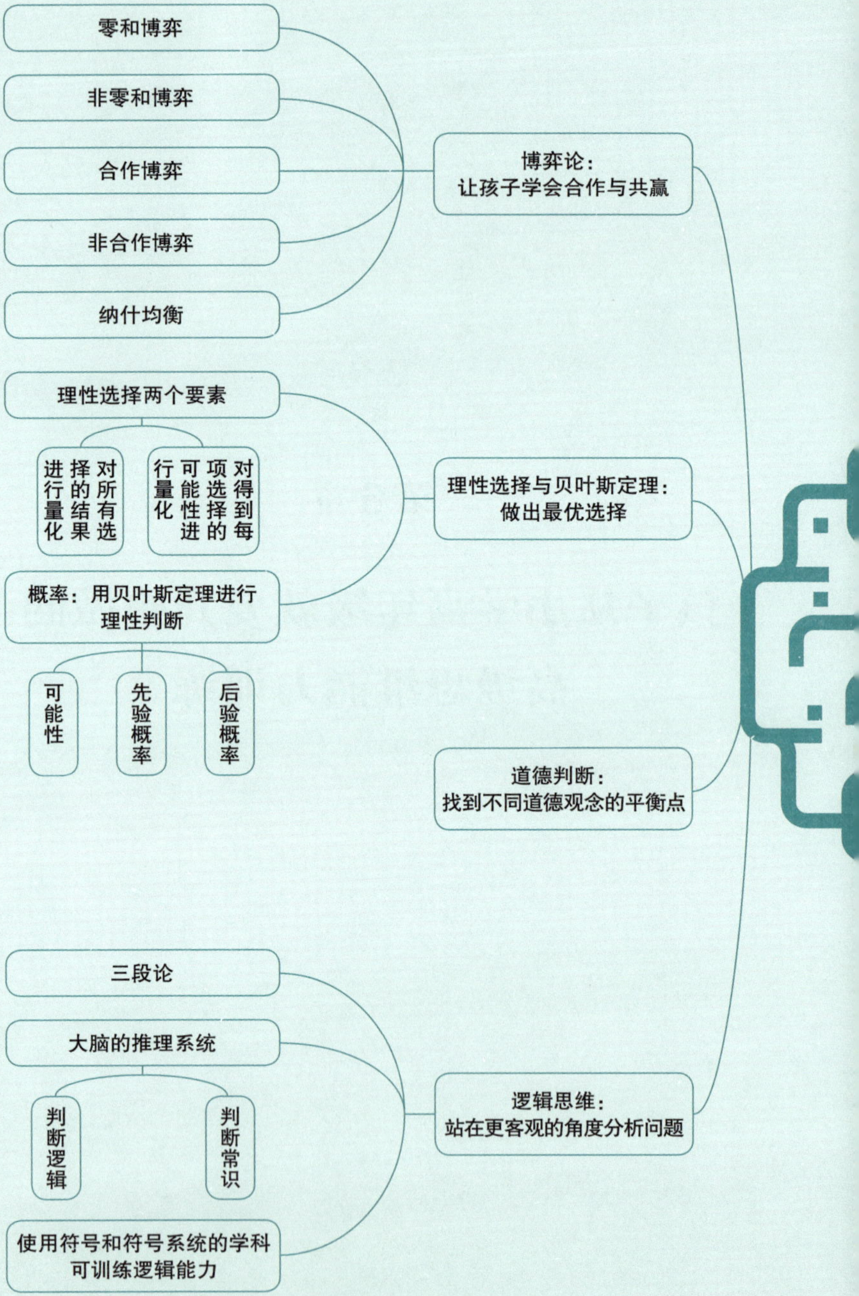
零和博弈
非零和博弈
合作博弈
非合作博弈
纳什均衡
博弈论：
让孩子学会合作与共赢
理性选择两个要素
对所有选择的结果进行量化
对得到每项选择的可能性进行量化
概率：用贝叶斯定理进行理性判断
可能性
先验概率
后验概率
理性选择与贝叶斯定理：
做出最优选择
道德判断：
找到不同道德观念的平衡点
三段论
大脑的推理系统
判断逻辑
判断常识
使用符号和符号系统的学科可训练逻辑能力
逻辑思维：
站在更客观的角度分析问题

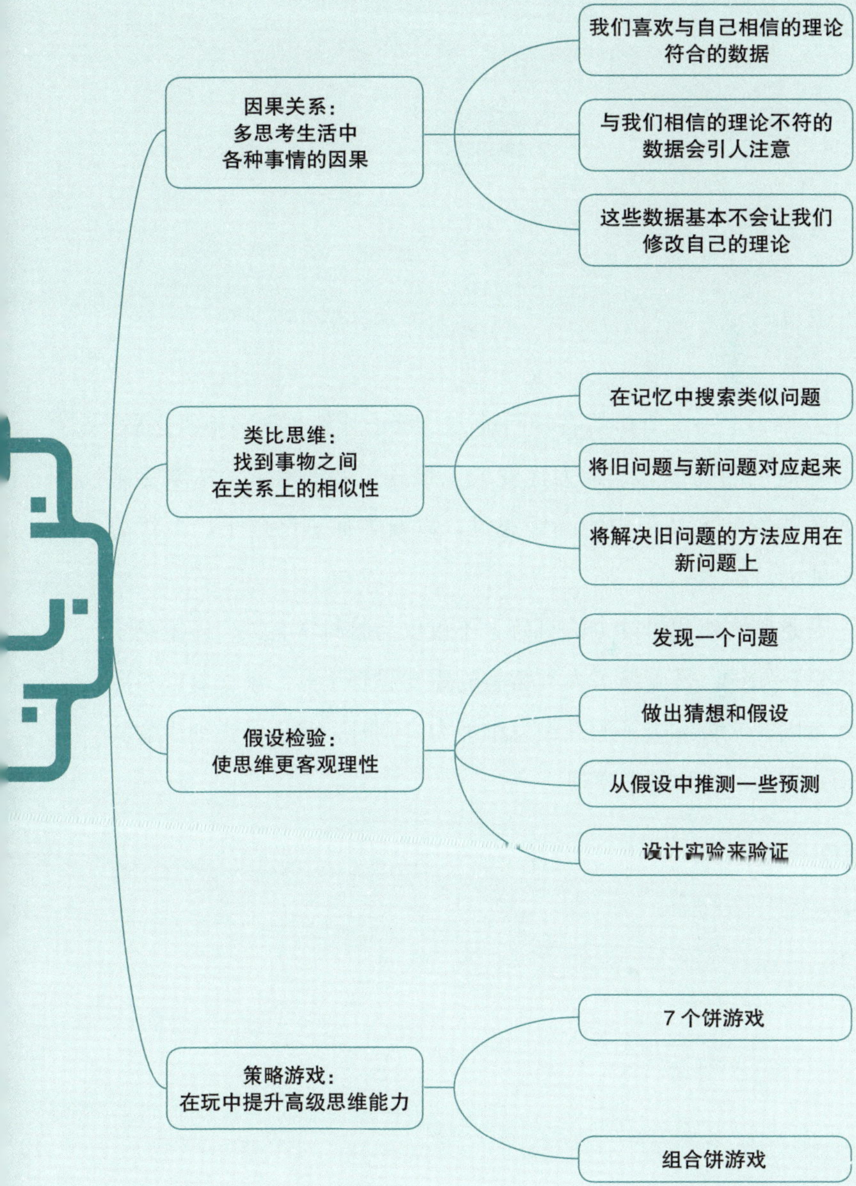
因果关系：
多思考生活中
各种事情的因果
我们喜欢与自己相信的理论符合的数据
与我们相信的理论不符的数据会引人注意
这些数据基本不会让我们修改自己的理论
类比思维：
找到事物之间
在关系上的相似性
在记忆中搜索类似问题
将旧问题与新问题对应起来
将解决旧问题的方法应用在新问题上
假设检验：
使思维更客观理性
发现一个问题
做出猜想和假设
从假设中推测一些预测
设计实验来验证
策略游戏：
在玩中提升高级思维能力
7 个饼游戏
组合饼游戏

除了上一章所讲的各学科能力，孩子升到小学高年级之后，培养他们的高级思维能力也变成了极其重要的事情。本章会阐述一些影响人类历史的高级思维，以及如何训练孩子的高级思维能力。

这些高级思维能力的训练，不仅仅与脑科学有关，还集结了各学科知识，是凝结了人类智慧的重要思想工具。家长可以参照本章内容来训练孩子的高级思维能力。同时，我还会详细讲解其中蕴含的一些脑科学原理。

01 博弈论：让孩子学会合作与共赢

我们先来看一个例子。

小红和小明是最好的朋友，他们每个周末都在一起玩。虽然小红喜欢下象棋、小明喜欢打球，但他们还是喜欢一起玩，不喜欢单独待在家，那么他们应该怎样度过周末呢？

小红和小明到底该玩什么的问题，就是我们所说的博弈问题。

有很多人认为博弈论是约翰·纳什（John Nash）一个人的功劳，其实并不是。奥斯卡·摩根斯顿（Oskar Morgenstern）和约翰·冯·诺依曼（John von Neumann，被誉为“现代计算机之父”）早在 1944 年就写了一本书，叫《博弈论与经济行为》（*Theory of Games and Economic Behavior*）——由此奠定了博弈论的基础。约翰·纳什在这个理论框架下又做了进一步研究。他们的理论综合起来为如下两种：

一种是以最终利益是否有明确的输赢来进行分类的。这种理论将博弈分为零和博弈（zero-sum game）和非零和博弈（non-zero-sum game，又叫“常和博弈”）。零和博弈有明确的输和赢，当博弈达到输赢明确的点时（赢的一方无法获得更多利益，而输的一方也无法失去更多），零和博弈就达到了均衡（equilibrium）。非零和博弈指博弈各方的得益之和是一个非零的常数，也就是说，博弈中各方的收益或损失的总和不是零值，也就是我们常说的“共赢”或者“双输”。

第二种理论是将博弈按照是否合作来进行分类的，分为非合作博弈（non-cooperative game）和合作博弈（cooperative game）。我们所说的纳什均衡（Nash equilibrium），就是指无论合作还是非合作，所有参与人的最优策略组成的策略组合。建立这个组合后，不会有人主动打破这个平衡。

那么，我们把本节开头的例子用纳什均衡的方法分析一下，把情况量化起来，如下表所示：

表 6-1　纳什均衡的例子

人物	一起下象棋	一起打球	两个人分开玩
小红	3	2	0
小明	2	3	0

由上表可知，小红想下象棋，小明想打球，但是他们共同的诉求是一起度过周末，如果各玩各的，诉求就得不到满足，各得 0 分。

如果一起下象棋，小红得 3 分，小明得 2 分；如果一起打球，小明得 3 分，小红得 2 分。

在这种情况下，我们应该怎样优化呢？

其实对小红和小明来说，有两个纳什均衡的点，即一起下象棋和一起打球。这两个选择对他们整体来说都非常优化。

这种情况下，要想实现最大化自我利益，有两种办法：

① 两个人轮流让步，一周下象棋，一周打球。

② 两个人掷硬币决定玩什么。由于掷硬币结果的概率是各 50%，于是就成为混合策略博弈（mixed strategy）。

下面，我们再来看一个例子。

某公司的小张和小王都要对一个失败的项目负责任，该项目共损失 10 万元。上级领导来调查，询问是谁的责任。如果两人都说对方没有责任，那么上级就会让他们各赔 2.5 万元，剩下的 5 万元免责；如果其中一人说对方有责任，而对方没有反咬，则对方负全责，赔 10 万元；如果双方都咬定对方有责任，那么双方各赔 5 万元。双方的策略可以见下表所示。

表 6–2　纳什均衡的另一个例子

	坑对方	合作
坑对方	（-5 万，-5 万）	（0，-10 万）
合作	（-10 万，0）	（-2.5 万，-2.5 万）

在这个囚徒困境中，如果双方互相坑，那么会损失 5 万元；如果其中一人坑对方，对方不反咬，那么这个人损失为 0 元，对方损失 10 万元，反之亦然；如果都不坑对方，各损失 2.5 万元。

如果囚徒困境只出现一次，即再也不和对方见面，那么最优策略就是坑对方——不论对方对你是什么策略，只要你坑了对方，就会换来处境最优（对方不坑你，你损失为 0 元；对方坑你，你也只损失 5 万元，而不是 10 万元）。

所以，在一次囚徒困境中，纳什均衡点是在互相坑的那个点。但生活中，很多时候并不是一次性买卖，人在社会中总是要互相接触的。而纳什的贡献就是“合作博弈”——你并不希望总是困在“互相坑”的那个点上吧。

那么，什么是长期博弈最好的策略呢？在多次的电脑仿真模拟中发现，从数学的角度来看，合作博弈的最优策略是 tit for tat（投桃报李，以牙还牙）。

也就是说，在长期博弈中先选择不坑对方，如果对方也有意与你合作，不坑你，那么就可以继续合作；如果对方坑了你，你也去坑他——对方做什么你就做什么，这样的策略，对你来讲，长期的收益是最优的。

这就是简单的博弈思想和最优的博弈策略。

02 理性选择与贝叶斯定理：让孩子自己做出最优选择

本节我来讲讲另一个改变人类思维历史的重要思想：理性选择与贝叶斯定理。

（1）让孩子在日常生活中多做理性选择

家长可以先问孩子一个问题——假定你小学升中学的时候，面临三个选择：

A. 市重点初中，考上的希望比较渺茫。

B. 区重点初中，考上的可能性很大。

C. 家附近的非重点初中，考上的可能性是 100%。

在孩子做选择之前，要让他知道，做理性选择有两个要素。

一是对所有选择的结果进行量化。也就是说，当我们得到了这个选项的结果时，满意度是多少分？

家长可以引导孩子思考例子中的各个选项：如果我考进市重点初中，我的满意度会是 100 分；如果我考进区重点初中，我的满意度会是 80 分；如果我考家附近的非重点初中，我的满意度会是 40 分。

二是对得到每项选择的可能性进行量化。也就是说，我们有多大可能得到这个东西？

我们再来让孩子思考例子中的各个选项：我认为自己考进市重点初中的可能性是 10%，考进区重点初中的可能性是 60%，考进我家附近的非重点初中的可能性是 100%。

进行理性选择的重点就是计算，计算公式是：

Utility= 结果满意度 × 得到该结果的可能性

那么，我们用这个公式来计算一下本节一开始举的例子：

Utility（市重点初中）=100 × 10%=10

Utility（区重点初中）=80 × 60%=48

Utility（非重点初中）=40 × 100%=40

计算结果显示，孩子应该选择报考区重点初中。

由此可见，进行理性选择的重点就是计算效用值，而上述例子中的效用值，就是结果满意度和得到该结果的可能性的综合数值。

家长可以通过这个例子来启发孩子，让他在生活中多使用理性进行选择，比如：

“我希望你能够使用理性选择做出决策：今天晚上你想吃米饭和鱼香肉丝、西红柿打卤面，还是香肠比萨呢？

“首先，你要量化自己的满意度，也就是你对这三种晚餐的满意度分别是多少分？其次，你要量化可能性，你提出要求，我答应的可能性分别是多少？最后，将满意度和可能性相乘，计算出效用值，你就可以做出理性选择了。”

生活中只要遇到可以量化的选择，家长都可以让孩子试着进行理性选择。

（2）让孩子试着在生活中运用贝叶斯定理进行理性判断

通过上面的例子可以发现，在做理性选择的过程中，一件事发生的可能性是非常重要的因素之一，这也是我们不得不接触的一个概念——概率。

比如我想在30分钟之内到学校，这件事发生的可能性是80%，也就说我准时到学校的概率是80%。但其实概率并不是只有可能性（likelihood，似然）这一种，还有先验概率（prior probability）和后验概率（posterior probability），这三种概率可以组成贝叶斯方程。

那么这三种概率是什么意思呢？怎样计算贝叶斯方程呢？

要了解概率，最简单的方法就看扑克牌。我们都知道，一副扑克除去大王、小王有52张牌。从这52张牌里随便抽出1张，这张牌恰好是K的概率有多大呢？

52 张牌里有 4 张 K，分别是红桃 K、方片 K、草花 K、黑桃 K。那么某张牌是 K 的概率，我们用 P（K）表示，就是：

P（K）=4/52=7.7%

这个概率就叫先验概率，也就是某件事在集合中存在的简单概率。

我们再来做个选择，假设有两个赌局，如果你正好抓到指定的牌，就会获得奖励，这两个赌局分别是：

A. 抓到 1 张 K。

B. 抓到 1 张草花 K。

你选择参加哪个赌局呢？

这是一个很简单的赌局，抓到 K 的概率是：

P（K）=4/52

抓到草花 K 的概率是：

P（草花 K）=1/52（因为 1 副牌里只有 1 张草花 K）

显然选 A 赌局的赢率大一些。

这个例子就是概率中的合取规则（conjunction rule）：一个东西既是 A 又是 B 的概率，可以表示成 P（A&B）。那么，1 张牌既是草花又是 K 的概率，可以表示成 P（草花 &K）。

合取规则有这样一个定理：

P（草花 &K）≤ P（草花）且 P（草花 &K）≤ P（K）

即，P（A&B）≤ P（A）且 P（A&B）≤ P（B）。

满足两个条件同时出现的概率，一定小于等于满足任意一个条件的概率。

明白了合取规则，我们再来做个选择。假设我从 52 张牌中抽出 1 张。已知这张牌是草花，我要求你从下面这两个赌局中选择一个赢率大的：

A. 这张是草花脸牌（任意 J、Q、K）。

B. 这张是草花 K。

这个选择也很简单，当我们已知这张牌是草花，去求它是草花脸牌的概率，这个概率就是可能性，表示为 P（脸牌 | 草花）=3/13（13 张草花中，有 3 张脸牌），而草花 K 的可能性则是 P（K|草花）=1/13。

那么还是 A 赌局的赢率大一些。

理解了上述概念，我们就可以学习贝叶斯定理了。

上述 P（脸牌 | 草花）叫可能性，那么 P（草花 | 脸牌）（也就是我们已知某张牌是脸牌，它是草花的概率）就叫后验概率。

根据贝叶斯定理：

P（草花 | 脸牌）=P（脸牌 | 草花）×P（草花）/P（脸牌）

已知：

P（脸牌 | 草花）=3/13，P（草花）=1/4（概率），P（脸牌）=12/52（52 张牌中，4 个颜色共有 12 张脸牌）

所以：

P（草花 | 脸牌）=（3/13）×（1/4）/（12/52）=0.25

我们来验算一下。已知有 1 张牌是脸牌了，而脸牌有 12 张，其中 3 张是草花，所以：

P（草花 | 脸牌）=3/12=0.25

因此，贝叶斯定理用一般的公式表达就是：

$$P(A|B)=\frac{P(B|A)\times P(A)}{P(B)}$$

也就是：

$$后验概率=\frac{可能性\times 先验概率A}{先验概率B}$$

那么，让孩子学会贝叶斯定理，在日常生活中有什么用呢？

同样，它可以帮助孩子进行理性选择（当然也可以帮助我们成年人进行理性选择）。

很多女性在做了乳腺超声检查，得到的结果是阳性时，会非常害怕，认为自己有很大概率得了乳腺癌，但事实是这样吗？我们来看看，用贝叶斯定理怎么解决这个问题：

40 岁左右女性患乳腺癌的概率是 1%，也就是 P（乳腺癌）=0.01

而所有乳腺超声检查中，结果呈阳性的比例是 18%，也就是 P（阳性）=0.18

如果一个人患有乳腺癌，那么检查结果呈阳性的可能性是 88%，也就是 P（阳性 | 乳腺癌）=0.88

根据贝叶斯定理，如果一个人乳腺超声检查结果呈阳性，那么你真的有乳腺癌的概率是：

P（乳腺癌 | 阳性）=P（阳性 | 乳腺癌）× P（乳腺癌）/P（阳性）=0.88 × 0.01/0.18=0.05

换句话说，如果一个人的乳腺超声检查结果呈阳性，她真患上乳腺癌的概率只有 5%！

这个例子里隐藏着反直觉的数学关系。其实很多病症的检查和治疗都存在着反直觉的关系。不仅非医学专业的老百姓，就连专业的医生也认为，一旦检查结果呈阳性，那么患病的概率是很大的（一般会认为有 80% 左右的患病概率）。

但实际上由于很多检查手段无法达到敏感性和特异性共存，其实检查结果呈阳性且患病是小概率事件，这种情况在医院比比皆是。

这也是为什么病急乱投医，找了江湖骗子却依然“治好”了疾病的案例比比皆是。因为很多人只是检查结果呈阳性，其实根本没患病。

贝叶斯定理中的数学是反很多人的直觉的，却能帮我们理性看待问题。虽然要孩子理解贝叶斯定理有一定难度，但只要他理解了这个公式，并能将其运用到生活和学习中，一定会对他进行理性选择大有裨益。

03 道德判断：帮孩子找到不同道德观念的平衡点

我们在给孩子普及人类思维知识的时候，不要忘记对道德的判断和具有哲学思想也是其重要的一部分。有人可能会说：“道德是一个很简单的东西。什么是黑，什么是白；什么是好，什么是坏，我还不懂吗？”

但其实道德判断并不是那么简单。我们给大家举个例子。

1978 年，哲学家菲莉帕·富特（Phillipa Foot）提出了一个道德上的难题：

假如一辆火车驶来，在你面前有两个轨道，一个轨道上绑着五个人，另一个轨道上绑着一个人，你前面有个扳手，如果你不搬动扳手，火车就会碾死五个人；如果你搬动扳手，会使火车向那个有一个人的轨道驶去。请问你会怎么做？

有很多人会毫不犹豫地回答：“可以搬动扳手，让火车向一个人的那边驶去。这样死了一个人，却救了五个人，等于净赚了四条命。”

如果你认为上面这个例子应该舍一个人的命去救五个人的命，那么我们来看看下面的故事。哲学家朱迪斯·贾维斯·汤姆逊（Judith Jarvis Thomson）在 1985 年提出了这个故事的另一个版本：

假如有一辆火车驶向五个人，你旁边站着一个大胖子，他的体重足以使火车停止，只要你把他推向铁轨，就可以救被绑着的五个人的命。你应该把他推向铁轨吗？

面对这个问题，又有很多人不愿意把这个胖子推向铁轨了。从数学的角度来说，这一题和上一题是完全等价的。但从道德层面来说，很多人就不能接受把一个人推向铁轨。这是为什么呢？

对于这个悖论，不同的哲学家，有不同的判断。我们先来看看“休谟的判断”——大卫·休谟（David Hume）是位来自苏格兰的哲学家、经济学家、历史学家。

休谟写了很多道德学相关著作，比如《人性论》(*A treatise of human nature*)、《道德原则研究》(*An Enquiry Concerning the Principles of Morals*)。他认为：人的整体道德基础是感情，同情占据了人类的道德判断的一大部分。

由于休谟相信道德来源于人的本意是善意的还是恶意的，所以他的道德学常常被称为“经验主义”(empiricism)。

休谟认为，我们从道德上判断一件事对还是不对，都是根据善意、恶意，还有感情来区分的。

他还认为社会公平的保障来自三个原则：

① 财产稳定性不被侵犯。

② 财产的变动要得到同意。

③ 承诺（合同规则）的建立。

这些观点，直到现在西方的体制和政府中都还能看到一些影子。

而德国哲学家伊曼努尔·康德（Immanuel Kant）有不同的观点。他是非常反对经验主义的，他认为道德判断就像所有知识一样，要来自理性。

对休谟来说，如果一个人为了帮助穷人而捐款，对穷人产生了同情，这就是他道德高尚。

而康德认为，道德品质与同情的感情毫无关系，即便一个人因为自私而不去捐款，也跟道德判断毫无关系。他认为，道德不是基于感情的，而是基于一些正确的原则（the right principles）。如果康德面对火车铁轨的问题，他会这么问：“我为什么要做去救人的判断？救人对我有什么好处？”

这是因为，从理性分析，如果一个人总是对别人袖手旁观，那么他本人也承担了别人不会帮助他的风险，如果他承担了这个风险，那么从道德上就没有什么可以谴责他的地方。

英国哲学家杰里米·边沁（Jeremy Bentham）和约翰·穆勒（John Stuart Mill）有着完全不同的见解。他们二人都认为，为最多数人的最大利益、最大幸福着想的方法，就是优秀的道德。这个原则就是最大幸福原则（the greatest happiness principle），后来成为很多西方国家的立法原则。

边沁还认为，最大的好是引起他人愉悦，最大的坏是引起他人痛苦，因此道德的基准是考虑给他人带来愉悦还是痛苦。

可能会有人问："我们讨论这些哲学理论的意义是什么呢？"其实，这些看似"矫情"的哲学讨论，对一些现实的问题有很深的意义。

我们经常会看到网上纷繁的言论。有人认为帮助别人是对的（如休谟），也有人认为不必"道德绑架"（如康德）；有人认为女性的权利很重要，堕胎是对的（穆勒），也有人认为不能堕胎（宗教势力）。

这些哲学上关于道德的讨论，深入我们日常生活的各个方面，从小培养孩子这方面的思维，有助于孩子更好地解决生活中遇到的各种问题。

04 逻辑思维：帮孩子站在更客观的角度分析问题

要想训练孩子的高级思维，就不得不讲讲逻辑思维。本节我专门讲一下哲学中的抽象逻辑，先来看一个例子：

假定有一天你想去看电影，但是你的车突然坏了。你想让朋友捎你一段，但是他说自己的车送去修了。晚上，你却在电影院外面看见他在停车……

你会想：这事只有两种可能性，要么他的车真送去修了，而且修好了；要么他就是骗我。可是这么短的时间是来不及修车的，那么他就是在骗我。

逻辑思维讲究的是“三段论”，我们可以把上面的例子转变成“三段论”：

① 要么他真的去修车了，要么他对我撒谎了（第一前提）。

② 他没有时间修车（第二前提）。

③ 所以他对我撒谎了（结论）。

这就是逻辑思维的三段论。

虽然网上有人拿对方“逻辑不通”来指责别人，但其实很多人把逻辑的范围都定义得过于宽泛了。

逻辑其实是有很严格的定义的，那就是将日常生活中的这种思考（特别是三段论）变成数学推演的严格形式。比如前文所说的三段论，就可以这样表示：

要么他真的去修车了，要么他对我撒谎了（$P \odot Q$）。

他没有时间修车（$\sim P$）。

所以他对我撒谎了（$\therefore Q$）。

其中 $P \odot Q$ 是“要么P，要么Q”的意思（中间符号 $\odot$ 是“或”的意思，这个“或”是排他的，只能有一个情况存在）；$\sim P$ 是“非 P”的意思；$\therefore Q$ 是“所以是 Q”的意思。

众所周知，当我们可以用数学表达一件事情的时候，就可以用数学对其进行推演了。

刚才我们进行了“或”的关系的推演。同样的，演绎推理的关系也可以进行数学推演：

① 踩了刹车，车就会停（$P \xrightarrow{\text{yields}} Q$）。

② 我踩了刹车（P）。

③ 所以车停了（$\therefore Q$）。

当我们把各种逻辑的形式转换为数学符号后，任何的电脑程序都可以帮你辨别当条件是真（T）或假（F）时，结论到底是真（T），还是假（F）。

各种三段论逻辑的条件和结论的真假关系，如下表所示（用计算机也可以进行推演）。

表 6–3　逻辑推演关系

P	Q	$P \xrightarrow{\text{yields}} Q$	P	$\therefore Q$
T	T	T	T	T
T	F	F	T	F
F	T	T	F	T
F	F	T	F	F

使用计算机程序进行推演的时候，当我们输入条件的 T 或 F（真或假），程序也可以输出结论的真或假。

既然逻辑有规律可循，那么我们有多遵循这个简单的规律呢？我们来看看下面的例子：

① 没有营养品是便宜的。

② 某些维生素片很便宜。

③ 所以这些维生素片不是营养品。

很多人直觉上会认为这个推论是错的，但实际上，这个三段论是符合逻辑的，是数学推演上的逻辑。人们觉得它很奇怪，是因为它不符合常识。

当一个三段论既符合逻辑，又符合常识的时候，就会得到大多数人的支持。

但是当一个论述虽然符合表面逻辑，但不符合常识，就很难得到人们的认可，尽管它在逻辑上是通的。

因为我们的大脑有两个推理系统：判断逻辑的和判断常识的。当两个系统的判断不一致的时候，我们就会感到困惑。

那么，我们如何帮助孩子提升逻辑能力呢？

实际上，逻辑就是一套符号系统。任何能够训练人使用符号和符号系统的学科（比如数学或者力学），都可以很好地训练逻辑能力。因为这种符号系统的训练，能够很好地将底层抽象的逻辑推演和表层的常识剥离，帮助我们去分别看待这两个系统。也就是说，家长多让孩子做使用符号和符号系统的学科的练习，就可以帮助他提升逻辑能力。

05 因果关系：让孩子多思考生活中各种事情的因果

本节我来讲讲因果关系。你可能会问："什么是因，什么是果，不是很简单的事吗？"其实还真不那么简单，我来仔细分析一下。

假如你有一辆车，你发现只要打开车里的音响，车就经常没电；如果不打开音响，虽然有时车也会没电，但不那么频繁。请问，你觉得"开音响"和"车没电了"，这两件事之间有因果关系吗？

哲学家休谟说，当两件事能够发生因果关系，必须满足以下四个条件：

① 它们必须总是伴随着发生。

② 它们必须在发生时间上相近。

③ 它们必须在发生空间上相近。

④ 其中一个事件必须与另一个事件有所关联。

康德不同意休谟的观点，在他看来，因果关系不过是人类大脑产生的幻觉。

在康德看来，人类大脑的基础设置就是要把一切想象成因果，因此我们是由于无法理解一个不存在因果的世界，才强行给很多事情加上因果关系的。

对于认知科学家来说，我们推测因果的过程，是可以用数学量化的。其中两个科学家是帕特里夏·成（Patricia Cheng）和劳拉·诺维克（Laura Novick）。

成和诺维克对因果的数学关系进行了量化，公式如下：

$$\Delta \boldsymbol{P} = p(e \mid c) - p(e \mid \sim c)$$

如果你看了前文《理性选择与贝叶斯定理：让孩子自己做出最优选择》和《逻辑思维：帮孩子站在更客观的角度分析问题》，就可以更好地理解这个公式的意思。

在这个公式中，“e”代表可能结果事件，“c”代表可能原因事件。那么这个公式的意思就是：“可能原因事件”发生了，“可能结果事件”发生的概率（$p(e \mid c)$）减掉“可能原因事件”没发生但“可能结果事件”发生了的概率，就是因果关系的概率。

这样说可能有点儿抽象，为了解释得更明白，我们用这个公式来计算一下本节一开始的例子的情况。

假设在 20 次开车的过程中，你开了音响 10 次，其中 8 次出现车没电了的情况，那么 p（车没电 | 开音响）=8/10=0.8。

还有 10 次你没开音响，其中 2 次出现车没电了的情况，那么 p（车没电 | ~ 开音响）= 2 / 10 = 0.2。

因此：

$$\Delta \boldsymbol{P} = 0.8 - 0.2 = 0.6$$

这个 $\Delta \boldsymbol{P}$ 值似乎不高，像是弱因果，但是人们会这么想吗？

人们实际认为的因果模型是：

$$\boldsymbol{Pc} = \Delta \boldsymbol{P} / (1 - \boldsymbol{p}(\boldsymbol{e} \mid \sim \boldsymbol{c}))$$

也就是说，人们心目中认为因果关系成立的概率（Pc），是 $\Delta \boldsymbol{P}$ 再除以原因事件没发生且结果事件也没发生的概率。对于这个例子，人们认为的概率是：Pc=0.6/（1-0.2）=0.6/0.8=0.75。

因此，在很多人心中，假定开了音响车就没电了的概率是 0.8，而没开音响车没电的概率是 0.2，那么音响和车没电有因果关系的概率是 0.75。这个概率值，一般人看来，就足够产生因果关系了。

对于人的大脑是如何处理因果关系的，神经生物学家也进行了磁共振研究。富格桑（Fugelsang）和邓巴（Dunbar）做了很多功能核磁共振实验（功能核磁共振可以看见大脑的工作）来研究人类到底是怎么处理因果关系的。

他们给受试者做了两种条件实验：一种是让他们观察理论 / 常识和数据相符的实验；另一种是让他们观察理论 / 常识和数据不相符的实验。

他们发现，当理论和数据不相符的时候，人们的注意力确实更集中了，而且大脑也会调动更多资源，但是他们不会从不相符的数据中得到“我以前相信的规律可能不对”这样的认知。

因此，人类处理因果关系，遵从下面的规律：

① 我们喜欢与自己相信的理论符合的数据。

② 与我们相信的理论不相符的数据会引起我们的注意。

③ 这些数据虽然引起了我们的注意，却基本不会让我们去学习到什么，也不会让我们修改自己的理论。

可以看出，人的大脑对于因果关系的建立，既有非常敏感的一面，也有非常固执的一面。

其实因果关系还分两个特殊的关系：因果必要和因果充分。

比如你从游泳池出来，全身干爽，一点儿都不湿，会吓坏别人的。进游泳池会全身湿，这是必然发生的，不发生就太奇怪了。这个因果关系，叫“因果充分”。

再比如你划火柴，火柴没有燃烧，别人看见了并不会吃惊。虽然划火柴大概率会让火柴燃烧，但这不是必然发生的，总会有划不着火柴的情况，这个因果关系，就叫“因果必要”。

哲学家约翰·麦基（John Mackie）更进一步阐述了因果关系的充分性和必要性，他说，因果充分是指某个原因在它自己的影响下，足以产生一个结果；因果必要是指某个原因是某种结果产生的一个因素；因果充要是指某个原因且只有这一个原因，导致了这个结果。

在仔细分析了因果关系和各位哲学家对因果的哲学观点之后，这是否对你看待因果有更深刻的影响呢？希望你能明白，所谓的因果，只不过是大脑中的一个数学模型，并将这些知识在日常生活中教给孩子，鼓励他多多思考。

06 类比思维：让孩子找到事物之间在关系上的相似性

2008 年是美国金融危机噩梦的开始。由于美国次贷危机，美国第四大投资银行雷曼兄弟宣布申请破产，美林证券（世界最著名的证券零售商和投资银行之一）、AIG（一家以美国为基地的国际性跨国保险及金融服务机构集团）也相继面临倒台，美国联邦储备委员会（简称美联储）不得不动用储备资金去挽救这些大的投资机构。

美联储前任主席本·伯南克（Ben Shalom Bernanke）通过电视向民众解释这件事时说了这样一番话：“假定你有一个不负责任的邻居，把自己家的房子点着了。这时，你是应该去找消防员呢？还是让他的房子一直燃烧呢？如果你家就在他家旁边，而且是木质的房子，我想大家都会同意，在这种时候应该先救火。等把火扑灭之后，再去追究纵火者的责任，然后再加强各种防火的预防措施。”本·伯南克的这个简单类比，引起了强烈反响。

当然，这个观点有很多人并不认可，比如迈克尔·赫德森（Michael Hudson）教授就反驳：这些大银行对于普通百姓来说，根本就不是邻居家的房子，而是高山上的一座城堡，俯瞰整个城市，就算这座城堡全烧光了，也不影响城市里的居民。所以根本没有必要花钱救火。

不论他们如何争论，不可否认的是，这个类比使大众一下子就明白了非常复杂的金融信息，建立了讨论这件事甚至反驳这件事的基础。

因此，**类比就其本质来说是人类认知的基础。**

认知心理学家基思·霍利约克（Keith J. Holyoak）和保罗·撒加德（Paul Thagard）认为，类比思想是正常人类的思想手段。道格拉斯·侯世达（Douglas Hofstadter）也指出，类比是人类认知思想的核心。

为什么类比这么重要呢？类比实际上是寻找事物之间在关系上的相似性，而关系上的相似性是一种深层的相似，如此一来，类比就建立在了人类的抽象思维的基础上。

下面我举一个更深刻的科学例子。

原子和太阳系非常像。

原子核就像太阳，而电子就像行星。

这两个前提可以让你用太阳和行星之间的关系来类比原子核与电子之间的关系。

太阳与行星相比，有更大的质量，那么原子核与电子相比，有更大的质量吗？是的，所以这个类比在这个时候还是正确的。

太阳的温度比行星的温度高，那么原子核的温度就比电子的温度高吗？不一定，所以这个类比在这个时候就失效了。

从这个例子来看，类比有一定的危险。这个危险就在于，我们类比的目的往往是想用已经熟知的、旧的思维框架（比如太阳系），来学习和研究新的问题（比如原子）。但是，旧的思维框架有时可以和新的问题建立连接，有时则无法连接，这时就需要一个解决问题的框架。

1983 年，心理学家黛德·金特纳（Dedre Gentner）提出了一个关于类比的结构性的假说：

① 好的类比是基于关系上的相似性，而不是表面特征上的相似性。

② 好的类比是基于很多系统的关系上的相似性，而不是一两个简单的关系上的相似性。

金特纳的结构性假说看上去非常抽象，那么我来用前面的例子来具体分析一下：

太阳的质量——原子核的质量

行星的质量——电子的质量

轨道（行星，太阳）——轨道（电子，原子核）

这些关系上的类比都是对的，而且多是系统上的关系。因此，这个类比还算是个好的类比。至于温度的类比出了错，也没关系，因为温度是一个表面的特征，而不是一个深层的关系。

我们要怎样教孩子用类比思维来解决实际问题呢？前文讲过，类比思维可以促使大脑用旧的思维框架去学习新的问题，具体来讲，这个方法有三个步骤：

① 在记忆中搜索和当前问题类似的，已经得到解决的其他问题。

② 将旧问题与新问题对应起来。

③ 将解决旧问题的方法应用在新问题上。

这三个步骤中哪一步最难呢？很多人都不知道，其实第一步最难。因为人类在寻找与当前的新问题类似的旧问题时，经常只看到那些表面相似，而往往忽略了深层相似。

罗斯（Ross）在 1984 年做过一系列实验，让实验对象去做应用题，这些应用题既有表面的文字上的联系（比如有的是吃比萨问题，有的是过桥问题），也有深层的数学上的联系（有的是组合问题，有的是排列问题）。

罗斯发现，绝大多数人（70% 以上）只会注意应用题的字面意思，而不会注意应用题在数学上的联系。也就是说，当他们学会用组合的数学方式去解决一道吃比萨问题后，遇到下一道应用题是用排列方式吃比萨，他们还会认为这与上一道是同一种问题（吃比萨问题），马上套组合的数学方式。同理，如果他们遇到的下一道问题是用组合的方式解决过桥问题，他们就不会与上一道吃比萨问题建立联系，而是认为这是一道新的问题。

总结来说，**一般人只是从字面意思去寻找联系而类比，却不会从深层的数学关系去类比。**

那么，作为家长，该如何教孩子更好地运用类比思维呢？

科学家发现，当你不确定两件事是不是有内在的关联时，多用不同的问题进行类比，就能够将解决问题的准确率提高75%以上。

也就是说，当你套用B去类比A，用解决B的方式解决A，不一定准确。但是当你套用B和C，反复思考，再去类比A，看看B和C的解决方法之间的联系和对比，再去寻找A的解决方法，准确率会大大提升。

这就是运用类比思维的精妙之处，家长一定要在日常多培养孩子用类比思维来发现事物之间的关联，从而解决问题。

07 假设检验：让孩子通过否定自己的假设，使思维更客观理性

假设检验是人类最重要的伟大思想之一，可以说，没有它就没有现代整个科学体系。

那么，怎么理解假设检验呢？

1960 年，英国的心理学家彼得·沃森（Peter Wason）用一个有趣的实验来测试人类的推理能力。沃森跟参加实验的人说："我会给你一个由三个数字组成的序列，这个序列是有一定规律的。你的目标是发现这个规律，并且用这个规律去生成新的三个数字组成的序列。当你发现了规律之后，可以告诉我，你用它新生成的数字序列是什么，然后我会告诉你这个数字序列对不对。如果这个数字序列对的话，你可以告诉我，你认为这个规律是什么。我也会告诉你这个规律对不对。这个数字序列是 2,4,6。"

参加实验的人听到"2,4,6"这个数字串之后，直觉给出的结果是："4,6,8""22,24,26""340,342,344"……

他们猜测，沃森的规律就是"连续的偶数"（或"连续加 2"）。

但是沃森说，这些数字串都符合他的序列规律，但是"连续的偶数"（或"连续加 2"）不是他设置的规律。这个时候，很多实验对象会不断测试新的连续偶数序列，来证明自己是对的。

在这个时候，沃森就会提醒他们做"假设检验"，即试图找出不符合规律的数字串。

当有人提出“1,3,8”时，沃森会告诉他，这也符合规律；当有人提出“6,3,1”时，沃森就会告诉他，这个不符合规律。

至此，实验对象很快就得到了沃森心里的规律其实是上升序列（每个数字都比上一个大）这个答案——凡是符合上升序列规律的，都是对的。

沃森实验有一个重大的意义，它发现了人类普遍存在一种认知偏差——证实偏差（confirmation bias）：当人们的第一个假设（连续偶数）过于狭窄时，人们不愿意多走出一步去推翻自己的假设，而是去寻找更多证据去验证自己的假设。

下面我再讲一个更现实的实验。

洛德（Lord）、罗斯（Ross）、莱珀（Lepper）在 1979 年做了一个实验，他们找了 48 名大学生，其中一半支持废除死刑，另一半支持保留死刑。

研究者给这些大学生看了一段编出来的“证据”：在 14 个推行了死刑的州里，有 11 个州的谋杀率下降了。

然后研究者让这些大学生在看完了证据之后用打分来评价此时自己对于死刑的看法：-8 分是极端不同意死刑，+8 分是极端同意死刑，0 分是中立。

研究者们发现，看完所谓的“证据”之后，没人改变自己的想法。不论这些“证据”是支持死刑还是反对死刑，每个人对自己的看法都很确定——人与人之间的分歧不是更小了，而是更大了。

这个实验证明，我们寻找证据，往往是为了证明自己是对的。这进一步证明了一种现象：互联网上谁也说服不了谁。

不论证据多么权威、客观；不论证据偏向正方，还是反方，正方和反方都不会修改自己的意见，而是会更加坚持自己的意见。

这就是来自一般人的证实偏差，人们只会把证据向自己有利的方向去想，而不会去反驳自己的想法。

为了对抗证实偏差，假设检验就是十分必要的一种思维手段了。

弗朗西斯·培根（Francis Bacon）是第一个提出假设检验（hypothesis testing）的学者。有了这个思维工具，才使得科学和哲学彻底分离。

假设检验分为以下几个步骤：

① 发现一个问题。

② 对该问题做出一定猜想和假设。

③ 从假设中推测一些预测。

④ 设计实验来验证这些预测对不对。

可以说，这种假设检验是所有自然科学的基础。

假设有一种可能对治疗抑郁症有效的新药，我们想验证它是否确实有效，那么我们该怎么做假设检验呢？

一般来说，这种情况下应该先做个零假设（null hypothesis）。零假设就是与我们想检验的东西完全相反的假设，一般符号为 H_o。

与零假设相反的假设是备择假设（alternative hypothesis），一般符号为 H_a 或 H_1。

H_o：新药对抑郁症毫无效果。

H_a：新药对抑郁症有效果。

当然，任何新药都可能有两种效果：使抑郁症的症状减轻，或者症状加重。因此，“有效果”也分好的效果和坏的效果。如

果 H_a 是不分好坏（或者说正负）效果，只要是有效果就算的话，这种检验就叫双尾测试（two-tailed test）。如果检验者认为，这个药不可能对人有伤害，或者对病有负面的效果，只需测量是否有正效果，这种检验就叫单尾测试（one-tailed test）。

假设检验的本质思想，是要求人去对抗证实偏差，去试图证明自己是错的。

也就是说，假设检验的本质思想是，在科学的过程中不断否定自己的假设，怀疑自己的假设，直到不得不承认自己的假设是对的，才会承认的过程。

当然，假设检验的数据处理需要很多复杂的统计理论去支撑，那些统计理论不在我们学习的范围之内。我们只要知道，假设检验这个重要的思想，使人类走上了自然科学的客观理性之路。因此，家长一定要把假设检验的思维训练贯穿于孩子的日常生活中，培养他形成这样的思维模式。

08 策略游戏：让孩子在玩中提升高级思维能力

玩策略游戏的过程，不仅仅是推断数学问题的过程，也是推断对手心理的过程，这对开发孩子的大脑很有帮助。本节我就来深入阐述一下策略游戏的精妙之处。首先，我教大家两个策略游戏，都是可以和孩子在家里玩的，非常简单。

（1）7 个饼游戏

游戏规则

桌子上有 7 个饼，2 个玩家轮流拿，每次可以拿 1 个或 2 个，拿到最后 1 个饼的人获胜。

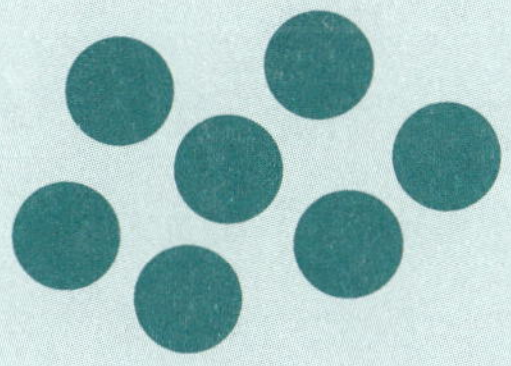

图 6-1　桌子上有 7 个饼

教学流程

① 先让孩子试玩几次。

② 孩子本能地想获得胜利，应该自己会去想办法赢对方。

③ 引导孩子用“如果……，那么……”的句式自己总结规律。

④ 引导孩子说出他自己总结的过程规律。

⑤ 让孩子自己记录规律。

⑥ 鼓励孩子做假设：“如果我这样做，对方会怎么做？”

⑦ 这个游戏的关键点就在于如何猜测对方的思维。

游戏解读

这个游戏应该用倒推法来思考，家长可以这样引导孩子：

① 如果桌子上还剩 3 个饼，并且轮到你拿了，那么你已经输了。因为如果你拿 1 个饼，对方再拿 2 个就赢了，如果你拿 2 个饼，对方再拿 1 个也赢了。

② 如果桌子上还剩 4 个饼，并且轮到你拿了，你应该只拿 1 个，就会使对方到 3 个饼的境地。

③ 如果桌子上还剩 5 个饼，并且轮到你拿了，你应该拿 2 个，就会使对方到 3 个饼的境地。

④ 如果桌子上还剩 6 个饼，并且轮到你拿了，那么从数学的角度来说，你拿 1 个还是 2 个都无所谓。你拿 1 个，就会给对方剩下 5 个；你拿 2 个，就会给对方剩下 4 个，如果对方会玩这个游戏，在这两种情况下你都会输。这时，你只能赌对方不会玩这个游戏，那么你拿 1 个会好一点儿，因为剩 5 个比剩 4 个的逻辑链长一些。

⑤ 如果桌子上还剩 7 个饼，你先拿，那么你应该拿 1 个，把他推向 6 个饼的境地，那么他会给你剩下 5 个或 4 个，你就一定会赢。

因此，这个游戏的赢点是 7,5,4；输点是 3 和 6。

你应该争取第一个拿，并且只拿 1 个饼。

游戏解法的数学本质

这个游戏从数学本质上来说，是 3 个饼为一组的游戏——3 的整数倍为一个输点。当你遇到 3 的整数，并且轮到你拿了，不论你拿 1 个（即余数为 1），还是 2 个（即余数为 2）你都输了。

因此，拿 1 个饼或 2 个饼，最后就会划归成为 3 的整数的问题。

类似游戏

这种游戏叫“同构游戏”（isomorphic game），它的规则对每个孩子都是一样的，它的解法都是可以从后往前递推。

类似的游戏还有：

① 停止时间：假设现在的时间是 6 点，游戏双方交替着转动指针，每人每次往前走 1 个小时或半个小时，哪一方先到 12 点，就赢了。孩子玩这个游戏会发现，如果轮到他时指针停在 10 点半，他是无法赢的，这个就是最终的输点。只要孩子知道了第一个输点，那么他就能够递推下去。

② 23 点：年纪大一点儿的孩子可以玩这个游戏。参加游戏的每个人按顺序往上加 1,2,3,4……第一个得到 23 点的人赢。当孩子总结出 23 点的策略之后，就可以总结更多的数字游戏策略（比如 24 点，每个人往上加 1,2,3,4……；25 点，每个人往上加 1,2,3,4,5……）。

这类游戏锻炼的是孩子找第一个破局点的思维。

（2）组合饼游戏

游戏规则

这个游戏需要 2 个玩家。玩家 A 摆几种颜色的饼，每种颜色为 1 堆，每堆饼只能有 1 个、2 个或 3 个。玩家 B 决定谁先拿。

2 个玩家轮流拿饼，每次只能从一个颜色堆里拿 1 个、2 个或全部的饼。拿到最后 1 个饼的玩家获胜。

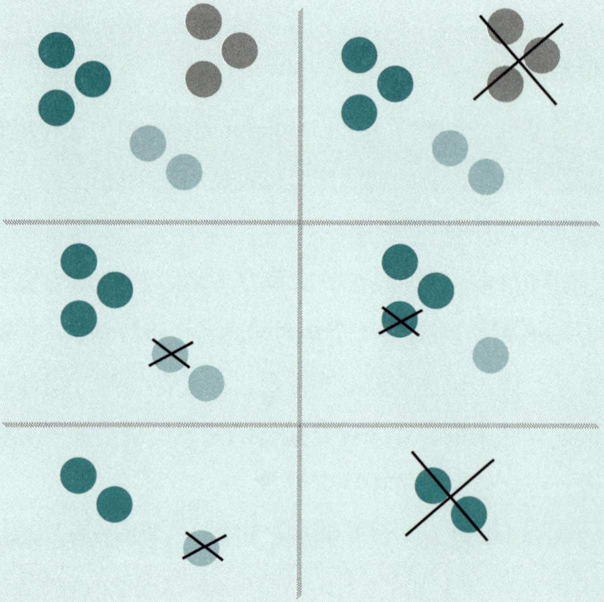

图 6–2　彩色饼游戏

教学流程

① 玩家 A（亮亮）把 8 个饼分成了 3 个颜色堆。

② 玩家 B（佳佳）决定自己先拿，于是拿走了灰色那堆的全部饼。

③ 亮亮拿了浅蓝色的 1 个。

④ 佳佳拿了蓝色的 1 个。

⑤ 亮亮又拿了浅蓝色的 1 个。

⑥ 佳佳拿了剩下的 2 个蓝色的，于是她赢了。

游戏解读

我们可以用倒推法给孩子讲讲玩这个游戏的思路。

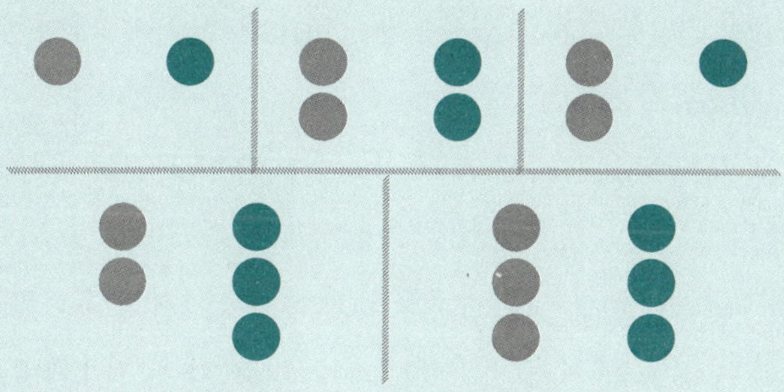

图 6–3　彩色饼游戏思路

① 第一种情况，玩家 A 摆出 2 堆，每堆各 1 个饼，那么玩家 B 肯定赢了。因为玩家 B 可以选择后拿，玩家 A 则必须先拿 1 个，那么玩家 B 就拿到最后 1 个了。

② 第二种情况，玩家 A 摆出 2 堆，每堆各 2 个饼，那么玩家 B 也肯定赢了，因为他可以选择让玩家 A 先拿。

如果玩家 A 拿了其中 1 堆的全部饼（也就是 2 个），玩家 B 拿剩下那堆的全部饼，就赢了。

如果玩家 A 拿了其中 1 堆里的 1 个饼（比如灰色的 1 个），那么玩家 B 拿另 1 堆的 1 个（蓝色的 1 个），那么就划归到了第一种情况（每堆 1 个）。

这样，无论玩家 A 拿哪个，玩家 B 都赢了。

③ 第三种情况，玩家 A 摆出 2 堆，1 堆 1 个饼，1 堆 2 个饼。

玩家 B 只能选择自己先拿，并且只能拿 2 个那堆中的 1 个，剩下的选择都会输。

④ 第四种情况，玩家 A 摆出 2 堆，1 堆 2 个饼，1 堆 3 个饼。那么玩家 B 只能选择自己先拿，并且拿多的那堆（蓝色）中的 1 个。这样就变成第二种情况（2 堆，每堆各 2 个饼，且轮到对方拿），否则玩家 B 就输了。

⑤ 第五种情况，玩家 A 摆出 2 堆，每堆 3 个饼。那么玩家 B 要选择自己后拿，这样无论怎么拿都能赢。

如果玩家 A 拿其中 1 堆全部，玩家 B 拿另 1 堆全部，就赢了。

如果玩家 A 拿其中 1 堆的 2 个，玩家 B 拿另 1 堆的 2 个，变成了第一种情况，就赢了。

如果玩家 A 拿其中 1 堆的 1 个，玩家 B 拿另 1 堆的 1 个，变成了第二种情况，就赢了。

赢的策略

从上文的倒推解法来看，如果有 2 堆饼，且每堆饼的数量是相等的，那么后拿的那个人，总有办法赢。

从这个游戏思路我们可以发现一个总是赢的策略，那就是如果是偶数堆的饼，其中相等堆是成对出现的，比如 2 堆 1 个的、2 堆 2 个的、2 堆 3 个的……那么后拿的那个人，只要总是模仿前一个人的拿法，就一定能赢。

也就是说，如果先拿的人拿了 1 堆，那么后拿的人，就去拿其成对的相等堆。

如果先拿的人拿了某 3 个堆的 2 个，那么后拿的人就去拿另一个 3 个堆的 2 个。

如果先拿的人拿了某堆的 1 个，那么后拿的人就去拿另一堆的 1 个。

这种对称的解法，就是后手山寨先手的策略，如下图所示。

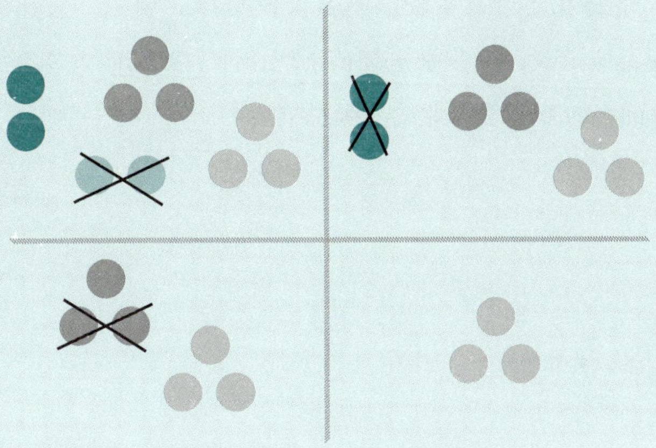

图 6-4　后手山寨先手的策略

延伸策略

当桌子上的饼不是偶数堆，且堆与堆之间也不是成对出现的时候，该怎么办呢？我们就要想办法把游戏的局面变成偶数堆，且堆与堆是成对的。这样就可以按照赢的策略继续了。

游戏解法的数学本质

这组策略游戏的数学本质就是，后手要赢则必须让先手面对偶数对称堆（总堆数是偶数，所有堆都是成对出现的），自己只要模仿对方，根据奇数偶数规律，自己就一定会赢。

这两种游戏都能促使孩子在玩的过程中思考赢得游戏的策略，在这个过程中，会大大提升他大脑的活跃度，以及对别人心理的关注度。

策略游戏还有很多种，本节仅仅是抛砖引玉，家长可以多找一些类似游戏，先在家里和孩子玩，然后鼓励他去和小朋友们玩，从而在游戏中培养他的高级思维能力。

第 7 章

不过分在意智商，但要了解智商对孩子的意义

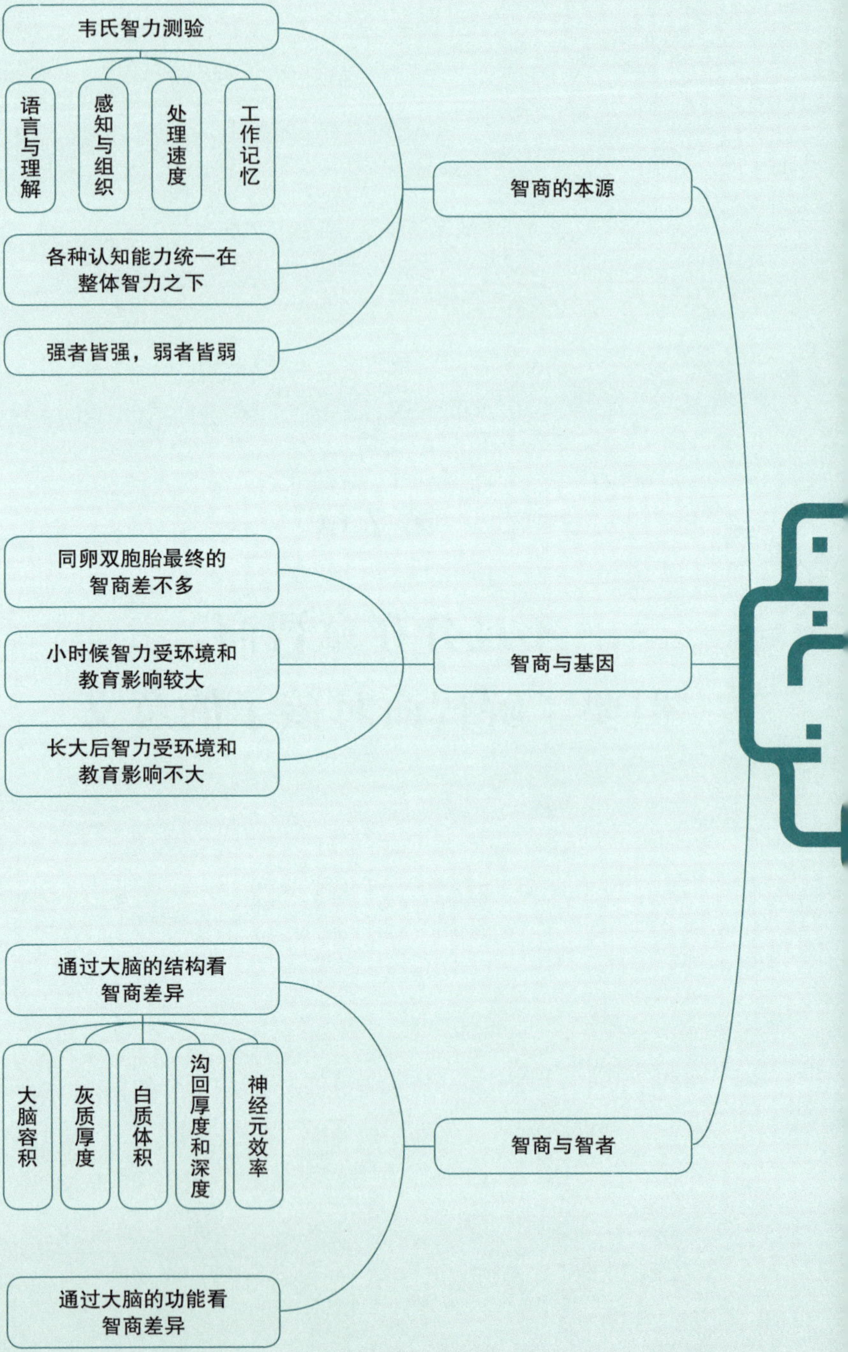
韦氏智力测验
语言与理解
感知与组织
处理速度
工作记忆
各种认知能力统一在整体智力之下
强者皆强，弱者皆弱
智商的本源
同卵双胞胎最终的智商差不多
小时候智力受环境和教育影响较大
长大后智力受环境和教育影响不大
智商与基因
通过大脑的结构看智商差异
大脑容积
灰质厚度
白质体积
沟回厚度和深度
神经元效率
通过大脑的功能看智商差异
智商与智者

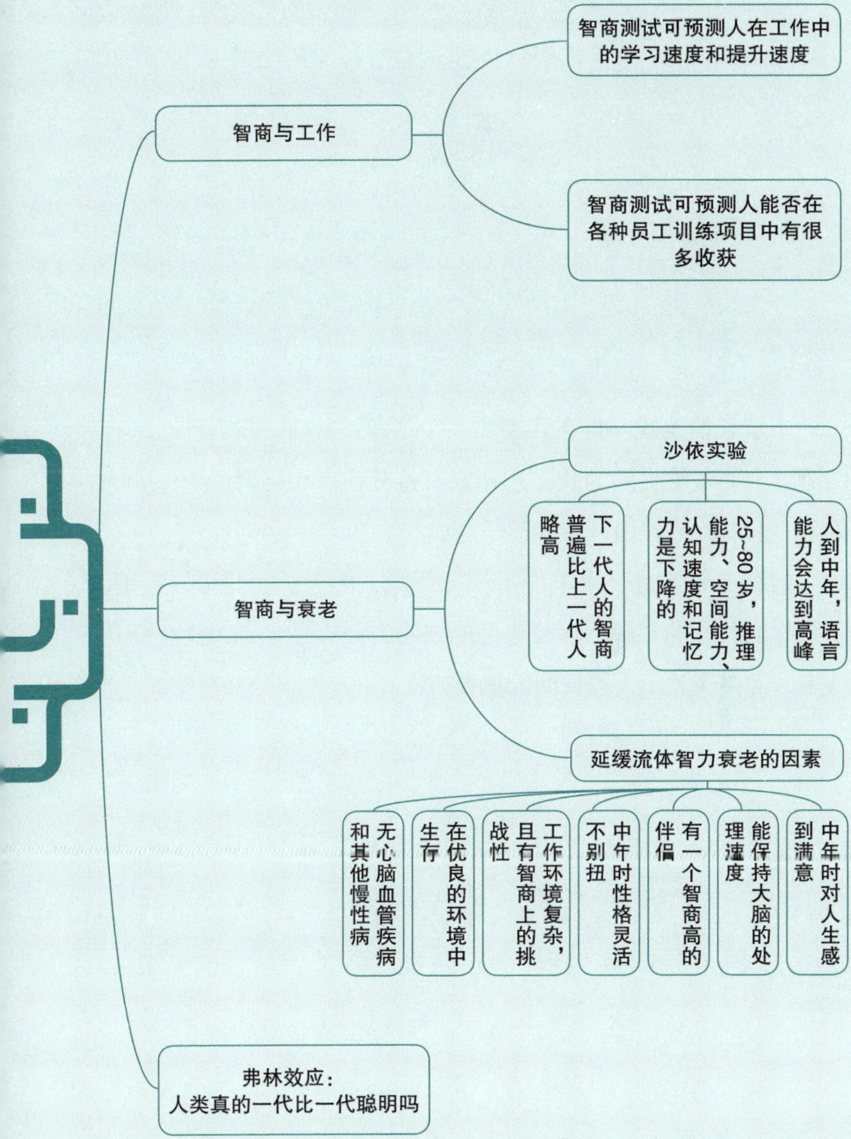
智商与工作
智商测试可预测人在工作中的学习速度和提升速度
智商测试可预测人能否在各种员工训练项目中有很多收获
智商与衰老
沙依实验
人到中年，语言能力会达到高峰
25~80岁，推理能力、空间能力、认知速度和记忆力是下降的
下一代人的智商普遍比上一代人略高
延缓流体智力衰老的因素
中年时对人生感到满意
能保持大脑的处理速度
有一个智商高的伴侣
中年时性格灵活不别扭
工作环境复杂，且有智商上的挑战性
在优良的环境中生存
无心脑血管疾病和其他慢性病
弗林效应：
人类真的一代比一代聪明吗

本章来谈谈我一直在回避的一个话题：智商。我为什么一直回避这个问题呢？因为我不想让家长过分在意和强调这个先天的因素，而以此为理由，忽视孩子的成长。

但智商确实是一个不得不谈的问题，因为它的测量、运用，以及我们对它的理解，涉及生活的诸多方面。在本章，我会分几节来深入谈谈关于人类智商的重要方面。

01 智商的本源：人有多少种智力

本节我将带领家长探寻，所谓“多元智能理论”到底是不是对的？人的智力到底是有很多种不同的能力，还是只有一种？或者说人的智力是否有分布层级——大的智力能力下有很多种与之相关的小的智力能力？

说起这个问题，不得不提到智商测试。智商测试有针对成年人的，也有针对儿童的。我以成年人的智商测试举例，有一个测试叫“韦氏智力测验”（Wechsler Adult Intelligence Scale - Ⅲ，简称 WAIS - Ⅲ）。这是一个比较公认的能够测试成年人智力的量表。

如果你做这个测试，就会被要求参加以下 13 个小测验：

① 词汇：解释词语的意思，这些词汇中有简单的（比如苹果、椅子等），也有难的（比如大器晚成、汗牛充栋、穷奢极欲等）。当然，不同语言的难词不一样，但都是遵循一个原理测试的。

② 词汇相似：找出两个词汇的相似之处，比如“苹果和梨有什么相似之处？”“绘画和交响乐有什么相似之处？”

③ 信息处理：关于人文地理和常识性的普及性知识考查，比如“一个星期有多少天？”“法国的首都是哪里？”“说出三个大洋的名字？”

④ 言语理解：生活中的常识问题、社会问题和一些习惯用语的考查，比如“为什么食物要放在冰箱？”“为什么开车需要

考取驾照？”“‘一石二鸟’是什么意思？”

⑤ 图画完成：指出图里画的事物缺失了什么，比如，自行车的轮子上是不是缺了一根辐条。

⑥ 几何图形：看一些由基本几何图形组成的二维画，再把这些画通过基本几何图形画出来。

⑦ 图画顺序整理：把几张图准确地按故事顺序排列出来。

⑧ 雷文标准推理测验：观察几何图形通过找整个矩阵中的规律，判断下一个几何图形是什么，如图 7-1 所示。

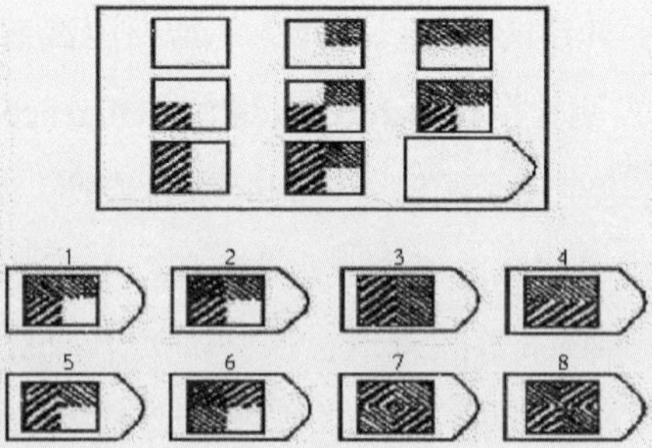

图 7–1　雷文标准推理测验示例

⑨ 算术：心算四则运算。

⑩ 数字记忆：能完整、准确地复述出别人说的一串数字。

⑪ 数字字母排序：能将一串数字和字母的混合串，在心里按照数字和字母分开的顺序重新排序，比如将 W4G8L3 整理为 348GLW。

⑫ 数字与字符的编码：记住一堆字符，并对数字进行编码。

⑬ 字符搜索：在一堆字符中搜索到你需要的字符。

由于 WAIS-Ⅲ受到了强有力的支持和大规模的市场化营销，使得研究人员取得了分布广泛的数据，一共有 2450 个美国人进行了测试。这 2450 个人的数据样本，是很能反映美国整体人口状况的，这里面包含了相同数量的男性和女性，年龄分布为 16 ~ 89 岁，种族和地域分布也符合美国总人口的分布，并且对测试人群的教育水平进行了很好的覆盖，涉及各个阶层的各种教育水平的人。

受测人员中的每一个人都接受了以上 13 个测试，测试所产生的数据集，得出了心理学历史上最让人惊讶的结果，这也是心理学历史上重复性最好、可靠性最高的数据集之一。

在揭晓结果之前，我先提出一个问题：你认为这 13 个测试的结果相关吗？

如果它们正相关，也就是说，一个测试的成绩高，就代表其他测试的成绩高，那么可以说，人在各个方面的智力被一种潜在的更宽泛的能力支配着。

如果它们不相关，一个测试的成绩高，不代表其他测试的成绩也高，那么可以说，人有多种独立的能力，一种能力强，不代表其他能力强，也就符合所谓的“多元智能理论”。

如果它们负相关，就更有意思了，代表一个测试的成绩高，其他测试的成绩低，也就是说，人们发展了一种能力，就会拉低其他能力。

那么到底哪种猜测符合实际情况呢？

实际上，以上三种猜测都不十分准确。如果我们将 13 个测试都进行配对，去计算相关性，一共有 78 对相关性。这 78 对相关性，每一个都是正相关，而且都显著大于 0。这说明，多元智能理论（至少比较强的多元智能理论），是不成立的。似乎一个测试的成绩高，能够代表其他测试的成绩也高，而一个测试的成绩低，也会表明其他测试的成绩也低。即便是相关性最低的测试（图画和记忆数字字符串）也有 0.3 的相关性。

相关性最大的是词汇和信息处理，达到了 0.8。而这 78 对相关性的平均值是 0.5 左右。

所以说，第一大结果是，这 13 个测试没有一个是独立的，都会有极大相关度。当然，这是人口学层面的结果，并不代表每个个体都是这样的，个体里还是有一些特例的（一种测试的成绩高，但是其他测试的成绩低）。

第二大结果是，这 13 个测试可以分成一些亚群。比如：词汇、信息处理、词汇相似、言语理解，它们互相之间都高度相关。而数字记忆、算术、字母数字顺序等也有相关度。这其实也不难理解，前面这 4 个测试都跟语文相关，而后面这 3 个测试都跟数字和把数字缓存在记忆里并进行处理相关。

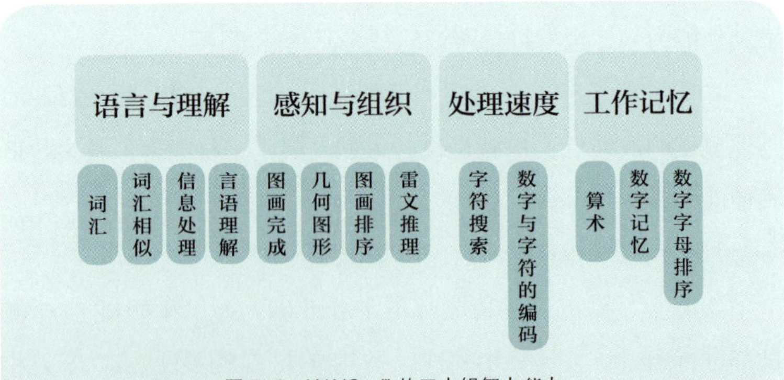

图 7–2　WAIS–Ⅲ 的四大组智力能力

实际上，WAIS-Ⅲ的所有测试可以分成四个大组，这四个大组是：语言与理解、感知与组织、处理速度、工作记忆。这四个大组里的测试成绩都是高度相关的，可以说每个大组里的测试，测的都是一种能力。

最后，研究人员又做了一下四个大组之间的相关度研究，发现它们之间的智力也是非常相关的。也就是说，如果一个人的语言与理解能力强，那么他的组织与感知能力也强，同时处理速度也快、工作记忆力也强。

因此，心理学家认为，人类的智力是一个层级结构。就像上图描绘的那样，最上层有一个整体智力，下面分为四种大的能力——这些能力之间都相关，因为都在整体智力之下——而每种大的能力下又分出来很多相关的小能力。

因此，人类的各种认知能力，是统一在整体智力之下的。并不存在普遍意义上的一种能力强，而另一种能力很弱的情况。**一般来说，大多数人都遵循强者皆强，弱者皆弱的规律。**

02 智商与基因：智商是天生的还是后天培养的

智商是天生的吗？这是普罗大众最爱问的一个问题。同时，这也是学术圈最热门的话题之一，早期的研究多是从双胞胎和被收养的孩子的智商入手。

同卵双胞胎是研究基因与人类智商的关系的最佳测试对象。我们都知道，双胞胎分为异卵双胞胎和同卵双胞胎。异卵双胞胎是因为母体在某个月经周期恰好排了两颗卵子，这两颗卵子分别和两颗精子进行了受精过程，于是形成了两个胎儿。因此，异卵双胞胎之间的基因差异和其他同父同母的兄弟姐妹是一样的。平均来说，同父同母的孩子的基因相关率是 50%。

同卵双胞胎就是另一种情况了。同卵双胞胎的形成，并不是因为母体排了两颗卵子，而是原本就只有一颗卵子，这颗卵子也只是和一颗精子形成了一颗受精卵，但是这颗受精卵在早期却分裂成了两颗。因此，同卵双胞胎的遗传物质是完全一样的，也就是说，他们的基因相关率是 100%。

那么，假定一对同卵双胞胎在很小的时候被两个不同的家庭收养了呢？这就给研究基因和环境对于孩子成长的不同影响提供了最好的机会和样本。两个不同的家庭当然会有很多类似的环境因素，比如都在地球上，都遵从地球的物理规律，都在同一个国家，都说同一种语言，家里都有玩具，孩子都要上学，等等。但是两个不同的家庭也有很多不同的环境，比如父母的脾气，他们对教育的看法和对事物的处理态度等，不同的家庭，不同的地方也有很多。

明尼苏达大学的汤姆·布沙尔（Tom Bouchard）致力于研究这样一个问题：如果同卵双胞胎在很小的时候被不同家庭收养了，其认知能力、智商、性格会有怎样的相同和不同呢？换句话说，天生的（nature）和后天培养的（nurture）到底对一个人的成长分别起多大的作用呢？

明尼苏达的数据集叫作“明尼苏达对于分离双胞胎的研究”（Minnesota Study of Twins Reared Apart, MICTAR）。布沙尔在全世界各地寻找同卵的、异卵的，以及在儿时就被分开养育的双胞胎和三胞胎，并且把这些人再次聚集在一起。

当把这些同卵双胞胎再次聚集在一起时，就会发现他们还是有很多非常相似的特征，比如胡子的走向、喜欢的穿着、习惯动作、声音等，都完全不能进行分辨。

除了这些外在特征之外，科学家最感兴趣的是人的认知能力。所有的参与了 MICTAR 研究的双胞胎都进行了大量的认知能力和智力测试，结果发现，被分开养育的同卵双胞胎，其整体认知能力的相关度高达 69%。这是一个非常高的相关度，同卵双胞胎被同一对父母养大，其整体认知能力的相关度也只有 88%，其实并不比 69% 高多少。特别是雷文标准推理测验，这是一个专门测人类智商的测试，分开长大的同卵双胞胎的相关度是 78%，而在一起长大的同卵双胞胎的相关度是 76%，完全没有差别。

这是一个令人非常惊异的研究结果：**同卵双胞胎，不论是在一个家庭中长大，还是分别在不同家庭长大，其最终的智商是差不多的。**

实际上，如果在街上随意选两个陌生人做智商测试，他们之间的平均智商差值是 18；同一个人做两次智商测试，两次之间的平均智商差值是 5；分开长大的同卵双胞胎之间的智商差值，并不显著高于同一个人测两次的差值。

布沙尔猜想：是不是一些收养同卵双胞胎的两个家庭之间经常聚会，使双胞胎二人经常在一起，而这些共同度过的时间也会使得他们的智商非常接近？

于是他又把数据整理了一遍，按照分开长大的同卵双胞胎在一起的时间进行排序，然后比对出这个因素跟智商差异有没有关系。他发现，两者之间毫无关系。经常见面的双胞胎和从未见过面的双胞胎的智商差异都很小。

这就产生了一个问题：到底环境对智商有没有影响？实际上，数据给我们的答案非常奇特。儿童时期，基因对于智商的影响程度是 20% ~ 40%；成年以后，基因对于智商的影响是越来越大的；到了 70 岁，一个人聪明不聪明，60% 要看基因。

这个结果，对于我们很多人来说是反直觉的。我们都会认为，人在小时候的智力是受基因影响的，而老了以后，可能会受环境和教育的影响更多。实际上，科学数据与这个直觉是反的。也就是说，**我们小时候的智力受环境和教育影响较大，而长大以后这两方面的影响反而不大，越长大，我们的基因表露越多。**

这个发现也给教育行业和收养行业带来了新的问题。假设有这样一个问题：一个孩子自出生就被亲生父母送给养父母抚养。这个孩子从没见过亲生父母，而是和养父母及养父母的亲生子女一起长大。那么，当这个孩子长大以后，他的智商会像亲生父母还是养父母？是像自己亲生父母的其他子女还是像养父母的其他亲生子女？

那些特别相信教育作用的人就会认为：收养的孩子最终会越来越像养父母，也会越来越像养父母的亲生子女。那么，事实是这样的吗？

在美国的得克萨斯州，有一个收养计划就为这方面的研究提供了很好的数据支持，叫“得克萨斯州收养计划”（Texas Adoption Project）。它是教堂对未婚的想送养婴儿的女性提供的服务，绝大多数送养婴儿的女性和收养家庭都是中产阶级白人。

在这个项目里，绝大多数婴儿在刚出生不久就被送养了，而且他们大都被收养家庭永久性抚养。研究者约翰·罗赫霖（John Loehlin）和他的团队追踪记录了这些被收养的婴儿的信息。他惊奇地发现，被收养的孩子与养父母之间智商的相关度只有 10%，这是非常低的。特别是养母的智商与养子女的呈负相关，也就是说，养母越聪明，养子女不仅不会更聪明，还可能更笨。而这些养子女的智商与生母的智商相关度是 30%，即便他们从未一起生活过。

那么兄弟姐妹之间呢？数据显示，有血缘关系的兄弟姐妹，智商相关度是 0.3，而没有血缘关系的兄弟姐妹，智商相关度是 0。也就是说，即便在同一个家庭中长大，被收养的孩子和有血缘关系的孩子，在智商方面还是不同的。

最终罗赫霖得出了这样的结论：

研究得克萨斯州收养计划得到的智商数据，其结论与以往的双胞胎实验基本吻合。对于家庭来说，成员间的智商相似性主要来自基因。当孩子很小的时候，家庭环境对智商的影响是不小的，但从孩子青春期后期开始，家庭环境对智商的影响会越来越小。而且，我们在数据里还发现了令人非常吃惊的结论，证明了家庭环境是一个非常复杂的因素——养母与养子女之间的智商呈现了弱的负相关。更令人吃惊的发现是，生母对孩子智商的影响竟然这样大，即便从未见过面，也和在自己身边养大的一样。

03 智商与智者：为什么有的人比其他人更聪明

本节我会讲一个理解起来有些难度，让很多人困惑一生的问题。那就是，为什么有的人那么聪明呢？

（1）通过大脑的结构看智商差异

首先要定义一下“聪明”。大家都知道，智商测试都是一些题目，就本章第 1 节《智商的本源：人有多少种智力》提到的那样。语言测试就是一些词汇题目，而推理测试就是一些图形和数学题等。不论这些题目是什么，我们判断智商水平的方法不会变，就是做智商测试题又快又准确。也就是说，当一个人做智商测试题又快又准确时，我们就认为他是聪明的。

那么，到底什么样的脑构造让他们如此聪明呢？

这是人类最古老的哲学问题之一，很多古希腊先哲也都冥思苦想这个问题。古希腊医生希波克拉底（Hippocrates）认为人体内有四种液体：血液、黄胆汁、黑胆汁、黏液。那个时代的人认为，这些液体的配比可以决定人的健康状况和精神状态。

直到 17 世纪，西方人才逐渐认识到，聪明与否和大脑的关系最密切。他们刚开始都认为，脑容量越大，智商越高。但那时候人们是测量不了活人的大脑容积的。直到 20 世纪 90 年代初，人们发现了核磁共振现象，进而发展出了核磁共振谱。核磁共振成像技术可以将人的大脑进行一层一层地扫描，通过扫描图像就可以得到每一层的表面积，叠加起来就可以知道整个大脑的容积。

后来，人们对大脑与智商的关系进行了深入研究，发现了如下规律：

对于人类大脑来说，以下几个结构的区别和智商具有一定相关性（注意，只是相关，不是因果）。

① 大脑容积：10% ~ 36% 的智商区别取决于大脑容积。当然，这取决于你测量的是哪方面的智商。一般来说，大脑容积和语言能力的相关性大一些，36% 的语言能力区别取决于大脑容积；大脑容积和视觉空间能力的相关性小一些，10% 的视觉能力区别取决于大脑容积。

所以说，**大脑容积和智商有一定相关性，但并不是脑袋越大越聪明。**

② 灰质厚度：大脑的神经元细胞体集中的部位被称为灰质。一般男性的灰质厚度要比女性的大，但两性的整体智商并没有差别，因此，如果从整体看，灰质厚度和智商没有关联。但如果只在同性别中相比较，男性和男性比，女性和女性比，灰质厚度和智商就有一定关联。男性是额叶和顶叶的灰质厚度和智商有一定

关联。女性则是布罗卡区（Broca’s area，运动性言语中枢）的灰质厚度和智商有一定关联。**家长要知道的是，儿童发育期的智商也和灰质厚度有一定关联。**注意，关联不等于因果，目前没有证据表明灰质厚智商就高，或者智商高的人把灰质锻炼得（通过神经可塑性）越来越厚。

③ 白质体积：白质由大脑中神经元的轴突或长树突集聚而成，处于大脑里层，就像神经元之间的“电线”一样。女性大脑的白质比男性的复杂一些。白质体积和智商也有一定关联。

④ 沟回厚度和深度：大脑整体的沟回厚度和深度都和神经元的数量和质量正相关，也和智商正相关。

⑤ 神经元效率：大脑是一个极其节省能量的计算器官，只需要不到 20 瓦特的持续功率（同样计算能力的计算机要多消耗不知多少倍的能量）。智商高的人，神经元效率更高——通过正电子发射型计算机断层显像（PET）可以看出，这类人大脑的葡萄糖利用率更高，更节能。但这也只是具有相关性，不是因果关系。可能是因为大脑节能而导致智商高，也可能是智商高而导致节能，还可能这中间有其他因素介导。

（2）通过大脑的功能看智商差异

有的科学家是从脑电信号的角度来研究智商差异的（脑电信号是可以被激发的），Oddball 实验就是这样的一种实验，实验的具体方法就是，让研究对象一直听一个音（比如 C），这中间突然插入一个其他音（比如 G），这时，研究对象的大脑就会产生一个脑电波，这个波被称为“P300”。多项研究结果综合起来，科学家们发现，聪明的人，P300 信号的峰值更大，波峰的形状更复杂也更有重复性。最有意思的是，研究发现，聪明的人的脑电信号波峰的出现，会比不聪明的人提前一些。

还有很多实验发现，聪明的人，大脑的感知速度和反应速度都很快。我认为，这些实验衡量的都是同一件事，那就是大脑的信息处理速度。因为，不论测的是脑电信号，还是大脑的感知速度，抑或大脑的反应速度，其本质都是在衡量大脑的信息处理速度。

那么，为什么有些人的大脑信息处理速度比较快呢？

有的科学家认为，这是因为这些人脑细胞外面的“绝缘体”，也就是髓鞘部分长得比较厚——当绝缘体比较厚的时候，导电性能就会很好——由于脑信号是电信号，所以聪明的人的大脑处理信息的速度就会快一些。

目前，深度模型的发展已经可以使我们从大脑的图像（结构像和功能像）中去预测人的智商了。一般而言，单纯看结构像，算法的准确率能达到 80%，而加上功能像，就能达到 90% 以上的准确率了。可以说真正达到了看见大脑，就能知道这个人是否聪明，甚至是哪方面聪明的地步。

04 智商与工作：我们需要非常高的智商才能把工作做好吗

智商测试原本是用来做什么的呢？人类的第一个智商测试量表是由法国心理学家阿尔弗雷德·比奈（Alfred Binet）和助手西奥菲勒·西蒙（Theophile Simon）在1905年编制的比奈-西蒙智力量表。当时他们接手了一个项目——找出不适合接受正式教育（智力落后）的孩子，这个项目的成果就是开发出了智商测试量表。

由此可见，**一开始智商测试的作用是选拔人。**

那么，我们来看看智商在工作场合有多大用处？从本质上来说，这个问题是人力资源方面的问题：我们该不该以认知能力测试作为雇佣人的标准呢？

假定你是雇主，你希望找到能力最强的人才，实现利益最大化，那么你会用什么方法，或者一系列怎样的方法去选人呢？换句话说，把认知能力测试作为选人标准之一，到底有多大好处？

以约翰·亨特（John Hunter）为首的研究团队，成员有龙达·亨特（Ronda Hunter）和弗兰克·施密特（Frank Schmidt），对这个问题展开了深入研究。

在研究之前，特别是选择数据集之前，我们还要考虑雇佣行为的其他因素，因为很多复杂的因素都会对雇佣关系产生影响。

首先，我们要研究的工种是人与人之间工作表现差异非常大的。有些工种，人与人之间的表现几乎没有差异，那也不需要什么人力资源管理了。其次，你得有人可选。假定你只有一个空位，10 个人来申请，那么你肯定会选最好的那个；如果你有一个空位，只有 2 个人，甚至只有一个人来申请，那么你基本没有选择，没有选择就没有可比性，也就不需要什么选择标准了。假定以上两个条件都满足，就可以进行选择了。

为了满足这两个条件，约翰·亨特选择了美国联邦政府 1980 年的雇佣数据——因为这个数据集非常庞大，联邦政府当年雇了 46 万人，平均工资是 1.35 万美元，雇员平均会在政府工作 6 年以上。

根据这些人在政府的表现和各种筛选人的数据，亨特团队做了大量的后分析（将现有的研究和数据放在一起进行分析），然后将每种筛选人的方法与雇员的工作表现做了回归分析，来算出每种筛选人的方法对其工作表现的预测能力。结果见图 7-3。

从图中可以看出，最有效的筛选方法是试用，对雇员后续的工作表现有 0.54 的预测准确率。当然，试用的情况有时也极其复杂，可能掺杂了人情，还是一个成本极高的过程。

其次是智商测试和结构化面试（用各种问卷来测评一个人的能力），分别有 0.51 的预测准确率。而一般企业的面试，大多是非结构化的面试，这种面试一般只有 0.38 的预测准确率。

也就是说，一个简单的智商测试，就能使雇员后期工作表现的预测准确率高于非结构化面试 0.13。

而剩下的一些筛选人的方法（比如推荐人介绍，考察工作经验、受教育年限等），预测准确率都有限。

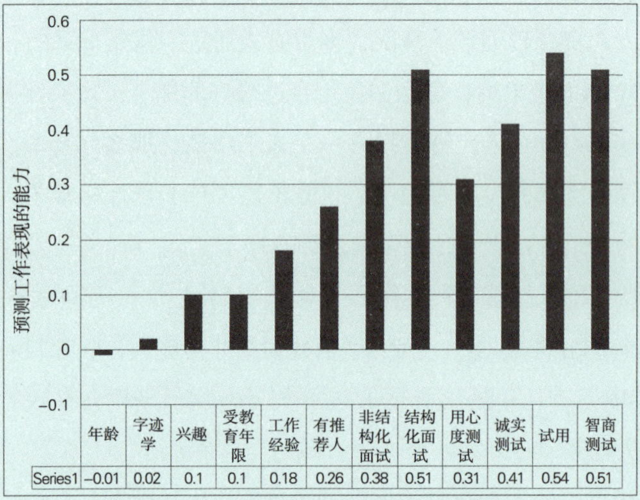

图 7–3　各种测试与雇员后续工作表现的相关性

这个结果，对技术需求越高的工种，越复杂的工作，越准。当一个工种的工作内容重复性太高，不需要什么复杂的技能时，智商测试和结构化面试的用处就不大了。

由于智商测试比面试简单多了，因此，约翰·亨特（John Hunter）和弗兰克·施密特（Frank Schmidt）在 1980 年发表于《心理学公报》（*Psychological Bulletin*）上的论文中这样总结："广义认知能力测试（或智商测试）可以作为决定雇佣关系的主要测量方法，而雇主可以认为其他 18 种方法都是辅助手段。"

那么相对于只做智商测试，增加其他辅助手段可以提高多少预测准确率呢？准确率提高最多的是诚实测试，能提高 27%，而增加试用或结构化面试分别能提高 24% 的准确率。

在以雇佣为目的而筛选人时，预测准确率就等于钱。以上述 1980 年的美国联邦政府为例。如果通过智商测试加诚实测试的形式，其预测准确率比一般的面试高：0.51 + 0.27 − 0.38 = 0.4。政府一年雇佣 46 万雇员，平均工资是 1.35 万美元，提升 0.4 的预测准确率就是节省了：46 万人 ×1.35 万美元 / 人 ×0.4 = 24.84 亿美元。

也就是说，当选择智商测试加诚实测试的形式来代替面试时，政府的人力成本可以降低将近 25 亿美元（注意，是 1980 年的 25 亿美元）。

那么，究竟是什么使智商测试对员工未来的工作表现预测得这么准呢？

一是，智商测试对一个人在工作中的学习速度和提升速度有很强的预测性；二是，智商测试对一个人是不是能够在各种员工训练项目中获得很多收获，也有很强的预测作用。

因此，相较于其他选拔雇员的方法，整体认知能力测试是最快捷、便宜、方便的方法。当我们大量地研究现有的文献后，就会发现智商测试是最成功的方法，其成功的例证也是最多的。

当然，我们也并不想把选拔人才这件事过于简化，一个人的非智商性人格对其未来的表现也是很重要的。**人的大脑就像土壤，表现就像是丰收——光土地肥沃是不够的，还需要每天耕耘。**

05 弗林效应：人类真的一代比一代聪明吗

假如我和你都做了智商测试，你的分数比我高，是不是一定证明你比我聪明呢？你肯定会说："那还用说吗？"但实际上，这个问题取决于你和我是不是一代人。

如果你和我是一代人，你的智商测试分数比我高，那么你肯定比我聪明。但如果我们不是一代人，谁更聪明还真的不一定。

知名的弗林效应（Flynn effect）说的就是下一代人的智商测试平均成绩比上一代人的高。但这真的代表下一代人比上一代人聪明吗？

弗林效应的提出者是詹姆斯·弗林（James R. Flynn），他是新西兰奥塔哥大学的政治学学者，却给研究人类智力的学者提出了一个难以解决的难题。

在弗林提出质疑之前，做智商测试的学者就发现，他们每隔几年就必须重新做一次归一化。什么是智商测试归一化呢？就是做出智商分数的分布。通俗地讲，一个人做完了智商测试，只告诉他得了多少分是毫无意义的，我们必须告诉他，他的智商测试成绩在人群中的排名。学者们把这个过程称为"建常模"。建常模的过程就是把一套智商测试题给几千人做，当然这几千人是选取了不同阶层、性别、年龄、种族的样本，作为整体人群的代表，计算出智商分数在人群中的分布。

按理论模型，我们会把每个人的得分除以平均分，当比值是 1（也就是这个人的得分正好等于平均分）的时候，他的智商就是 100。

但这种做法出现了一个问题，那就是下一代人的得分总比上一代人高。比如上一代人要达到平均分，可能只需要考 130 分，那么下一代人要达到平均分，可能需要考 150 分。

因此，提供智商测试服务的公司对此现象的应对策略是每几年就重新做常模。但是他们做着做着，就发现平均分越来越高，重新做常模也不管用了——平均分都快到满分了，这套题对于测试人群的智商就没什么分辨意义了。很多公司采取的方法就是把题目搞得越来越难。

弗林在 1984 年的《心理学公报》上发表了一篇文章，对这种智商测试分数的上涨进行了大规模量化。他收集了 73 个数据集，其中包含 7500 个 2 ~ 48 岁的人的测试数据。他发现，1932 年到 1978 年这 46 年间，美国人的智商平均每年增长 0.3 个百分点，一共涨了 13.8 个百分点。也就是说，如果你是一个在 1932 年智商高达 114，远超平均水平的人，一旦穿越到 1978 年，你的智商就是 100 了，正好在平均值。

有人曾经对这个现象提出了一个合理的解释：人类的教育水平和文化素质越来越高，这些因素导致了智商测试的分数越来越高。

真的是这样吗？我们来仔细看看教育这一因素。从 1932 年到 1978 年，虽然美国人的智商测试分数一直在增长，但是 SAT（Scholastic Aptitude Test，学术能力测试，美国大学本科标准入学考试）中的语言部分（verbal）的成绩却一直在下降。SAT 的语言部分测试的是英语的单词、语法和阅读能力，还包括一些逻辑题。这些都是美国中学教学的很大一部分内容。

也就是说，在群体智商提升的过程中，美国学生的语文能力反而下降了。更有意思的是，每一代儿童的智商和语文能力是正向相关的。同一年级，智商越高的孩子，语文能力越强。

这简直是一个难解的谜题：智商和语文能力在同一代人之间是正相关，而跨代的变化趋势却是相反的。

有人提出，1932 ~ 1978 年，电视在美国普及了，随之而来的是更少的阅读和更简单的教材。人们看电视更多了，看书更少了。而电视语言中的词汇就是比书中的简单，其语法结构也比书中的浅。新一代年轻人，花在肤浅的电视节目上的时间多了，而花在更深刻的文字阅读上的时间少了，因此 SAT 的语言部分成绩下降不是什么奇怪的事情。但与此同时，越来越少的阅读，越来越多的视觉娱乐，和更多分散注意力的东西却让孩子们的智商越来越高。

这个现象非常“烧脑”，它困扰了很多业内的科学家。要解答这个问题，首先我们要理解的是，一般的智商测试测的到底是什么。

一般来说，智商测试除了常识题和语言题，还有一些抽象题。抽象题通常都是抽象的几何图形，没有语言、没有符号、没有数学知识，最常用的一个测试就是雷文标准推理测验，我在前文已经讲过。

用这样的题目来测试，主要目的就是不让教育去影响智商测试的结果。也就是说，最早建立智商测试的人，希望智商测试是

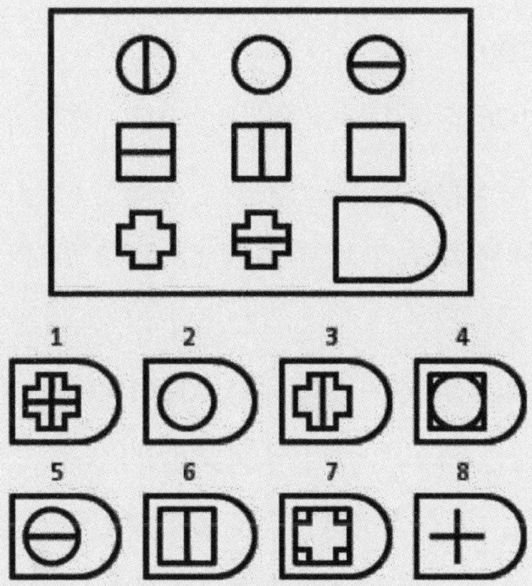

图 7-4　雷文标准推理测验示例

不可学的——我不可能通过教你一堂课就使你的智商水平有所提升。从某种意义上讲，你可以认为智商测试测的是解决抽象复杂问题的能力。

可以说，不论是从智商题目的设计，还是群体智商提升伴随着 SAT 的下降来看，弗林效应并不是教育水平的提高所带来的。

有些人可能会有疑问：是不是我们在多年建常模的过程中，抽取样本出现了系统偏差，逐渐抽取了社会阶层越来越高的人，所以导致智商测试成绩越来越高呢？

这个可能性也被排除了。因为西方的军队在征兵的过程中，都会强制新兵做智商测试。在不同西方国家的军队入伍的智商测试中，都出现了弗林效应。具体数值如下：

比利时：1958 年新兵平均智商是 93，1967 年是 100。

荷兰：1952 年新兵平均智商是 79，1962 年是 85，1972 年是 90，1982 年是 100。

以色列：1970 年新兵平均智商是 91，1975 年是 93，1980 年是 96，1985 年是 100。

挪威：1954 年新兵平均智商是 88.5，1968 年是 97，1980 年是 100。

英国：1942 年新兵平均智商是 73，1992 年是 100。

统计题目的正确率，也会得到类似的结果。弗林仔细统计了荷兰军队的数据，他仔细研究了很多年的卷子，统计了至少做对了 24 道智商测试题（总共 40 道题，正确率≥ 60%）的人数占比，结果是这样的：

1952 年是 31.2%。

1962 年是 46.4%。

1972 年是 63.2%。

1982 年是 82.2%。

也就是说，**在题目难度不变的情况下，高正确率的人数占比确实越来越大。**更重要的是，从历史上看，军队人员招募的阶级层次很少有变化，这就更增加了人类智商确实是在提升的可能性。

弗林把智商测试进行了进一步的分析，他发现，人类智商提升的部分就是一些非常抽象的，跟文化水平和语言无关的测试，例如上面所说的雷文标准推理测验。弗林在他的一篇文献综述里这样说：

这批数据解决了目前争论的问题：自 1950 年以来，大规模的智商提升反映了人们解决问题能力的大幅提升，而不仅仅是学习内容的增加。

这个研究结果太令人震惊了，使得美国心理学会特地为弗林效应召集所有专家开了一次大会，专家们的意见分成了两派。

一派专家认为，弗林效应是真的存在。这些专家认为，人类的智商就像身高一样，随着营养的增加，确实会有所提升——我们的身高一代比一代有所增长是毫无争议的。

但弗林本人对此还是存疑的，他这个人就是爱较真儿。于是，弗林认真研究了很多国家的学术成就，对此进行了统计。他发现，在智商测试成绩大幅度提升的这些年里，智慧成就（大发明创造或者科学发现）在任何国家都没有实质性的提高。

也就是说，**现在的人，从智商测试成绩上看是比父辈、祖辈牛了，可是真干起需要智商的活儿来，也没做出太多超越父辈、祖辈的成就。**

因此，另一派专家依然坚持弗林效应并不是真实的，它只是得益于一些跟智商无关的因素，比如早教和媒体的大发展，使得类似于智商测试的智力开发题广泛流传于民间，造成了智商测试成绩虚高。

弗林总结，雷文标准推理测验也许测试的并不是真正的智商，而是和智商高度相关的一个东西，他认为这是抽象问题解决能力。他认为抽象问题解决能力是跟智商高度相关的，也是我们测量智商的方法之一，但它确实还不是智慧的本质，它是可能被某种环境因素影响的。

什么环境因素能影响抽象问题解决能力呢？学术界至今还没有定论，但我有个自己的理论。**我自己的假说是，这可能是传媒的力量。**

从 20 世纪 50 年代开始到现在，信息的传播速度越来越快，渠道越来越多，信息量级越来越大，到各个阶层的纵深也越来越大。这样使得很多文化知识以外的“思维工具”，通过教育和传媒行业传播给了大众。很多高级的思维工具，我在前文都进行了论述。

现在有不少人都知道奥卡姆剃刀原理、纳什平衡、假设检验、迭代循环等思维方式。但在 1950 年，知道这些思维工具的人并不多。

因此，如果现在的你坐上时光机穿越到 1950 年，可能你就是人群中更为聪明的人，因为你掌握了很多当时只有身处阶层和知识水平都非常高的人才拥有的思维工具。这些思维工具，能使平庸的你在旧世界里从智力阶层上实现跃迁。**但如果你在现代不是大天才，你在过去依然不是大天才，因为你还是没有那种从无到有的创造能力。**

因此，在我个人看来，弗林效应并不是人类在短短几十年从基因上产生了智商的大幅度提升，而是通过更加便捷的信息渠道，使前人积累的思维工具能够传递给更多人。在这个过程中，不仅教育有作用，其他娱乐媒体，甚至是游戏产业、社交网络，可能都产生了更大的作用。更快捷的连接和更迅速的信息传递，使更多人站在了前人的肩膀上。

06 智商与衰老：我们老了以后，大脑的处理能力会有怎样的变化

本节我会讲讲衰老带来的智商巨变。很多中年人会渐渐发现，自己的身体机能和发量都在走下坡路。更有意思的是，我们不得不面对一个更奇葩的黑色幽默：记忆力大不如前。虽然智力下降也是人生必须经历的一个过程，就像美貌和头发会随着时间流逝而渐渐消逝一样，但是智力的下降是更加隐匿的过程。

探讨记忆的退化问题实际上是探讨两个问题：

① 人与人之间的智商差异，从童年到青年，到中年，再到老年，是一直稳定存在的吗？一个智商 150 的天才和一个智商 80 的精神发育迟滞患者，从 30 岁到 70 岁，他们的智商差异一直是 70 吗？天才的智力表现一直在顶端还是会随着年龄的变化而趋于大众平均值？

② 对于大众来说，是不是绝大多数人都会随着衰老经历智力和认知能力的下降？是不是我们所有人 70 岁时的智力水平都不如 30 岁？

要回答第一个问题，就要提到一个历史背景非常宏大的故事。

1932 年 6 月 1 日，苏格兰所有 1921 年出生的儿童（当时 11 岁），都必须参加一个认知能力测试。在这个由苏格兰教育研究协会组织的全国性认知能力普查中，全国 10.5 ~ 11.5 岁的儿童都进行了同样的测试。

这套测试题由爱丁堡大学的教育心理学家戈弗雷·汤姆森（Godfrey Thomson）爵士编纂策划，题目包括词汇、造句、数字、图形、密码、方法引导等各种认知项目。这个测试需要45分钟。1932年的夏天，87498个儿童进行了这项测试。

时间到了1996年夏天，劳伦斯·惠利（Lawrence Whally）教授给伊恩·德利（Ian Deary）教授打了一个电话，问他可不可以测试一些老年人的智力，因为他想研究人在患心脑血管疾病前后的智力差异。德利教授跟惠利教授说“不行”，因为惠利教授无法知道这些患了心血管病的老年人在患病之前的智商是多少。

恰巧那一天德利教授开始看的一本书，是1996年出版的理查德·林恩（Richard Lynn）的《劣生学》（*Dysgenics*），书中提到了1932年的那次大型儿童智商普查。德利教授灵机一动：这8万多名老年人在11岁时测过智商，而1996年他们是76岁！德利教授当时正好就在爱丁堡大学心理学系工作。

德利教授迅速给惠利教授打了电话，他俩来到了离爱丁堡大学不远的苏格兰教育研究协会，在一堆尘封的老文件中找到了当年的资料——60多年前的测试数据，被捆在牛皮纸袋里，每个孩子的名字、出生日期、学区编号和智商测试分数都保存完好。

他俩迅速意识到可以开启一个新的、更有意义的课题：人类的智商从11岁到77岁是否保持在稳定的水平？于是德利教授和惠利教授在电视上投放了大量广告，又通过全国的医疗系统去寻找1921年出生的老年人。

1998年6月1日，距离第一次智商测试后的整整66年，73位参加过当年测试的老人回到了阿伯丁音乐厅，重回他们的学生时代，重新做了一遍 11 岁时答的那一套题。结果展现了横跨 66 年的人类智商变化规律：

绝大多数人 77 岁时的成绩比 11 岁时要好一些（可能是因为 11 岁儿童的智商测试题对成年人来讲还是比较简单的）。

最令人吃惊人的是，1932 年时成绩好的人，在 1998 年也更有可能成绩好；1932 年时成绩差的人，在 1998 年依旧可能处于人群中的最末——成绩相关度高达 0.63。

当然，最后参加测试的 73 位老人多是在 1932 年测试中表现较好的那些，因此 1998 年的数据样本略有偏差。抛开这一点瑕疵，我们可以发现，人类智商的排序是稳定的，我们的相对智力，从青春期早期（11 岁）到晚年（77 岁），排序变化不大。当然，也有人提升了排序，也有人因为各种疾病或其他因素降低了排序，但是总体趋势依然保持稳定。

这个故事表明，年龄对智商排序的影响不太大。也有一些人的智力水平随着年龄有一些排序上的变化，我们可能会有一些退化，但不会退化到 11 岁以前的水平。

我回答了第一个问题，但还没有回答第二个问题。也就是说，即便智商排序不变，是不是我们每个人跟自己年轻时比，智商还是下降的?

一种方法就是收集大量的数据样本，把每个年龄段的各种人群都采集全，看看是不是年老组的智商排序前 1% 的人，比年轻组的智商排序前 1% 的人差，或者年老组的智商平均值比年轻组的智商平均值低了。

美国劳工部用 WAIS-Ⅲ进行过这样的大规模测试，经过对 3

万人的样本分析后，他们发现，人的智商在 20 ~ 60 岁之间都是非常稳定的。

当然，这样的测试取的还是一个人群的截面，并没有追踪一个人从年轻到年老的数据。好在美国和加拿大的军队对参加一战和二战的军人的数据都有追踪记录。结果发现，同一个人的语言能力从 20 岁到 65 岁都是非常稳定的，但随着年龄的增加，抽象推理能力会有大幅度下降。

当然这样的研究和数据还是不能回答，我们的智力到底什么时候到达巅峰。后来美国心理学家沙依（Schaie）进行了一个更大规模的实验。

他在 1956 年找了 500 人测试智商，这些人的年龄都不同（从 10 多岁到 80 多岁），这些人每过 7 年要回来再测试一次。

1963 年，这 500 人中的 303 人又回来进行了测试。但在这一年，沙依增加了一波新人（997 个）进行第一次智商测试。

1970 年，第一波人中的 162 人回来参加了第三次测试，第二波的 997 人中，有 420 人回来参加第二次测试。在这一年，沙依又增加了一波新人（705 个）进行第一次智商测试。

1977 年，第一波人中的 130 人回来参加了第四次测试，第二波人中的 337 人回来测第三次，第三波人中的 340 人回来测第二次。这一年，他又增加了第四波人（612 个）进行第一次智商测试。

就这样，沙依一直用这种截面样本与跟踪相结合的方法，整理出史上最大、最牛的智商测试样本。

他得出了以下几个主要的结论：

① 人类的智商确实一代比一代强，下一代人的智商普遍比上一代人略高。

② 从 25 岁到 80 岁，这些能力一直是下降的——推理能力、空间能力、认知速度和记忆力。

③ 对于语言能力来说，中年会出现能力高峰，而且衰老导致的下降并不明显。

当我们把以上的研究结论全部放在一起看的时候，就会发现一个规律——晶体智力（比如语言能力）随着衰老还是保持得比较好的，而流体智力则会随着年龄增长而逐渐下降。

科学家们还指出了一些延缓流体智力衰老的因素：

① 无心脑血管疾病和其他慢性病。

② 在优良的环境中生存，社交圈子层级高。

③ 工作环境复杂，而且工作能够有智商上的挑战性。

④ 中年时性格灵活不别扭。

⑤ 有一个智商高的伴侣。

⑥ 能够保持大脑的处理速度。

⑦ 中年时能够对人生感到满意。

在梳理完决定智商的各种因素后，相信家长一定能对智商有更清晰的认知，祝所有人都能拥有不衰退的聪明人生。

第 8 章

大脑的“缺陷”与自我控制

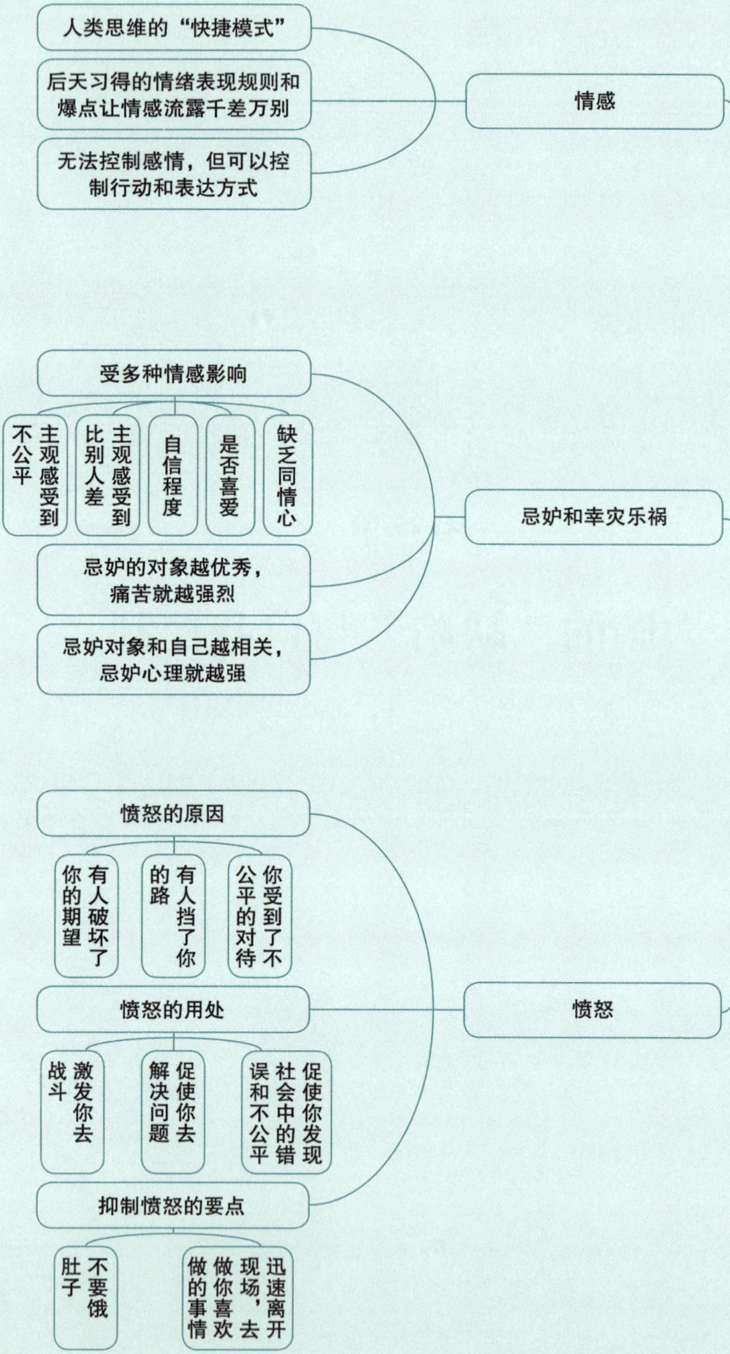
人类思维的“快捷模式”
后天习得的情绪表现规则和爆点让情感流露千差万别
无法控制感情，但可以控制行动和表达方式
情感
受多种情感影响
主观感受到不公平
主观感受到比别人差
自信程度
是否喜爱
缺乏同情心
忌妒的对象越优秀，痛苦就越强烈
忌妒对象和自己越相关，忌妒心理就越强
忌妒和幸灾乐祸
愤怒的原因
有人破坏了你的期望
有人挡了你的路
你受到了不公平的对待
愤怒的用处
激发你去战斗
促使你去解决问题
促使你发现社会中的错误和不公平
抑制愤怒的要点
不要饿肚子
迅速离开现场，去做你喜欢做的事情
愤怒

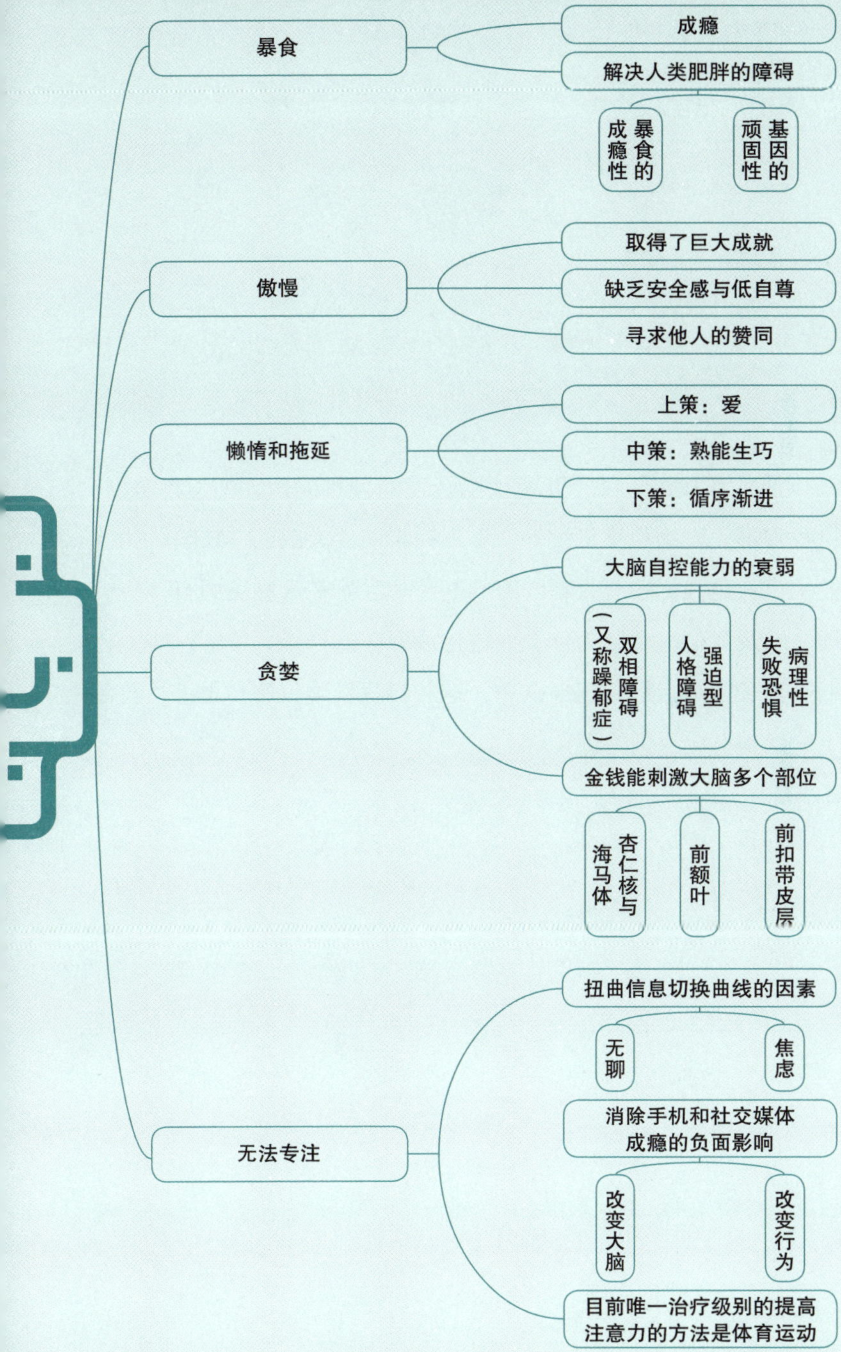
暴食
成瘾
解决人类肥胖的障碍
暴食的成瘾性
基因的顽固性
傲慢
取得了巨大成就
缺乏安全感与低自尊
寻求他人的赞同
懒惰和拖延
上策：爱
中策：熟能生巧
下策：循序渐进
贪婪
大脑自控能力的衰弱
双相障碍（又称躁郁症）
强迫型人格障碍
病理性失败恐惧
金钱能刺激大脑多个部位
杏仁核与海马体
前额叶
前扣带皮层
无法专注
扭曲信息切换曲线的因素
无聊
焦虑
消除手机和社交媒体成瘾的负面影响
改变大脑
改变行为
目前唯一治疗级别的提高注意力的方法是体育运动

前几章我讲了关于儿童大脑开发的各种问题，如学科培训、自我管理、高级思维训练等，本章我将谈谈大脑的“缺陷”和特征，也就是我们所有人都固有的欲望和毛病在大脑层面有哪些机理，以及我们的大脑为什么会进化成现在的样子。了解这些，有助于家长了解自己、疏导欲望，这对自我管理、培养思维、教育下一代都有更深刻的意义。

01 情感：让我们在充满危险的世界中生存下来的根本

（1）情感是人类思维的“快捷模式”

1965 年美国国防部高级研究计划局（Defense Advanced Research Projects Agency, DARPA）出了一件丑闻，导致某项研究被取消。国防部突然空出一大笔研究经费，需要在这个财政年度花完，而且必须找一个没有争议的项目。正好管这笔钱的项目经理的太太是泰国人，项目经理本人对不同人种、不同文化之间的非语言行为信息非常感兴趣——不同种族文化的人，有一样的感情和一样的表达吗？这个信息对美军是有用的，而且没什么可争议之处。项目经理就找到了当时 30 岁出头的保罗·埃克曼（Paul Ekman），让他去研究跨人种、跨文化的情感编码和情感表达。

埃克曼读过达尔文的关于情感表达的书——达尔文真是位天才和全才，他不仅著有超越时代的“神书”《物种起源》，还写了一本关于人类表情感情的“神书”《人类和动物的表情》（*The Expression of the Emotions in Man and Animals*）。书中指出，人类的很多感情是进化的结果，是人类共有的。埃克曼一开始并不是十分相信这个说法，恰恰相反，他认为人类的表情和感情都是从不同的文化中习得的。

为了证明自己的理论，埃克曼到巴布亚新几内亚的一些完全与外界隔绝的原始部落进行研究。一系列的实验表明，这些原始部落的人的基本表情和情感（如快乐、悲伤、愤怒、恐惧、惊讶、鄙视、恶心等等），都与西方文明世界的人毫无二致。而且，这些原始部落的人不仅脸上不存在我们不能识别的新表情，他们也能识别外来者的情绪。

也就是说，人类具有共有的情感和表情，这是进化而来的，它们对我们的生存和繁衍极其有利。举个简单的例子，假设你在马路上开着车，对面突然驶来一辆大卡车，马上要撞到你。那一瞬间，你的心率急速上升，大腿肌肉血流增加，肾上腺素剧增，呼吸速率增加，表情凝固，迅速找到刹车并使劲一踩，千钧一发之际停下了车，你劫后余生，这简直让人冷汗直冒。你侥幸躲过车祸的 2 分钟后，再去回忆那一刻具体发生了什么，是非常困难的，因为你在这一系列反应的过程中并没有思考。

情感可以说是人类思维的“快捷模式”，如果你需要完成理性思考才能做出反应，就无法在这个充满危险的世界存活下来。你躲车时的反应，和新几内亚原始部落的人躲一头野猪时的反应毫无二致，这些都是我们的祖先在数百万年的进化中得到的快捷模式。不仅恐惧是一个让你迅速避开危险的快捷思维模式，其他感情，如愤怒、悲伤、喜悦、惊讶、恶心等等，也是如此。

以愤怒为例，**愤怒能够给你“燃料”，让你浑身充满了力量，迅速移除你的障碍。**对人类来说，愤怒的主要刺激源来自这几点：抢夺你的食物和资源；给你设置前进路上的障碍；抢夺你的性伴侣。如果遇见这样的情况，你还不能被激起最原始的愤怒，想办法把这样的人移除掉，你就很可能在生存竞争中被灭掉。

恶心也是一样，试想，如果你对脏乱差的环境、呕吐物、粪便、蚊虫等没有天然的恶心到想逃避的情绪，你怎么能够保护自己不受细菌、病毒的侵害呢？

所以，虽然常常有人希望自己不那么情绪化，没有那么多的感情波动。但其实情绪和感情才是真正能够保护你的思维武器。**没有感情，光有理智，你会面对很多现在想象不到的危险。**

（2）后天习得的情绪表现规则和爆点导致我们的情感流露千差万别

可能有人会问：“为什么有些人能够处变不惊，总是没什么特别强烈的感情流露，似乎‘泰山崩于前而色不变’呢？”也有人会问：“某明星和某明星互相揭短骂战，我一点儿感觉也没有，我的朋友小 A 却非常激动，这是为什么呢？”

这就涉及人类后天学习了什么。人类虽然有一些进化而来的感情思维模块，但我们还可以学习一些情绪表现规则（display rules）和新增一些感情的爆点（trigger）。

关于表现感情的社会法则，埃克曼曾经做过一个实验，他分别让美国人和日本人去看一些会激发人不同感情的电影。当他们一个人看的时候，脸上的表情没有显著差异；但当他们和别人一起看的时候，日本人的表情明显程度比美国人低得多。也就是说，不是日本人没有那种天然的进化来的情感，而是日本人学会了抑制情感，在社会中不表现出来。就像我们常说的，不是英雄不懂得怕，而是他通过长期训练，学会了抑制自己的恐惧。

关于爆点（trigger），心理学家也做了很多深刻的研究。要讲清楚这件事，我先来举一个例子。

丈夫和妻子正在吃早饭，丈夫说："今天我下班之后不能去幼儿园接女儿了。"

妻子一下子就感到厌烦，她马上抑制不住地愤怒，声音也变了腔调，说："你怎么不早跟我说？你把我的计划都打乱了！"

丈夫马上感觉到了她的愤怒和指责，也马上用愤怒的腔调回敬："我没法早告诉你，刚才我老板发信息说今天晚上要紧急开会。"

在这个例子中，如果妻子能够恢复理性，就会在大脑中处理这条新的信息"他并不是不想早告诉我，他也是刚刚才知道这件事的"。

可惜人的感情一旦被激起，会产生一段不应期（refractory period）。在不应期里，你不会听得进或看得见和自己当前情绪相反的证据。**我们总是在寻找支持自己当下情绪的证据，不论我们当下是快乐、悲伤，还是愤怒，只要在不应期内，我们都会寻找支持自己当下情绪合理的信息证据，而拒绝接受自己当下情绪不合理的证据。**

因此，例子中的妻子一旦被点燃爆点，在不应期内，她不会觉得自己的愤怒是不合理的——即便当前的证据证明，事实与她的情绪正相反。

那么，她为什么会被这件小事点燃呢？这是因为爆点的产生，往往源自以往记忆的一个脚本（script）。

埃克曼的另一个实验表明了记忆的脚本有多么强大。他请了很多人来实验室，给他们带上各种测试心跳、呼吸、皮电反应（机体受到刺激时皮肤电传导的变化）的仪器，让他们回忆以前发生的、能够勾起感情的事情。

埃克曼本以为在实验室这么一个不自然的环境，带这么多仪器，人们是很难进入回忆的。事实却恰恰相反。人们可以毫无困难地进入勾起感情的回忆，甚至回忆带来的那些愤怒、伤心、快乐等感情，其强烈程度丝毫不比刚刚经历时的轻。而这个回忆产生的源头，就是固有的脚本。此后，每每遇见事情，你就会和自己曾经历的固有的脚本去作对比，与这个脚本越像的，越能激起你的爆点。

我们来继续看一下上面那个例子。假定这位妻子小时候常常被自己的哥哥欺负，她去找父母告状，父母却总是偏向她的哥哥，她受了很多不公平的待遇，吃了很多亏，她发现比她大的男孩总是让她多干活，把她当成苦力。因此，“年长男性总是要骑在我的头上，控制我，占我的便宜，如果我懦弱，我就要被当成苦力”便成了她的脚本。她成年后，再发生类似的事情，她就去和这个固有的脚本作对比，这类事情便成了她的爆点。

假设这个妻子是一位非常聪明且成熟的女性。那么她会向自己的朋友、亲人咨询，也会反思自己的爆点，可能还会去咨询心理医生，她可以理清楚自己的爆点是什么，甚至能够回忆起自己的童年往事，并且合理地分析出这些往事给她造成的影响。

但可惜的是，很多时候这些分析只会让你清楚这件事情的存在，并不会完全删除爆点，最多也就是缩短下一次遇见相同爆点的不应期。

到底什么样的固有脚本所产生的爆点对我们的影响最深呢？**爆点对人影响的程度与三个因素有关：与原始的、与生俱来的爆点越接近的，影响越深；越早产生的爆点，影响越深；事件发生的频率越高的爆点，影响越深。**

我再举一个例子。假设一位父亲总爱逗弄自己的小儿子，看见孩子生气的模样就开心地哈哈大笑。这件事就可能形成孩子未来的爆点，因为它可能变成孩子脑海中被羞辱的记忆。

首先，这位父亲的逗弄中的肉体攻击越多，这个爆点对儿子来说就越强烈。就像我在前文说的，我们都有一些共有的、与生俱来的爆点，比如遇见危险会逃跑，而肉体攻击正是这样一种爆点。**人类天生会对肉体攻击产生极大的愤怒和恐惧。**这个天然爆点的产生，本该是用来保护我们的。例子中父亲对儿子的逗弄，如果每次都夹杂肉体攻击，儿子就会把这个爆点与自己所受的羞辱产生强烈的关联。

其次，这个逗弄发生的时间越早，对这个孩子来讲，爆点就会越强烈。幼年时，我们还没有学会对情绪进行适当的调节，也不会对各类威胁的程度进行适当的分析。**所以，童年所经历的事情，就会使我们形成非常顽固的固有脚本。**

最后，如果一件事情频繁发生，爆点就会变得根深蒂固。比如一个人时常被欺负、被嘲笑、被性侵……这些遭遇都会改变他天然产生的感情爆点，并且在他的心里难以删除。

我们再看这个时常被父亲逗弄的孩子，他就形成了“凡是逗弄我的人，都是想笑话我，想羞辱我”的固有脚本。未来，他会对同学、朋友、同事，甚至配偶的每一句玩笑都非常敏感。曾经的那些逗弄，也可能让他躲避可能出现逗弄的场合，以免自己失控。因此他有可能形成固有的行为模式，比如回避社交、回避表演，甚至回避和人打招呼……

（3）我们无法控制感情，但可以控制自己的行动和表达方式

有的人可能会问：“是不是删掉自己的感情和爆点，遇事内心平静无波，就是一个所谓‘情商高’的人呢？”其实并不是。时时出现爆点的人固然可怕，但遇事没有情绪波动，每次都以皮笑肉不笑或面无表情来应对世界的人，也不招人喜欢。

人们喜欢的是自然而有节制的、有血有肉的人。也就是说，他会开心，会发怒，会悲伤，而且他发泄情绪的强烈程度与当前事件的严重程度成比例。当事件严重时，他表达出与之相符的强烈的情感；当事件不严重时，他表达出与之相符的轻微的情感；并且他的表达正好在恰当的时间和恰当的地点，也用了恰当的方式——这种人才能获得别人的尊重、喜爱、信任和接近。**过分控制情感，就会过犹不及，让人觉得虚伪，或者过度压制欲望，反而不能赢得别人的信任。**

我们无法控制自己的感情，也无法控制内心已经形成的脚本和爆点，我们能控制的只有自己的行动和表达方式。你的思想是私密的，你想什么，或者你因为什么产生情绪，别人并不能完全准确地了解，但你的感情是公开的。**只要你真切地体会到一种感情，你的表情、声音、肢体动作，总会泄露你的内心。**你只要发声，就会流露出愤怒，你能做的最好选择就是不出声，或者迅

速离开现场。而离开冲突现场，需要强大的与生物本性对抗的毅力，但这是我们唯一能用毅力做出的选择。

有人说，如果能够关闭这烦人的感情就好了。这种想法是不对的，就像我前文说过的，感情是人类生存和繁衍的保障型武器，关闭了感情，你就无法用“厌恶”迅速判断应该躲避谁，也无法用“恐惧”迅速避开危险，这是相当不安全的。

人生的酸甜苦辣——喜欢一个人的狂喜，站在领奖台上的骄傲，失去亲人的悲痛，被人欺负时的愤怒，面对灾难时压抑恐惧而继续向前的勇气，看见自己的孩子长大成人的欣慰……这些本身就是生命的基本意义。可以说，如果我们没有那么多怨和悔，人生就不会无怨无悔。

02 忌妒和幸灾乐祸：让我们痛并快乐着的情感

天主教把忌妒列为“七宗罪”之一，莎士比亚把忌妒比作“绿眼睛怪兽”（the green-eyed monster）。不过哲学家和心理学家对忌妒的看法倒没有这么激烈。罗素在《幸福之路》（*The Conquest of Happiness*）里认为，忌妒只是使人不幸福的主要潜在原因之一。苏格拉底在柏拉图所著的《斐莱布篇》（*Philebus*，柏拉图记录的自己与苏格拉底的哲学对话）中认为，忌妒是一种痛并快乐的情感，因为忌妒能让我们随时准备看那些被我们忌妒的对象即将遭受不幸。

在哲学家看来，忌妒和幸灾乐祸是硬币的两面。因为忌妒给你带来了痛苦，所以，只有看见你忌妒的对象倒霉了，随之产生的那种幸灾乐祸心理才能稍微减轻一下你的痛苦。

这个观点在近现代的心理学研究中，被心理学家逐步证实。

有大量文献表明，人类对自我的认知来自与别人的比较。我们的大脑通常不是客观地看自己做得多好或者多差，而是通过和周围的人比较，得出我们有多好或者多差的结论。

同时，心理学家通过大量实验还发现，忌妒的本源除了比较之外，还有不公——我们通常认为我们忌妒的对象不应该拥有现在的地位。很多人想得到的只是“公平的分配”。这不仅是心理学的研究成果，也是哲学家尼采的主张。**主观感受到的不公平和比别人差，可以直接影响一个人在忌妒时的敌意和压抑的程度。**

同时，忌妒和幸灾乐祸还受以下几种情感的影响：

① 自信：很多时候幸灾乐祸不仅仅是忌妒的直接结果，它也受自信程度的影响。处于高位之人的不幸，可以让一个自信心不足的人重新评估自己，觉得自己的处境也不是那么差。所以说，幸灾乐祸可以让自信心不足的人获得更强的愉悦感。

② 喜爱：如果你对一个人的情感是喜欢，那么你对他的不幸更有可能产生的是同情，而不是幸灾乐祸。

③ 缺乏同情心：有些人幸灾乐祸，不是因为忌妒得到了舒缓而感到愉悦，而是因为他们本来就缺乏同情心。这种人对任何人

都没有太多喜爱和同情的情感，不管这个人是不是比自己能力强。

恰恰因为忌妒、幸灾乐祸与人们对自己的评价以及这么多高度相关的人类情感都有关系，所以，尽管社会风俗和道德评判一般不允许人们公开表现出忌妒和幸灾乐祸，但这是非常难以抗拒的情感，多数人在私底下还是会这样。

史密斯（Smith）等人在1996年提出了一个对幸灾乐祸进行行为学计算的量化模型。这个模型计算法则是：忌妒和忌妒对象的地位成正比，且和幸灾乐祸有直接关系，幸灾乐祸和对其喜爱程度成反比，喜爱和同情成正比。

2009年，高桥（Takahashi）等人发表了一篇具有划时代意义的论文，将忌妒在大脑中的神经网络和形成机理找了出来。他们通过功能性核磁共振成像发现，忌妒真的是一种痛苦的感受。当人的忌妒心理特别强烈时，大脑的前扣带皮层上端是激活的，而这个区的另一个部分（下端）主管社会性疼痛（对社会上的事情感受到的痛苦，区别于生理性疼痛）。他们还发现，**忌妒的对象越优秀，其带来的痛苦就越强烈。**

更有意思的是，他们还发现，这种社会性疼痛的严重程度不仅和忌妒对象的能力有关，而且和这个人与自己是不是处于同一领域也有关（是不是可以相比较的人）。**忌妒对象和自己越相关（比如在同一领域），人们的忌妒心理就会越强。**这就可以解释，我们为什么不会忌妒八竿子打不着的高富帅、白富美、大明星等等，而要去忌妒一个比自己好看一点儿的表姐，或是比自己能力强一点儿的同事。**我们忌妒这些人，恰恰是因为他们和自己在同一个竞争领域。**

这个问题也可以用进化生物学的知识来解释。从进化的角度讲，我们必须评估自己和直接竞争对手之间的关系——当你和对方在同一领域竞争而你又不如他的时候，忌妒可以刺激你奋发向上。

当然，忌妒也有副作用。其最大的社会型副作用是，实在竞争不过就恶意陷害、拆台，通过打倒对方而不是充实自己获得竞争优势。

所以，**人在乎的是自己和对方的差距能否缩小，而不是怎样缩小。**忌妒对象遭受灾祸、被人陷害，也可以带来你们之间差距的缩小，而当你忌妒的这个人突然从天边陨落，你会感到一种神奇的被满足、被奖赏的感觉，这就是幸灾乐祸。更有意思的是，幸灾乐祸这种感觉确实产生于大脑的“奖赏区”（striatum，纹状体，基底神经节的主要组成部分），当我们因忌妒对象倒霉而幸灾乐祸时，大脑的奖赏区就被激活了。

更有意思的是，ACC 区的社会性痛苦程度可以直接预测大脑奖赏区的激活程度。也就是说，**你有多忌妒一个人，你的社会性疼痛就有多强烈，那么当他遭受不幸时，你的兴奋和奖赏般的感受就有多强烈。**

看到这里，大家是不是觉得我们人类有点儿阴暗？其实大可不必这么自卑。正确认识和调控自己的忌妒心理，建立自信，就可以大大降低忌妒带来的社会性疼痛，更可以减少后续的幸灾乐祸。**压抑忌妒不是办法，提升自己才是解决之道。**

这个还给我们带来一个启示，在某个领域竞争不过别人，会产生强烈的忌妒心。这就要求我们不断创新，找到适合自己发光的天地——在某个方面不如别人时，就去找自己的战场。

03 愤怒：控制暴怒的“小火龙”

要谈愤怒，我先讲一个实验。布罗斯南（Brosnan）和德·瓦尔（De Waal）在《自然》(*Nature*）杂志上发表了一篇有趣的文章。实验人员先喂一只猴子吃黄瓜，猴子毫无意见，很开心地吃着。而后，实验人员在它面前喂另一只猴子吃葡萄。结果，忌妒使那只被喂黄瓜的猴子扭曲了，它认为自己遭受了不公平的待遇，开始发怒。所谓“不患寡而患不均”，在猴子界也是这样。

有的人可能会问：“猴子的这个性格跟我有什么关系呢？”

这跟我们有很大关系，因为人类生气的原理和猴子是一模一样的。

我们的大脑有非常复杂的解剖结构，但大体可以分成三类：爬虫类脑（reptilian brain）、中脑（midbrain）和新皮质（neocortex）。

人类和其他动物的最大区别是新皮质比较发达，而愤怒的情感并不是在新皮质区域处理的，而是在爬虫类脑和中脑。所以说，我们在处理愤怒情绪这方面和其他动物是非常类似的。

什么让我们感到愤怒呢？这不是一个简单的问题，而是目前科学家争论不休的热门话题。愤怒是一个多层面、多维度的信号，愤怒的原因追根溯源可以分为三大类：

① 有人破坏了你的期望。

② 有人挡了你的路。

③ 你受到了不公平的对待（就像那只看见别的猴子吃葡萄，

自己却只得到黄瓜的猴子一样）。

设想你正在经历一场非常严重的堵车，有那么多人挡着你的路，还破坏了你去上班（或者回家）的期望，你是不是感到很心烦，很愤怒？所以说，路怒症是最原始的愤怒情绪之一。

那么，既然愤怒这么坏，我们为什么要进化出这种情绪呢？其实愤怒也是有很多用处的：**比如它可以激发你去战斗、去解决问题、去发现社会中的错误和不公平。**这样看待愤怒，才可以发挥它的最大价值。

在人发怒的时候，大脑的两个系统是互相制衡的。杏仁核和下丘脑激发愤怒，而前额叶则抑制愤怒。

通俗地说，**杏仁核希望你去战斗，它会释放肾上腺素，肾上腺素流进你的血液，会导致血压上升、心率加速。**心脏的血液泵压量从平时的每分钟 4 升血液，飙升到 20 升。这是人体的本能反应，是进化出来的机制，谁也不能抵抗。但同时，愤怒制衡的另一部分，前额叶，特别是其中的眶额皮质（orbitofrontal cortex）区域也会被激活。这个区域主要掌管价值衡量，说白了就是思考“我这么做值得不值得”这类问题。这个区域的工作可以很好地控制愤怒。

如果一个人眶额皮质区域受伤了，会发生怎样的事情呢？1848 年，菲尼亚斯·盖奇（Phineas P. Gage）在一次事故中被一根铁棍从左颧骨下方穿入头部，从头骨穿出，正好穿透了眼窝前额皮质区域。盖奇曾经是一个温和可靠的铁路工头，脑外伤使他性情大变。

眼窝前额皮质区域受伤的主要症状是：大量出汗，非常好色，社交能力差，愤怒，嗜赌成瘾，还滥用毒品。也就是说，这样的人在各个方面都会失去自控能力。

事实上，这些症状和反社会型人格障碍所表现的是非常类似的。南加州大学的阿德里安·雷恩（Adrian Raine）发现，反社会型人格的人，眶额皮质区域的神经元比一般人少11%。

当愤怒上升到暴力，就成为一个不可控制的事件了。很多证据表明，**基因变异会导致人产生暴力倾向，童年时期受到伤害也可以引起暴力的变异。**

很多人在描述一个人的人格时，会讨论这是先天问题还是后天问题。但实际上，这两个问题并不是全然分离的。后天的伤害也可以调控基因，使一个人变得暴力。

当然，除了这些有暴力倾向的人，作为普通人的我们，也需要控制自己的情绪——愤怒对健康十分有害。在暴怒后的2小时内，急性心肌梗死发生的可能性是正常情况下的8.5倍，脑梗死发生的可能性则高达3倍。这是因为，人在愤怒的时候，血管壁上会沉积更多的脂肪和糖。

我们怎么控制自己，不要发怒呢？

第一个抑制愤怒要点是，不要饿肚子。布什曼（Bushman）等人设计了这样一个实验：在21天内，每天早晚给107对夫妇测量血糖值，为了测试他们的攻击性冲动，实验人员给这些夫妇每人1个巫毒娃娃和51根针，让他们把娃娃当作自己的配偶，通过扎针的数量反映出他们对配偶的愤怒程度。他们发现，血糖越低的人，给娃娃插的针越多，甚至有3个人把51根针全部插上了，这简直是杀死配偶的心都有了。

为什么饿肚子会让我们如此失控？因为饥饿会使血清素降

低。血清素是一种可以让大脑的前额叶和杏仁核连接得更紧密的、更能有效控制情绪的神经递质。血清素一旦降低，人就不容易控制自己的情绪。

第二个抑制愤怒的要点是，遇见令你愤怒的事情，既不要忍着，也不要发泄太长时间，而是应该迅速离开现场，去做你喜欢做的事情，比如购物、溜冰、打游戏、看电视剧等等。

不论是强忍愤怒还是长时间发泄情绪，都会对心脑血管系统产生很大的负面影响。事实上，我们发怒的周期是很短的，只要离开现场，去做自己喜欢的事情，暂时忘记令你发怒的人和事，你很快就会恢复清醒了。

可能有人会问：“臣妾做不到怎么办？”

你可以做到的，**控制情绪是一种技能，就像其他技能一样，需要大量训练**。要相信大脑的可塑性，一次不行就两次，两次不行就三次……这样训练数十次，你就明白生气时迅速离开现场的重要性了。

04　暴食：食物成瘾的脑科学机理

肥胖是全球性公共卫生问题，每年直接造成 280 万人死亡，是世界第五大早死病因。同时，肥胖还会增加患各种慢性病的风险，44% 的糖尿病、23% 的心脏病，甚至 2% 的癌症，都是肥胖导致的。2008 年，全球有 15 亿人超重，超过 5 亿人肥胖，不仅仅在发达国家，就连发展中国家的肥胖人口数量也在逐年增加。

众所周知，超重的主要问题是热量的摄入和消耗不平衡，简单地说就是吃得多，动得少。除了这个主要问题之外，还有“肥胖生成环境”：现代社会是充满了高热量食物的社会，人们从来没有见过那么多油炸食物、冰激凌、糖果、蛋糕、零食……面对这么多诱惑，我们抵抗能力的强弱和这些因素有关：抑郁症等心理问题、较低的社会经济地位、药物滥用。而且暴食者和药物滥用者之间行为上的相似性，使很多精神科学的学者呼吁将暴食症定义为“食物成瘾”（food addiction）。

那么，把暴食症定义为一种精神疾病，特别是一种成瘾性精神疾病，这科学吗？现行的美国《精神障碍诊断与统计手册（第五版）》（*Diagnostic and Statistical Manual of Mental Disorders:DMS-V*）对于是否成瘾有以下七个标准，符合其中三个就可以判断为成瘾：

① 剂量容忍性（tolerance），指人在不断使用某种物质之后，同样剂量下无法获得之前的愉悦感。

② 戒断综合征（withdrawal syndrome），指停用该物质会感到难受。

③ 使用该物质的剂量越来越大，或者时间越来越长。

④ 长期想要降低摄入该物质，并用各种方法尝试控制自己，但均不成功。

⑤ 花很长时间去取得该物质。

⑥ 忽视其他社会活动、职业发展或娱乐活动。

⑦ 即便有因为使用该物质而恶化的生理或心理问题，但仍然使用该物质。

如果符合其中三个条件就算成瘾的话，那么食物成瘾确实是存在的。

美国《精神障碍诊断与统计手册（第五版）》中只有两种进食障碍（eating disorder），一种叫“神经性贪食”（bulimia nervosa），症状是间歇性短时间暴食（binge eating）与清肠（gut purge）交替出现，也就是一会儿大吃大喝，一会儿又抠喉催吐；另外一种叫“神经性厌食”（anorexia nervosa），也就是老百姓说的“厌食症”，指为了减肥把自己饿到要死的程度。

那么，暴食和吸毒（药物成瘾）在大脑的通路上是否有相似之处呢？确实是有的。

简单地说，吸毒和暴食这两种成瘾都利用了多巴胺通路。食物、性，还有毒品，这些让人愉悦的物质会激发多巴胺的大量分泌，进入中脑的一个叫作“伏隔核”（nucleus accumbens）的组织。这些多巴胺给大脑传递了一个信号：“请重复这些让我感到幸福愉悦的行为。”但是，过量的令人开心的食物（冰激凌、巧克力、油炸食品等）和过量的毒品一样，会使整个大脑系统失调，让大脑陷入“总是饿，总是在寻找食物”的大坑。

当然，食物带给人的愉悦并没有毒品那么强烈，因为这两者之间的通路并不是那么一致。碳水化合物和糖的摄入会引发血糖升高，进而激发胰岛素的释放，这些都与大脑中的鸦片类似物系统（opioid system）有关，而鸦片类似物系统又会进一步促进多巴胺分泌，人自体生成的鸦片类似物甚至还有类似鸦片的镇痛效果。因此，一块糖、一块巧克力，很多时候真的可以使人感觉不那么疼了。

但是鸦片类似物的可怕之处在于它能够引发渴求，也就是“不吃就难受”的成瘾感，这种渴求能让人冲破各种艰难险阻。有这样一个有意思的实验，研究人员让暴饮暴食的大鼠和正常饮食的大鼠通过同一个电击区才能得到一块甜曲奇，结果显示，暴饮暴食的大鼠可以忍受更强的电击。吃能让食物成瘾的大鼠忘记恐惧，甚至不要命。

更有意思的是，长期吃糖的哺乳动物突然戒糖，就会出现和戒断海洛因一样的反应：焦虑、磨牙等。和毒品成瘾一样，嗜糖成瘾的动物就算戒了糖，一旦再受到糖的刺激（看见类似物体或图片），还是会忍不住“复吃”。

这些在动物身上的实验结果，在人类身上也得到了证实。大脑功能性磁共振成像结果显示，暴饮暴食者的大脑激活反应和吸毒者有很多类似之处，暴饮暴食者的人格测试结果也和吸毒者有一定相似度。核磁共振实验表明，食谱越单一的人越容易嗜糖成瘾。

到底是什么因素使人食物成瘾呢？根源在哪里呢？

很容易联想到的是基因问题。通过研究被不同家庭领养的同卵双胞胎样本，科学家发现 40% ~ 70% 的食物成瘾风险与基因有关，这和药物滥用风险与基因相关度的比例相似。可以说，被不同家庭领养的同卵双胞胎的体重相似度，比同一个家庭养大的异卵双胞胎还要大。上文说的神经性贪食，也有 54% ~ 83% 的概率是遗传因素所致。如果一个家族里有暴食症患者，那么亲族中出现吸毒者的概率也较高。也就是说，两种“狂欢至死”的行为有着某种基因上的联系。

但是，基因的因素真的有那么大吗？有了暴食基因就没办法了吗？目前所知的与肥胖有关的基因（比如 MC4R、FTO 等），单个的影响力都很微弱，每个基因和它的变种都不足以引起暴饮暴食和肥胖，必须很多基因聚合在一起才可以。

读到这里，你可能要问：“如果需要很多基因聚合在一起才能引起暴饮暴食和肥胖的话，就不能解释为什么会有那么多大胖子了啊？”

这就不得不提到一门遗传学分支学科：表观遗传学（研究的是在基因的核苷酸序列不发生改变的情况下，基因表达的可遗传性变化）。很多环境因素可以影响基因的表达，增加肥胖的风险。比如，孕妇的饮食习惯和子宫内环境可以影响胎儿肥胖基因的表达，超重的母亲增加了胎儿肥胖的概率。

综上所述，基因的顽固性和暴食的成瘾性，是解决人类肥胖问题的两个巨大障碍。市面上有各种各样的减肥代餐和减肥药，但大多数是骗钱的。美国食品药品监督管理局（Food and Drug Administration, FDA）批准的，对肥胖和暴食症有治疗效果的药物只有三种。

此外，还有的人依靠手术来治疗暴食症，比如胃部套环、胃部分切除等手术。这些手术虽然以让人暂时变瘦，但都有较强的副作用，比如伤口感染以及心脏病和代谢疾病等。

当然，以上这些传统治疗肥胖症的方法，都有反弹的可能。

据称，接受胃部分切除手术的患者中，85% ~ 90% 都会有不同程度的反弹。

还有人提出通过高科技的脑侵入方法来治疗暴食症和肥胖症，也就是脑深部电刺激（deep brain stimulation）的方法。就是将一个电极植入大脑的深层组织，直接刺激多巴胺通路的拮抗剂，让人看见食物时不那么兴奋。但对于绝望的肥胖症患者，这种通过刺激大脑来控制暴食症的方法是否符合道德标准，也引起了学术界的热烈讨论。

我们都知道，这个世界对胖人充满恶意，“胖就是不自觉”“要么瘦，要么死”这类极端的口号使很多人对胖人有成见。对食物成瘾的研究也许可以改变这种成见，同时，还可以帮助政府决策者制定一些营造减少高热量食物摄入环境的政策。

比如，频繁出现的零食广告对儿童的诱惑力是很大的，他们没有自制力去抵抗高糖高油脂食品的诱惑，很有可能会成瘾。丹麦对含饱和脂肪的食品征收“肥胖税”；匈牙利对含高糖、高盐、高碳水化合物或咖啡因食品以及部分饮料征收“人民健康产品税”（又称“薯片税”）；纽约市长曾提案在全纽约禁止贩售大瓶或大杯的高糖汽水。这些政策都是为了避免儿童走上父辈们嗜糖成瘾和肥胖的老路。

但是，食物成瘾的机理还需要很多年的探索才能更加清晰，一些政策的制定也需要持续与各大食品工业巨头博弈和较量。

05 傲慢：“我狂故我在”的原理

我们在生活中都见过或听说过一些孤傲的人，特别是各种历史名人，他们都有自傲情结。毕加索说：

妈妈告诉我：“如果你是一名士兵，你就会成为将军；如果你是一名僧侣，你就会成为教皇。”不一样的是，我成了一名画家，现在我是毕加索。

这话够自恋了吧？尼采还有更自恋的：

基于功劳的傲慢甚至比那些无功的傲慢更让人反感，因为功劳本身就令人不快。

究竟什么是傲慢呢？傲慢的人通常在行为上表现得高人一等，觉得自己比别人更有价值或更重要。傲慢的人也渴望被崇拜、被人仰视自己的才能和成就。所以，傲慢是一种欲望，是对自己能力的过分自信，对自己的成功、自己的价值被人看见的渴望，甚至是对主宰一切的渴望。

有时候傲慢是一种对极度不安全感的补偿机制，这种人格通常是在童年时期形成的。虽然大多数人都可能在人生中的某段时间极度自负，但是绝大多数人的傲慢是一种长期心理机制，真正傲慢之人的傲慢是极其顽固的，非常难改。

其实，傲慢的心理根源是自恋。从科学的角度来讲，自恋的人分为两种：脆弱型自恋（vulnerable narcissism）或称隐性自恋（covert narcissism）和自大型自恋（grandiose narcissism）或称显性自恋（overt narcissism）。脆弱型自恋的人把自恋当作一种补偿机制，掩盖自己内心极度缺乏安全感；而自大型自恋的人，是真的相信自己超级完美。

很多政客、“白富美”、“高富帅”都是自大型自恋的人，有的人由于童年受到过伤害，会出现脆弱型自恋心理。

那么，自恋的根源在哪里呢？一些对同卵双胞胎的研究表明，自恋确实存在基因的因素，但环境对其起决定性作用。以下因素都能引起极度自恋。

（1）取得了巨大成就

有的人确实取得了别人难以企及的成就，因此变得自恋，比如名校学生中自恋的人更多。

做成别人难以做到的事情，确实能够大大提升自我价值感，甚至有的人会达到看不起别人，觉得别人没有自己重要的地步。这就是我们常说的“优越感”，很多人在成功之后都控制不住自己的优越感，不论显性的，还是隐性的，都要秀一秀。

这是因为我们作为一种社会性动物，总是时时刻刻潜意识地与他人比较。比较是一种自然的过程，所以有成就的人极其忍不住秀优越。

克里斯·杰米（Criss Jami）说过一句非常有意思的话：“成

功之后最大的挑战就是闭嘴。”但很多企业家在此项挑战面前都失败了。

（2）缺乏安全感与低自尊

有的时候，傲慢是一种防御机制，是保护我们的自尊、自爱和自我价值的方法，可以用来隐藏或补偿人的自卑和缺乏自信、安全感。

比如傲慢让你拒绝别人，免得他拒绝你——这实际上是一种自我保护机制。这种人潜意识还是怕别人伤害自己。所以，有些人对别人态度傲慢，其实是害怕别人拒绝自己。

当一个人在感情上缺乏安全感的时候，傲慢是一种短期的防御机制，但这并不是一个有效的长期策略，有两个原因：一是这种拒绝别人的策略会使人众叛亲离，非常孤独，而孤独又会让他们更加没有安全感；二是也许别人不会拒绝他们，但这种孤傲的性情会使人很难拥有亲密关系，这可能会导致抑郁。

（3）寻求他人的赞同

这种人非常在意别人的看法，因为这种傲慢的根本就是“他人的赞同”。**有的人表现得傲慢是在求关注，特别是曾经以狂妄、傲慢、自恋的举止得到过别人关注的人，他们会继续这种行为。**

以上这些表述都会让我们认为，自恋和傲慢是不好的人格，而且完全没用，真的是这样吗？近些年的一些研究表明，自恋也许还真对学业有一定帮助呢。

美国贝勒大学的一项研究表明，并不是越谦虚的孩子学习越好，自恋与好成绩存在高度正相关。也就是说，自恋的孩子往往学习成绩更好。当然，这种相关性并不能推导出因果关系。既可能是成绩好导致了自恋，也可能是自恋导致了成绩好。

对此，德国的科学家进行了进一步研究。他们认为，一个自恋的人由于常常需要得到别人的关注，所以对机会非常敏感，他们总是寻求能够闪耀的机会，希望能够出人头地。这种“一直在寻找闪耀机会”的心理特征，就形成了一种激励机制。

耶鲁大学的学者做了一个更有意思的实验，研究人员发现 5 ~ 7 岁的小朋友也有自恋倾向，他们常常觉得自己懂得比父母多，甚至到了十几岁时会觉得“爸爸妈妈什么都不懂”。

之前有些学者认为，自恋和自我身份认知是在大脑同一个区域处理的。但最近的研究证明，它们是完全分离的神经系统。我们的大脑有三个不同的区域，分别负责处理自我身份（我是谁，我叫什么，我的身份证号码、电话、生日等）、自尊和自恋。虽然自尊的处理区域和自恋的有所重叠，但并不完全一样。

自恋不仅仅是提高自尊的一种手段，还关乎输赢。自恋的人在社会交往中缺乏同情心，他们不在乎友谊、爱情，更在乎一时的输赢，当然，这也可能带来一定的竞争优势。

虽然我讲了一些自恋的优势，但我们也不能对自恋程度完全没有控制。极度自恋会导致人际关系紧张、孤独、家庭关系受损、缺少朋友等。

极度自恋的人会极其相信社会达尔文主义（指由达尔文生物进化理论派生出来的西方社会学流派，认为优胜劣汰、适者生存的现象存在于人类社会），对弱势群体缺乏同情——这会带来极大的社会不稳定因素。

《精神障碍诊断与统计手册（第五版）》中把极度自恋当作一种病来进行诊断和治疗。其主要干预治疗方法是让这类人不断认识到：即便我获得了很牛的成就，也不代表我就是一个超越别人的人。同时要让他们接受，别人也有价值和自己的观点。

这些方法也可以帮助儿童正确认识自己，**当家长看到孩子非常自恋的时候，千万不要着急，只要能控制在合理的范围之内，这种性格可能会帮助他取得更高的成就。**

06 懒惰和拖延：用脑科学战胜犯懒

在写本节关于懒惰和拖延的内容之前，我先自拍了半个小时，接着刷了半个小时微博，又去看了两个美妆博主的视频和美食视频，觉得电脑屏幕脏了就擦了擦，又觉得该喝水了，于是烧了一壶热水，喝完水觉得肚子饿了，订了一份外卖，再查查邮件……不知不觉就到了十二点。

在外人眼里，我属于效率超过平均值的人。如果我说我也会犯懒和拖延，很多朋友肯定都不相信。但实际情况是，我确实有很多时间都在拖延。更现实的是，这世界上没有完全不拖延的人。为什么呢？因为懒惰和拖延与人的大脑结构息息相关。

诺贝尔奖获得者丹尼尔·卡尼曼（Daniel Kahneman）在他的《思考，快与慢》（*Thinking, Fast and Slow*）里讲得很清楚，人的大脑有两个系统，系统 1（system I）和系统 2（system II）。

系统 1 是与生存和繁殖相关的基本动物性系统，它快捷强大、不可抵抗。从神经生物学的角度讲，它的作用就是让你得到即时满足。从大脑结构来看，系统 1 主要在边缘系统（limbic system），这是个系统掌管感情和奖励回路，它帮助你节省能量，促使你吃喝玩乐，并且在这个时候释放大量多巴胺，让你快乐得欲罢不能。

系统 2 是我们经过数百万年进化而产生的理性的思考决策系统，它主要位于大脑的前叶。它告诉我们人生要有目的，要有贡献，要做一些艰难的事情，要在“死线”（deadline）之前交作业，等等。

所以说，**我们拖延的都是那些令我们得不到即时满足的，不那么愉悦的东西**。想想你在拖延什么？你不会拖延和好友的聚会，不会拖延和帅哥（美女）的约会，不会拖延出去买漂亮的裙子（心仪的游戏皮肤）……你若爱唱歌，你会拖延唱歌吗？你若爱美食，你会拖延吃饭吗？你若爱金钱，你会拖延数钱吗？

你拖延的是那些不能马上让你满足的东西。比如你现在上网玩游戏、看视频、刷微博、查股票，马上就会获得愉悦感；但如果你为了准备托福考试而好好学习，可能几个月之后才能看到成果，你为了写论文而死守实验室，可能几年之后才能看到成果。

事实上，人类做事的动力是随着获得奖赏的时间长度呈指数下降的。也就是说，马上就可以吃到嘴的食物、马上就可以发到网上的自拍，比努力了几个月之后才能得到论文带来的动力强大得多。

从这个角度讲，只要我们对自己不加控制，很快就能成为一事无成的大懒蛋。这种无法控制自己的一事无成并不是真正的放松，它会带来极度的焦虑、自责和罪恶感。可以说，懒得心安理得、拖延得放松开心的人很少。绝大多数拖延症患者会常常陷入自责—拖延—罪恶—再拖延的恶性循环中。

蒂姆·厄本（Tim Urban）曾做过一个 TED 演讲，题为《在拖延症患者的大脑里》（*Inside the Mind of a Master Procrastinator*），这场演讲生动地阐释了这个问题。这个视频在网上已经有几千万次的播放量了，人们都对他的形容深表赞同。

厄本在演讲里说，我们的大脑里住了三种角色：一只即时满足的猴子（the instant gratification monkey）、一个理性决策者（the rational decision-maker）、一个恐慌怪物（the panic monster）。

一般情况下，在拖延症患者的大脑里，猴子（系统 1）占据主导地位，而理性决策者（系统 2）总是在一旁加重这位拖延症患者的后悔和自责的情绪。到了临近死线的时候，比如再不写论文就会不及格，再不做某项工作就要被领导骂……恐慌怪物就会出现，这时拖延症患者就会突然产生无穷的动力，加班加点、通宵熬夜，终于在最后一刻把任务完成了。

如此说来，“死线是第一生产力”的说法并不是毫无道理的。但问题的关键在于，并不是生活中所有事情都有死线的。如果你要创业，或者要创作（从事画家或作家一类的工作），这些事情是没有死线的；如果你要追求爱情，或者要结束一段不好的感情，这些事情也是没有死线的。

如果你只有靠死线才能产生动力，那么你将被困在平庸的生活里。因为精彩的事物和人，都不是靠死线完成能够获得的。最让人难过的并不是无法实现梦想，而是从来不曾开始追逐——这种永远没有开始追逐梦想的状态，最终会导致一个人自卑和自厌。

要摆脱这个循环，我把方法分成三类：上策为爱，中策为熟能生巧，下策为循序渐进。

（1）上策：爱

前文我已经提到了，我们永远不会拖延自己喜爱的事物。

能找到自己喜欢的事业并为之狂热的人，是最幸运的，也是最容易成功的。如果生活中有你不喜欢但必须完成的任务，能找到你愿意为之奋斗的人，也可以战胜懒惰。这也是为什么很多人成为父母后，突然变得像一台效率奇高的机器。为了孩子，什么目标不敢想？什么苦不能吃？什么事情豁不出去？

所以，我们可以把目标（比如标语）或所爱之人（父母、伴侣、孩子）的照片，贴在手机壳、钱包上，或者放在办公桌上，每当坚持不下去的时候，就提醒自己奋斗的意义。

还有一个更简单的办法。给自己设定一个很短的时间，比如25分钟。在这25分钟之内必须精神集中、一心一意地努力干活。25分钟后就可以给自己一些奖励，比如看个视频，休息一下。等适应了这个节奏，还可以逐渐把这25分钟的时间延长，然后给自己更多奖励，保证痛快干活之后痛快地玩。

（2）中策：熟能生巧

做项目的时候一气呵成，把每个步骤都做好，最好不要同时进行好几项工作。通过熟能生巧去掌握一件事，降低主观难度对行动力的影响，减少那种“我觉得这件事太难了，无从下手”的感受。

比如一年中要完成项目 A，B，C 等，那么就用 4 个月集中攻克项目 A，用 4 个月集中攻克项目 B，用 4 个月集中攻克项目 C……以此类推。尽量不同时进行 N 个项目。

如此一来，不仅用来转换思维模式的脑力成本和时间成本极大降低，而且当每个项目进行到后半段时，你已经对它极其熟悉了，进入专家状态，做起来得心应手，因此很快就能进入工作状态。

《算法之美》（*Algorithms to Live By*）里也有类似阐述，转换任务会导致时间大量流失。所以，一旦开始做一件事，就完成它之后再开始下一件事，是解决拖延症的良药。

不仅如此，完成一件事的快感还可以刺激大脑中多巴胺的分泌，让你拥有获得奖赏般的愉悦。

注意，我们容易因此而进入另一个误区：预防性拖延症（pre-procrastination）。很多人都有这样的毛病，每天早上列一个很长的清单，各种小事杂事都在列上面，比如寄个快递、回个邮件、买个东西、给某领导简单汇报一件非重要事情等等。通过做这些非重要的小事杂事，使自己看上去很忙，以此来回避最主要的、最艰难的工作。

这个误区的产生原因在于，人类的大脑总是想尽快减少任务数量，次要的、简单的工作能马上做完，促使大脑释放多巴胺，给人以满足感。特别是当你在纸上或任务清单软件上划掉了已经完成的任务时，会让你产生一种完成了很多任务的错觉。

因此，为了避免进入预防性拖延这一误区，你不仅要马上开始做事，还要做最重要的那件事。而改掉“回避高难任务”这个毛病的方法之一，就是把完成任务所需时间（time）和任务重要性（importance）这两个系数相乘：

得分 = 完成任务所需时间 × 任务重要性

先做得分最高的，依次往下排，这样你每天都要先做最难、最重要且最耗时间的任务了。

（3）下策：循序渐进

简单的循序渐进，我相信大家都会，就是把一个大任务分成很多小任务，再耐心地各个击破。

为了保证每个小任务可以及时完成，要逐一设置死线。这个死线最好是来自外部的，这样才能激发你心中的恐慌怪物。比如你告诉好友，如果今天你不完成 30 页论文，你就输给她 1000 块钱。罚金的数额越大，你心中恐慌怪物的威力越大，见效的可能性也就越大。

当然，你还是需要人为设置死线来限制自己。但是没办法，我们脑子里系统 1 的那只猴子就是这么强大，它就是想玩，不下点儿狠招，你很难战胜它，赶走拖延。

因此，在拖延了 4 个小时以后，我终于把这篇文章完成了，做完了今天应该完成的工作。在这个过程中，我也用到了这些方法，希望它们有助于你自己和帮助孩子战胜懒惰和拖延，毕竟懒惰和拖延不是罪，只是最简单的人性，它们会永远存在，伴随你一生。

07 贪婪：大脑对金钱的渴望

21 世纪初，美国发生了一大批金融经济犯罪的案件，很多社会名流和大企业首席执行官（CEO）因此锒铛入狱。比如安然公司前主席肯尼斯·莱（Kenneth Lay）通过财报造假，自己狠捞了一笔，导致安然有限公司的股价从 2000 年的 90 美元暴跌至不到 1 美元，迅速破产，成千上万的家庭血本无归；美国泰科国际有限公司前 CEO 丹尼斯·科兹洛夫斯基（L. Dennis Kozlowski）被发现有大规模诈骗和内线交易等行为，据说他的生活穷奢极欲，常常大搞派对，挥金如土。

全世界都存在这样的情况，我国也有不少电信诈骗、金融诈骗、内线交易、贪污受贿、非法敛财的案件。当然，不仅是那些身居高位的人有机会进行经济犯罪活动，普通的公务员和白领也有可能为了钱而眼红。

有的人可能会说，这些人的品德有问题，不知道收手，生活已经那么好了，居然贪红了眼，连命都不要，肯定是极端变态的人才这样。

但事情真的这么简单吗？

虽然贪婪是经济犯罪的最根本原因之一，但贪婪似乎并不能解释全部的问题。可以说，进行经济犯罪活动的人，都是相当聪明的人。虽然他们也看到过别人，甚至就是自己身边的人做过一样的事情，然后被绳之以法，但就是收不住手。

究竟是什么使他们有这样的勇气铤而走险呢？其实很多贪婪之人的自我认知已经扭曲了，对其应该承担的义务没有明确的认知。他们似乎认为自己是“法律之上的人”。这个认知在别人看来似乎很可笑，但站在某些有权有势之人的角度来看，是有一定关联性的。钱和权，从一定程度上能提供很多普通人无法享受的便利。比如，在世界上绝大多数国家里，大量的钱财可以帮助人转移财产、逃避税务、解决绝大多数纠纷，甚至逃避或减轻法律制裁。老百姓都说：“破财可以免灾。”这句话的讽刺意义在于，在普罗大众的心中，居然连灾祸之神也是可以被钱买通的。

因此，聚积了大量财富的人就常年生活在这种“出了事，花钱（找关系）就可以搞定”的环境中，久而久之就养成了自己凌驾于法律之上的错觉——法律对别人是一套标准，对我是另一套。

所以说，贪欲不仅仅来自某些人扭曲的道德观，也来自金钱本身，特别是大脑对金钱的反应机理——对赚钱的期待（也就是大脑对奖励刺激的响应），会导致很强的行为激励，甚至可以诱发人们撒谎、欺诈、贪污侵占、盗窃等非法获取的犯罪行为。

也许你会说：“可是我有自控能力啊！”实际上，所谓的自控能力并不像你想象的那么强。在很多情况下，人类的自控能力是一个变化的空间，它的一个极端是病理性赌博症，这样的人对金钱的欲望是强迫性的，他们的自控能力被极端削弱。

这就引发了另一个问题：有多少道德问题，实际上源于生理的脑病？或者说什么程度的道德问题是可以归因于脑病的？如果说贪婪是一种病，那么要怎么看待它对我们大脑进化的益处？毕竟是贪婪给予的动力，才让我们这个物种得以生存和进化。

对于大脑自控能力的衰弱，至少有三个生物学上的广义解释：

① 双相障碍（又称躁郁症）。躁郁症患者常常有自我膨胀的阶段，此时，他们常常觉得自己无所不能，狂妄至极，对金钱所做的判断极其轻率。

② 强迫型人格障碍。有些经济罪犯就是强迫型人格障碍，这种人会忽视社会准则，按自己的“规则”做事。

③ 病理性失败恐惧。这也是有权势之人最常见的毛病。他们表面上是成就突出、受人仰望的人，但其中有很多这种人的内心极度害怕失败、害怕失去自己的特权。这种害怕失去地位的恐惧，就更促使他们去冒风险，以获得更多的财富和更高的地位。

金钱能刺激大脑的多个部位，能实实在在地把人刺激到产生偏离道德轨道的行为，进而产生严重的精神问题。

至少有三个大的主要脑部区域影响着我们对金钱的感情和决策：杏仁核与海马体，前额叶，前扣带皮层。

杏仁核是大脑的感情处理中心，它和大脑的感觉区以及前额叶的决策区都直接相连。它一直帮我们监测外部世界，寻找机会，警示危险。当它探知到一个信号，就马上给这个信号贴上情感的标签，使我们能够迅速根据这个感情标签来做出反应，提高我们生存的机会。

我在前文讲过，杏仁核能对人身安全上的物理威胁产生巨大反应，实际上，**杏仁核对经济上的风险也能产生巨大的反应，而且其在左右脑是不平衡的。左脑杏仁核会对赢钱产生反应，而右脑杏仁核会对输钱产生反应。**更有意思的是，赢钱产生的反应要小于输钱的。

当我们有不好的输钱经历的时候，海马体这个常常和杏仁核一起工作的大脑器官就会被激活。海马体并不参与感情处理，它主要的功能是储存记忆，并且把每段记忆和特定的感情连接起来，比如把那些曾经遭受巨大损失的痛苦记忆与恐惧、焦虑等感情连接起来。一旦再出现类似事件，海马体就重新激活以前的记忆，进而影响杏仁核，重新产生恐惧、焦虑等情绪。这就是为什么很多遭遇过股灾的人，无论看到股市有多小的震荡都会非常害怕了。

当然，每个人的恐惧反应大小是不一样的。有些人因为部分血清素转运蛋白变异，会产生过度恐惧，特别是面对金融风险的时候。

前额叶也会被金钱影响，它是大脑的指挥中心，指挥大脑做一切协调性工作，也进行复杂问题和新问题的解决。前额叶功能不好的人，很难对金融决策进行分析，特别是在听取金融方面的意见和对未来金融动向的预测方面，都会有很大的缺失。

前扣带皮层对于复杂问题的处理功能也是非常重要的，包括识别反直觉和反经验的事情，特别是模式识别（pattern recognition），对于重复性模式和对重复性模式的破坏，它能发出预警。

前扣带皮层对那种出乎意料的事件会产生强烈的反应。比如你买了一只股票，根据你对这家公司财报的分析，这只股票肯定会涨，但突然之间，财报等指标被其他更大的因素给压制了（比如政策突变），实际上你赔钱了。这种超出预期的坏事会激活前扣带皮层，让你的胃部产生一阵不适。这就是我们常常体验到的，从云端跌落到现实的巨大失落。

总的来说，你的前额叶会做大量计算和决策，前扣带皮层会帮助前额叶进行模式识别和错误探测，而杏仁核的那些记忆，还有恐惧、焦虑等情绪，会对你大脑理智区的决策进行一定修正。所以，在不确定的市场，这些会使你克制选择的冲动。

当然，金钱的投资不仅仅会给你带来恐惧，也会带来很多快乐——金钱的信息处理和大脑的多巴胺回路紧紧相连。事实上，上述处理金钱的脑区都是和多巴胺脑区紧紧相连的，特别是一笔出乎意料的收入，会让神经元大量释放多巴胺，令人产生极度愉悦的感受，甚至类似吸食可卡因的感觉，而曾经有过类似感受的人，就会更加疯狂地追求这种感受。他们会在曾经让他们暴发的高风险领域投入更多金钱，虽然这样风险会更高，但他们曾经得到的那种极度愉悦感也会支持他们继续疯狂加码。

时间长了，现实生活中的刺激就会不够，愉悦感成瘾的人就会追求风险更大的金钱冒险刺激：赌博、内线交易、投资风险更大的股票等等。当经常豪赌的人即将输的情况下，短时期内，他的多巴胺水平还是会上升的，这鼓励他继续豪赌，当真的无可挽回时，他才会发现自己已深陷困境，这就是“不见棺材不掉泪”的大脑机理。

当贪婪超出了自我控制的范围，就会出现文章一开始提到的经济犯罪行为，这样的人就是那种到了最后一步还不知悔改的人。那么，人究竟有多少自由意志？什么时候该收手？什么时候该从大脑的生理角度看待道德？这些都是更深层次的问题。

08 无法专注：手机成瘾的脑科学原理和戒除方法

其实我不太有资格谈如何解决手机成瘾问题，因为我自己就是重度手机成瘾者，经常分神玩社交媒体。但由于久病成良医和所学专业的关系，我对这件事研究了很久，也试过各种治疗和干预方法。这些方法虽然都有点儿作用，但没有一个能根治我的毛病。

我相信对你而言也是一样，如果你已经根治了手机成瘾问题，那么你是不会关注本节内容的。当然这个问题也不是只有你和我才有，网络时代，很多人都有这个问题。研究显示，有 3/4 的人看不到手机就会焦虑，有 1/2 的人早晨醒来第一件事就是在床上玩手机，还有 1/3 的人在和别人吃饭的时候也在不停看手机。

我在本章第 6 节《懒惰和拖延：用脑科学战胜犯懒》里提到过，手机成瘾的本质是“切换”。也就是说，现代人缺乏一种在一件事上专注很长时间，深入地将其彻底完成的能力。这种注意力上的迅速切换大多源于现在网页和 APP 的设计，网页浏览器可以同时打开很多的页面，手机可以同时打开很多 APP。

一般来说，16 ~ 17 岁的孩子会在 6 ~ 7 个网页 /APP 中切换，95% 的成年人会多线程使用社交媒体，工作中有 1/3 以上的时间都浪费在不停切换中。

这种毛病并不只存在于学渣身上，生活和工作各方面都很优秀的学霸也可能是重度社交媒体上瘾者。斯坦福的利奥 · 耶克利斯（Leo Yeykelis）教授在本科生中做了一个很简单的实验，他在受试学生的电脑里装了一个小程序，每隔几秒钟就自动截屏一次。结果显示，斯坦福的学生平均每隔 65 秒就要切换一次界面，更惊人的是，50% 的切换都发生在 19 秒以内。这就是说，连斯坦福的学生平均每分钟都要切换 3 次电脑界面。

有的人会说：“没关系，我就是多线程工作的人，一边聊天一边听音乐一边工作也没问题。”作为同样多线程工作的人，我可以同意这种说法，但这只是表面现象——也就是你觉得你的大脑可以多线程工作，但实际上并不能，大脑内部的工作机制也是切换，只是有些人大脑切换速度比较快，所以看上去似乎是多线程工作。但只要是切换，就会浪费大脑的资源，当大脑资源不够的时候（比如老了或生病了），有这种切换的习惯会让你力不从心。

我们为什么会喜欢不停地切换当下的关注点呢？这是因为大

脑对信息是饥渴的，就如同对食物一般。

因此，将“食物切换”的方程用在“信息切换”上也是可以的。你看一个信息源（比如报纸上的一篇报道）的时间越长，能够从里面获得的新信息就越少。因此，当你的大脑感到这个信息源没有更多信息时，就会想要切换。

有人可能会纳闷：“这不对啊，你刚才说了，很多人看了几十秒就开始切换，这个信息源肯定还有很多有用的信息啊。”确实，相信大家也会有类似的感觉：明明这本书里还有很多有趣的信息我还没挖掘，为啥我还是要去看一下手机呢？

这就不得不提到扭曲了信息切换曲线的两个因素——无聊和焦虑，随着手机的普及和社交媒体的产生，这两个因素使我们越来越爱切换且频率越来越高。

先说说无聊这个因素。想一想，我们觉得不无聊的事是什么样的？为什么我们一玩起手机就这么兴致勃勃呢？为什么王者荣耀这么上头呢？

这是因为奖赏反馈机制，也就是我们大脑中的多巴胺回路，当每隔几秒就有反馈，就有奖赏的时候，我们的大脑就不会感到无聊，进而对一件事情上瘾。比如打游戏时，我们经常隔几秒就打下来一架战斗机，或者消灭一只怪物，或者攻占一块领地。每隔几秒的奖励，把我们大脑之中的多巴胺回路刺激到了无与伦比的水平。

可惜的是，我们需要做的、梦想的、伟大的、有成就的工作，都需要延迟奖赏。也就是说，你要下苦功，要一定延迟才能获得反馈。在这个过程中你是孤独的，需要克服一次次的无聊。而长时间被短期刺激满足的大脑，在这种延迟奖励的活动中，往往更容易感到无聊。有研究显示，现代儿童学习延迟奖励的内容而感到无聊的时间越来越短了。

更有意思的是，我们的大脑就是一个很容易无聊的、很矛盾的装备。我们的大脑的执行功能进化了，我们能看到远景，很容易立志向，很容易有梦想，但是我们的实现功能却还是跟其他猿猴类一样。也就是说，我们的大脑就像是“乔布斯领着一群猴子想成就一番事业”一样。不论乔布斯怎样描述宏图伟业，下面的猴子就是不听话，照旧吃喝玩乐。所以说，人本身就是一种活得很痛苦的动物，并不比猴子天生勤奋太多，但却承载了很多超越猴子的梦想。

我打这个比方的意思就是，我们的脑子里住着一群不安分的猴子，本来就喜欢即时的奖赏和回应，而现代社会的社交媒体和即时通讯又鼓励了这一点。

甚至，即便我们毅力超强，做事很专注，别人也会要求我们即时回应。比如你本来在认真工作，你的伴侣或老妈给你发了微信，不停地要求你马上回复。在这种情况下，你不得不停下手中的工作去马上回复。有研究表明，即便在工作的成年人，他平均每天看手机 150 次，每 6 ~ 7 分钟就要看一次。

这就自然过渡到我要说的另一个问题了——焦虑。智能手机和社交媒体的普及，使我们的焦虑程度上升了，美国社交媒体甚至用一个新词“FOMO”（Fear of Missing Out，害怕错过朋友圈里发生的事情）来描述这种现象。我们也有一句对应的话：“我又错过了什么？”

这种焦虑贯穿了我们生活的各个方面。比如前文说的频繁看手机，迅速回信息。其实有些信息延后回复也是可以的，但我们就是害怕别人不高兴。这种所谓的“居然不给我朋友圈点赞”的社交压力，使很多人都浪费了时间。

再比如，以往我们有空闲的时候（比如排队），都会脑子放空一会儿，或是幻想一些事，有些幻想是关于自己的，有些则是稀奇古怪的想法。但是现在，因为FOMO或无聊，大家排队时都低头看手机，这种不自觉的行为，使我们放空和幻想的时间变少了。

其实，幻想是一种非常重要的认知行为，甚至可以说它塑造了人本身。能够幻想出不存在的事物，就是人和动物最根本的区别之一。

而这一代儿童生在了“后手机时代”，也就是没见过没有手机的世界，这样的生活会不会剥夺他们幻想的天性呢？

还有研究表明，由于社交媒体成瘾和焦虑高度相关，重度手机使用者会越来越焦虑，越来越成瘾，这就形成了恶性循环。比如前文说的斯坦福学生，在做实验的时候他们还被带上了能够测量皮肤电的手环，研究人员发现当他们快要切换界面的时候（比如切换前10秒），皮肤电就会急速上升，这就代表他们出现了焦虑情绪。

要消除手机和社交媒体成瘾对我们的负面影响，有两大策略：改变我们的大脑、改变我们的行为。

首先，我来讲讲改变大脑的方式。

经过多年脑科学研究，我们认识到大脑有一个特性——神经可塑性（neuroplasticity），不论成年人还是儿童，都可以通过一定的手段在一定程度上改变大脑的结构和通路。

这个期望也催生了很多号称能改变人的大脑的江湖骗子。虽然大脑确实具有可塑性，但是大家也不要忘了，生命还有一个更恒定的特性，叫“稳态”（homeostasis）。大脑也是如此，它必须在很大程度上维持自己结构和功能的稳定性。

也就是说，改变和维稳是影响大脑结构的一对动态平衡，有着互相制约的力量，那些试图改变大脑的方法不一定有用。

因此，就需要仔细研究支持每种方法的证据到了什么级别。根据目前的文献研究，我们将以下方法的证据层级分为几个级别：

① 治疗级（prescriptive）：与药物一样经过临床双盲实验，被反复证明有治疗效果的证据存在。

② 现象级（signal）：多数实验证明有用，但还没有经过大规模临床双盲实验。

③ 可能级（reasonable hypothesis）：有一些初步实验结果，但具可用性有待进一步验证。

试图改变大脑的第一种方法是课堂教育。学校和老师这么多年的努力，究竟能不能改变小朋友们的大脑，提升他们的控制力呢？

可以说，近百年来，现代课堂教学的普及使绝大多数发达国家和部分发展中国家成员的智商都在稳步上升。人类确实一代比一代更聪明了，这就是著名的弗林现象。

但是目前的学校教育将目标定在“学会内容”上，而不是“学会能力”上。绝大多数情况下，家长问孩子“你的数学学得怎么样？”是在问“你这次数学考几分？”而不是“你学到了什么数学思维？”

我也相信，知识的传播是重要的，但构建一个“坚强的大脑”，让其能够在困境下冷静地分析，能够在压力下寻找最快的解决方法，能够在孤独中寻求尽善尽美，能够在诱惑下记住自己的目标……这种能在多变的未来环境中坚韧的、随时适应又能收放自如的脑能力，才是教育的核心。

但并没有太多证据证明目前的传统课堂教育体系提升了儿童的大脑控制能力，会给他们一个坚韧的大脑。

试图改变大脑的第二种方法是两位教育心理学家研发的心智工具，我在第 3 章第 1 节《自控力：根据大脑的工作机制，提升孩子的注意力》中已经讲过。这个方法能帮助孩子们提升自我调节能力。能够自我调节和不能自我调节的儿童在能力上的不同表现，下面有个简单的总结：

表 8–1　自我调节对儿童不同层面行为的影响

能够自我调节的儿童	不能自我调节的儿童
在每天的过渡时期（该上床睡觉或洗漱、该从游乐园回家了、游戏时间到了），这些孩子可以管理自己的失望情绪，也可以管理自己的行为	在每天的过渡时期（该上床睡觉或洗漱、该从游乐园回家了、游戏时间到了），这些孩子很难管理自己的失望情绪，也很难控制自己的行为
听故事、吃饭、做游戏时能坐得住	听故事、吃饭、做游戏时坐不住
遇见困难的任务时，有坚持的精神，并且能够调节自己的注意力，寻找解决问题的方法	面对困难很容易气馁、放弃，他们的兴趣和意志很容易转移

目前的研究数据证明，孩子学会计划他们的情景表演，能够有目的地集中和保持他们的注意力，学习记住不同杂事的办法，学习反思自己的问题。目前来说，心智工具对于意志力控制的改变的证据是现象级的。

试图改变大脑的第三种方法是冥想。经过多年研究，人们发现冥想能够增强认知控制能力，比如增强持续性注意力、信息处理速度、工作记忆能力。还有研究表明，冥想甚至能够使学生的 GRE 考试（美国的研究生入学考试）成绩提高。冥想作为一种提升控制力的手段，其证据的级别也是现象级的。

试图改变大脑的第四种方法就是认知训练，这种方法被各大认知训练公司推广并走红以后，大众的接受度也越来越高。认知训练的主要理论依据就是大脑的自适应性（adaptivity）。自适应性就是随着能力的提升，交给你的任务也越来越难了，这很像体育锻炼。有一个音乐认知训练游戏 Beepskeer，具体玩法是让你在一些杂音中寻找一个目标声音，当你的听力越来越强的时候，杂音也被调试得和目标声音越来越像。

目前来说，认知训练能达到的效果也是现象级别的，有明显的作用，但还没有达到临床双盲实验的效果。

除了上述方法，还有两种方法的证据目前尚停留在理论假说阶段。

一种方法是接近大自然。2007 年，38 位密歇根大学的学生带着地图和 GPS（Global Positioning System，全球定位系统），舍弃所有电子设备，在密林里进行探索。出发之前和回来之后，他们分别做了记忆测试，结果是密林行走对增强工作记忆有显著提升。此方法虽然能够形成假说，但还没有其他证据证明其准确性。

还有一种方法是服用治疗多动症的药物，比如利他林（Ritalin）或安非他命类药物。但毕竟药物是有毒性的，在没有证明其确切效果之前，用它们来治疗手机成瘾也还是存疑的。

目前来说，唯一具有治疗级别价值的提高注意力的方法就是体育运动。实验发现，高体能体力的孩子对电话和音乐等分散注意力的干扰项的抵抗力很强，而低体能体力的孩子对电话和音乐等声音的抵抗力较弱。

特别有意思的是，那些更需要智力的体育运动（比如群体性球类运动），对提升大脑注意力更有效果。因此，职业运动员的毅力很强，能在困难中坚持下去，真的不仅仅靠吃苦，而是体育运动本身就能够塑造人的毅力。就像古希腊先哲说的：“你想聪明吗？跑步吧。”

有人用脑机接口（brain-computer interface, BCI）进行神经反馈实验。加利福尼亚大学旧金山分校的亚当·格萨雷（Adam Gazzaley）根据神经反馈机制，让老年人戴上脑电帽子玩赛车游戏，并且根据他们自己的脑电进行游戏调整和反馈，大大提高了老年人的注意力和工作记忆能力。

也有的神经反馈是一种让你看见自己的脑信号（比如 beta 波），并且让你自主调整这个信号的大小来达到自我训练大脑的效果。当然，神经反馈目前能达到的证据量级也是现象级的。

本节我分享了很多改变大脑以提升注意力的方法，下面我用一张表把这些方法和它们对应的证据量级总结一下。

表 8-2　调节大脑注意力的方法与其对应的证据量级

方法	证据量级
课堂教育	基本没有证据证明其可以提升注意力
心智工具（儿童情景剧表演）	现象级证据
冥想	现象级证据
认知训练（Lumiosity 等）	现象级证据
接近大自然	假说级证据
治疗多动症的药物	假说级证据
体育运动	治疗级证据
神经反馈与脑机接口	现象级证据

除了上述方法，还有一些简单易行的、日常生活中可操作的改变大脑方法。很多人试图把自己和高科技产品隔离，比如把手机放在离自己最远的房间，或者把所有电子设备放在家里，出去野营一天，等等。

但是这些方法经常会带来反弹，也就是很快又受不了地查看手机。因此，要改变行为，最重要的是改变其本源，也就是焦虑感。

首先，你可以制订一个计划，比如：我要不间断工作 90 分钟，然后花 20 分钟查看信息，如此反复一整天。

然后你跟周围重要的人解释一下自己的计划，比如告诉自己的父母、伴侣、老板和直接下属：“如果我没回复信息，我可能在 90 分钟的区间内，在 20 分钟区间内就会回复你的，如果有非常非常紧急的事儿，请直接打我电话。”你还可以给自己的信息设置自动回复，比如“您好，我是 ×××，最近我要集中精神攻关一个重要项目，我每 100 分钟才会看一次信息，希望您能谅解。一旦看到您的信息，我就会马上回复的。”

这样的方法就会解决你的焦虑。当你清楚周围的人知道了你的计划既不会来打扰你，也不会因此惊慌——解决了这个问题，你自然可以放心地不随时随地看手机了。

延伸阅读：为什么“百无聊赖”能够刺激你的大脑

有人说，只有无聊的人，才会感到无聊。如果这个说法是真的，那么地球上绝大多数人都是无聊之辈——90% 以上的人都表示，自己曾经感到过无聊，而无聊的平均时长约为每周 6 个小时。

我认为，体验不到无聊的人，并不是幸运儿。无聊到极致，其实也能激发人的天赋。

说起无聊的感觉，你可能会想象出这样的场景：周围的一切都开始变得无趣，你的注意力开始下滑，时间过得特别慢，书上的字开始变得“催眠”。

如果要定义什么感觉叫“无聊”，还挺难的。因为它是一种精神状态，由多个复杂感情混合而成，其中包含了冷漠、不在意、挫败、厌烦、烦躁，甚至还有一种入定般的平静的无所谓。

由于无聊太过复杂，它通常被分成四种类型：冷漠型，寻找型，反应型和无所谓型。

冷漠型是经典的无聊的感觉，你会觉得没什么可以做的，而且对做事毫无动力。有的人这个时候就会转而变成寻找型无聊，无聊、烦躁、无休止地想去找一些事情做以停止无聊的感觉。如果这个时候还是找不到事情做，就会进入反应型无聊，进入高的唤醒度和无聊度，产生大量负面情绪。最后进入无所谓的状态，开始平静、放松，感觉也不是很难受。

特别有意思的是，尽管所有人都会经历以上这些无聊的状态，但是基本上，根据人的性格不同，每个人主要还是处于某一种无聊状态。

既然定义了无聊的感觉，那么无聊的作用到底是什么呢？无聊显然是人类进化出来的一种感情，任何感情都有生物学上的作用。比如害怕让我们赶快逃离危险，恶心让我们远离可能会产生病原体的物体和地方，而无聊，肯定也会有生物学意义。

实际上，无聊这种情绪不仅人类有，很多动物也会有，不仅哺乳类，连鸟类和爬行类都会有无聊的时候。

有一个非常有趣的理论，当一个动物很久不做事的时候，无聊会给它一个内在的动机——找点儿事做，这样就可以增加生存的机会，比如实在太无聊了，就在周围转一转，看看有没有危险。

就像动物的无聊可以促使它们找事做一样，人类的无聊情绪也能带来一些积极的影响。

给绝大多数人一些很无聊的工作（比如抄电话号码），人们做 15 分钟就会感到无聊。有趣的是，这些感到无聊的人马上就会增加创意灵感。可能创意的产生就源自这15分钟有诱导作用的无聊情绪。

而无所谓型无聊是一种极度放松的状态，比如你在下班回家的路上，坐在车上，开着窗户，吹着小风，什么都不想，这种状态可以帮助你放下压力。

当然，不是所有的无聊都会让人感到舒服。有研究表明，常常感到无聊的公务员的死亡率比感到不无聊的人高。

不是无聊杀死了人，而是当一个人总感到无聊的时候，更倾向于去寻找一些刺激的事情。而这些刺激的事情往往是非常危险的，对身体健康有害的。

那么，什么样的人容易感到无聊呢？

有人发明了一个测量量表，来测量每个人容易感到无聊的指数。他们发现，男性一般比女性更容易感到无聊；外向的人比内向的人更容易感到无聊；自恋的人和焦虑的人更容易感到无聊；有些竞争意识很强，而且总是喜欢寻求刺激的人，也经常会感到无聊。

从另一个角度说，创造力强且对精神世界有更高追求的人，对无聊的副作用有很强的抵抗力，因为他们找乐子的能力比较强，所以无论做什么乏味的工作，都可以找到其中的妙处。

我们所处的电子设备时代，使无聊产生的可能性越来越小，人们过度地和别人交流，没有发呆和自寻乐趣的时间，很容易获得即时满足，这些都不利于创意的产生。

多萝西·帕克（Dorothy Parker）曾经说过，无聊的治愈靠好奇，而好奇是无法治愈的。所以，**并不是无聊的人容易感到无聊，而是缺乏好奇心的人更容易感到无聊。**

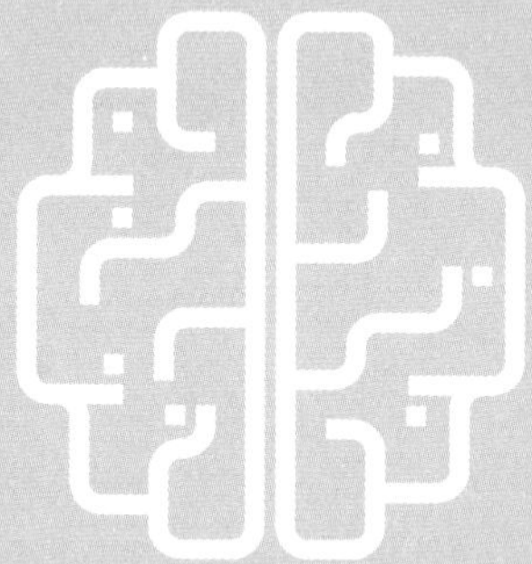